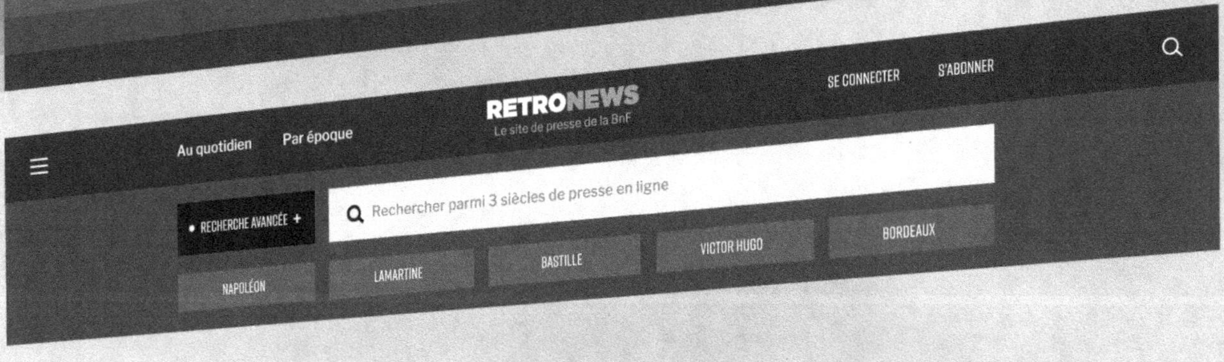

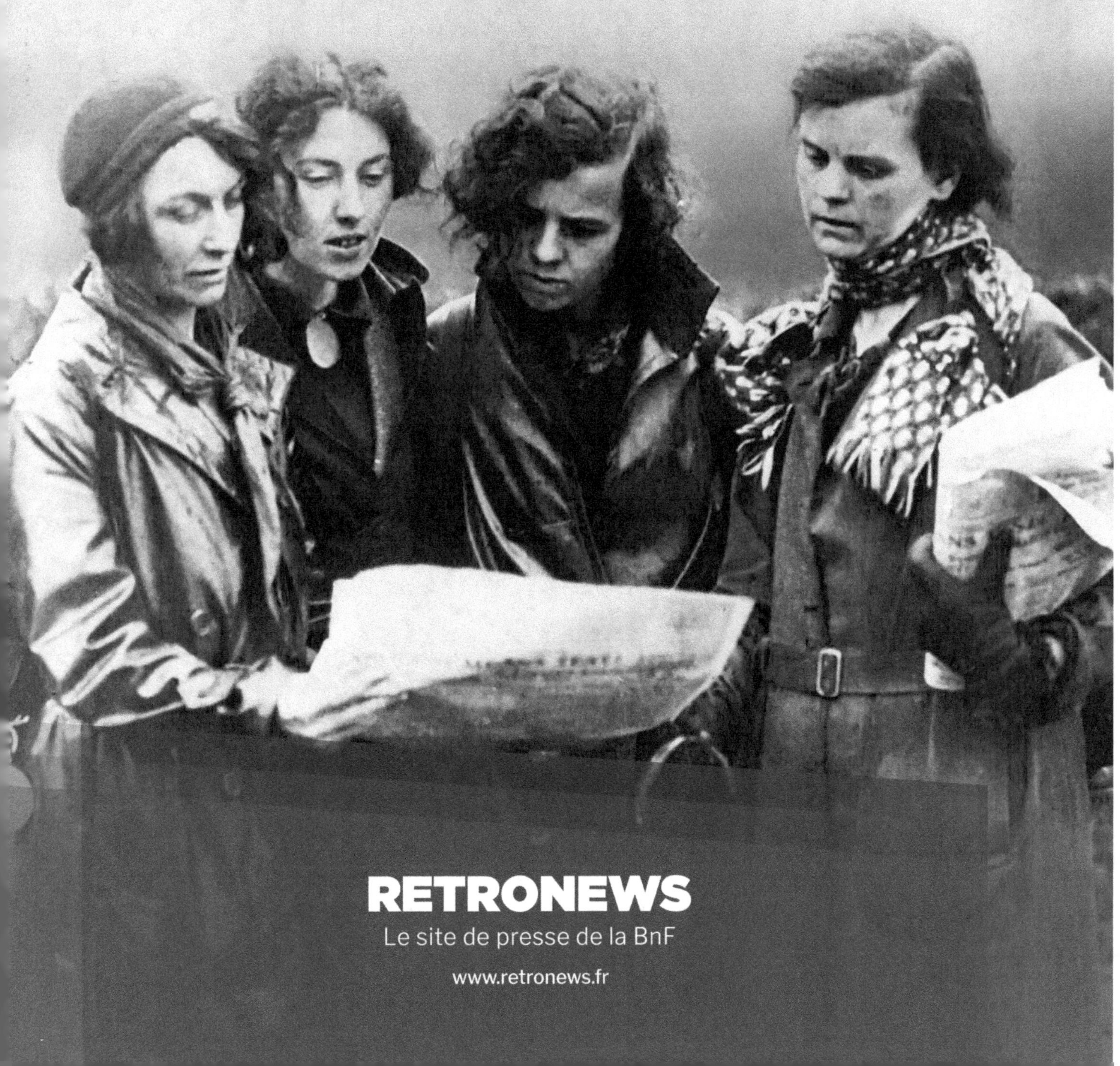

Numéro 4. — 4 Avril 1915.

LA JEUNE FRANCE

10 Centimes — TOUS LES DIMANCHES

HISTOIRE ILLUSTRÉE DE LA GUERRE 1914-1915

ADMINISTRATION
3, rue de Rocroy
PARIS (X°)

ABONNEMENTS
Seine, Seine-et-Oise.. 6 fr.
Départements .... 7 fr.
Étranger .... 9 fr.

HÉROÏSME DE PETITS CHASSEURS

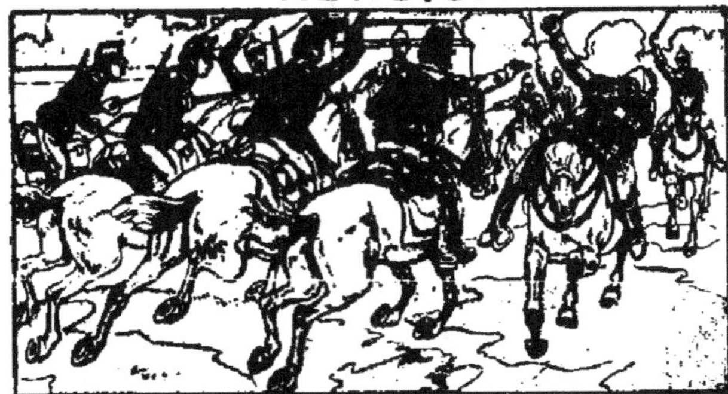

1. — Le 4 août 1914, une patrouille de chasseurs à cheval qui surveillait la frontière, voit arriver vers elle un peloton plus nombreux de cavaliers bavarois. Alors, le lieutenant dit à ses poilus : « Hardi ! Puisqu'on est des chasseurs, on va chasser le Boche ! » Et, donnant l'exemple, il fonce sur les Bavarois et, avant que ceux-ci ne soient revenus de leur étonnement d'un coup de revolver, le lieutenant abat l'un des Boches.

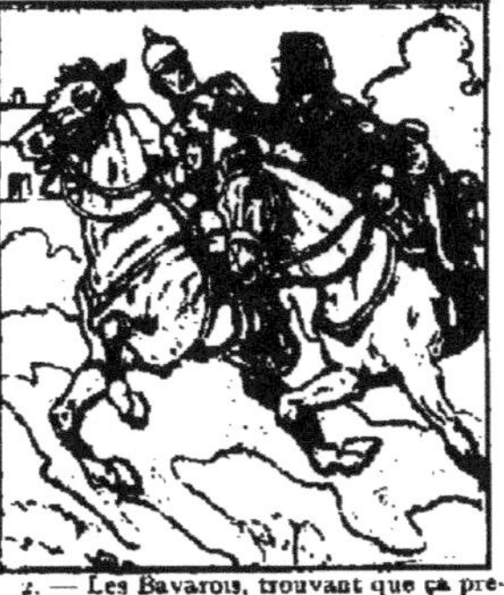

2. — Les Bavarois, trouvant que ça prenait vilaine tournure, veulent déguerpir... mais à peine ont-ils esquissé leur mouvement de retraite que le lieutenant agrippe l'un d'eux au collet et le fait prisonnier.

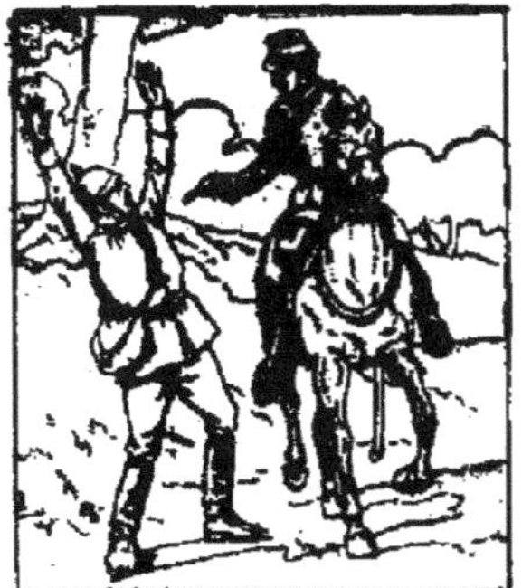

3. — Puis, après s'être empressé de remettre l'animal aux mains de ses chasseurs, désirant faire coup double, il saute sur un second Boche, le menace s'il ne se rend pas et l'envoie rejoindre son premier prisonnier.

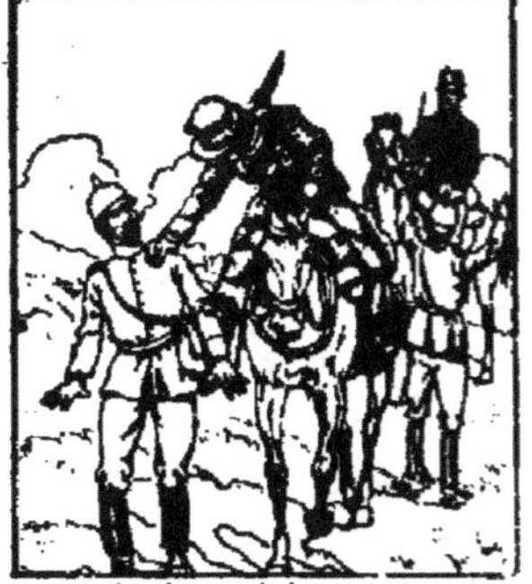

4. — Tandis que le lieutenant opérait si cavalièrement, les petits chasseurs n'étaient pas restés à se tourner les pouces et, eux aussi, avaient empoigné deux Boches... et ce, sans avoir reçu une égratignure !

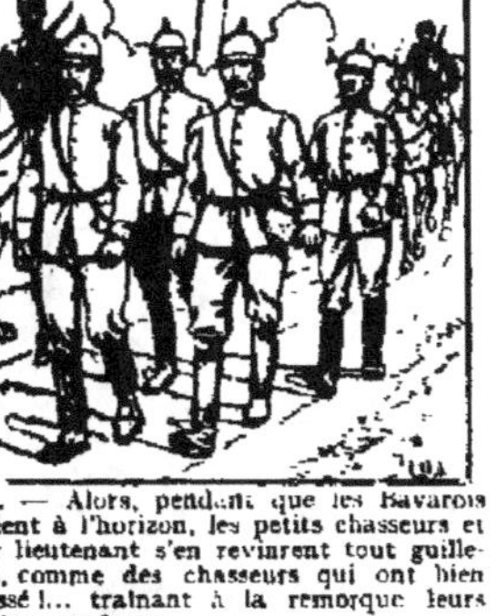

5. — Alors, pendant que les Bavarois filaient à l'horizon, les petits chasseurs et leur lieutenant s'en revinrent tout guillerets, comme des chasseurs qui ont bien chassé !... traînant à la remorque leurs quatre pandours.

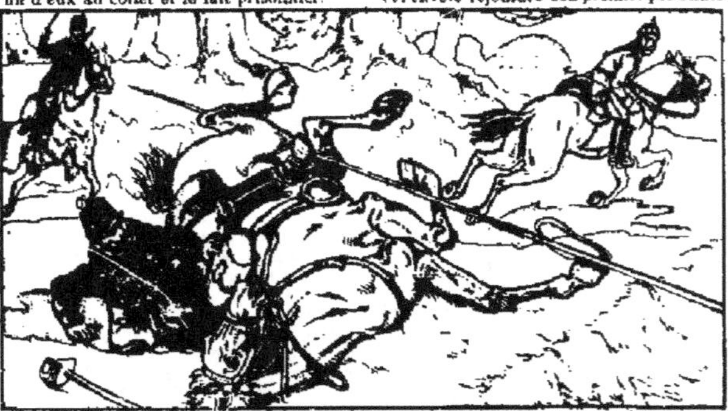

6. — Le lendemain, une autre patrouille de chasseurs se trouva nez à nez, dans un bois, avec des dragons boches auxquels nos braves chasseurs donnèrent la chasse avec furie. Le maréchal des logis allait piquer le postérieur d'un Boche quand celui-ci, pour déguerpir plus vite, lui lança sa lance qui s'entrava dans les jambes du cheval du mar'chef... ce qui retarda la poursuite et permit aux Boches de prendre de l'avance.

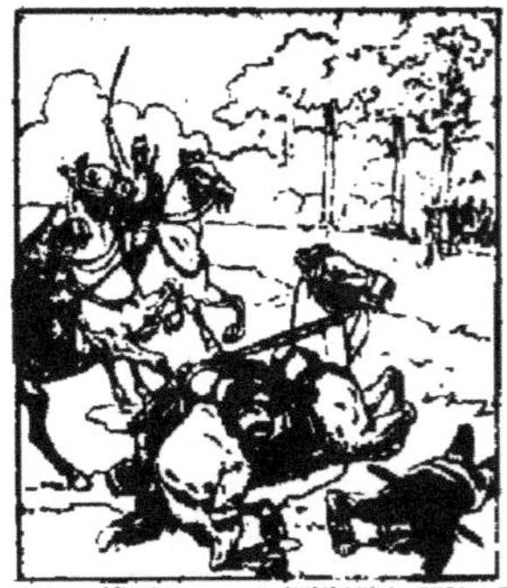

7. — Cinquante, les petits chasseurs continuent la chasse... mais, à l'orée du bois, ils tombent sur une masse d'infanterie boche qu'accueille le maréchal des logis et ses cinq poilus par une terrible grêle de balles.

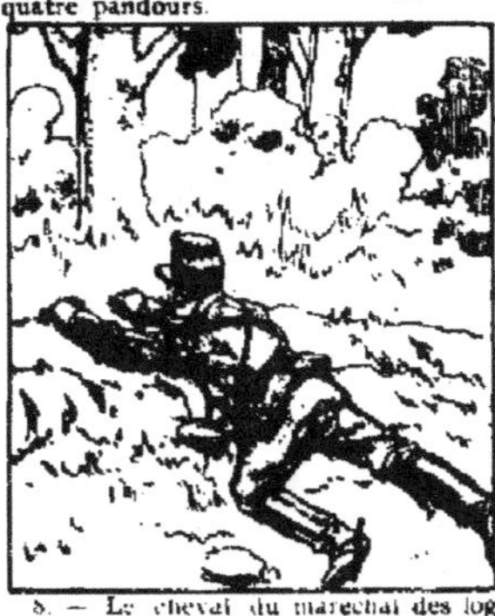

8. — Le cheval du maréchal des logis reçoit l'une de ces balles dans la tête qui, en le tuant net, lui fait faire un tel saut que son cavalier va s'affaler dans un champ de blé... où il reste caché et sauvé !... Ayant repris ses sens, il se traîne dans le bois.

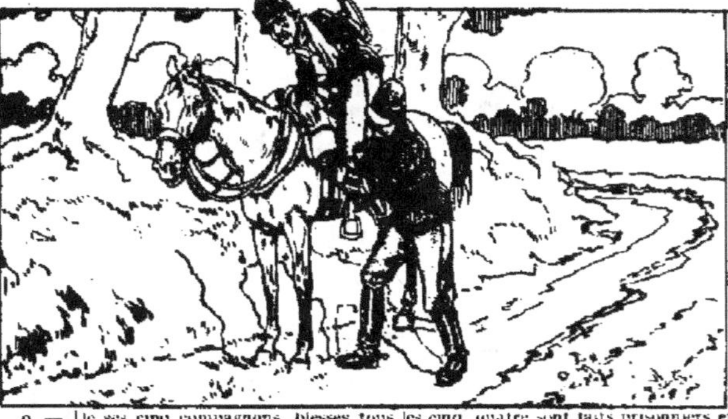

9. — De ses cinq compagnons, blessés tous les cinq, quatre sont faits prisonniers et le cinquième, le trompette de la bande, qui a le cou traversé par une balle et un bras cassé, réussit à s'esquiver vers le bois où il retrouve son sous-officier. Sur ces entrefaites, un de leurs chevaux, blessé aussi, s'approche d'eux... Le sous-officier hisse sur son dos le trompette, afin qu'il aille avertir le commandant du bataillon d'infanterie campé dans les parages que le bois cache des tas de Boches.

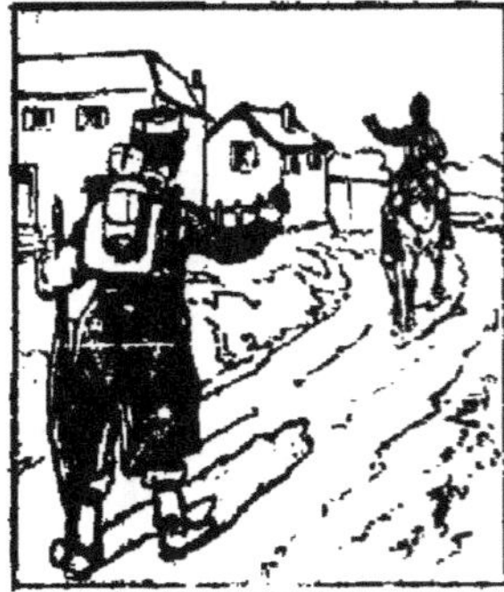

10. — Le trompette part son sang coule, ses forces l'abandonnent... il atteint cependant nos premières sentinelles, fait signe à la plus rapprochée et lui dit : « Écris mon rapport, et porte-le vite au commandant... »

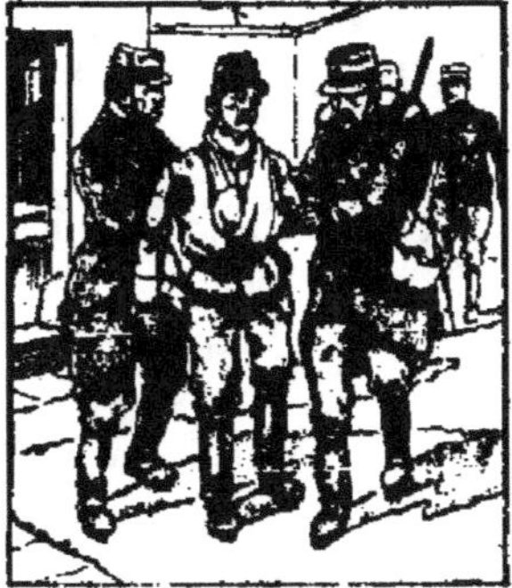

11. — A peine avait-il fini de dicter son compte rendu que ses forces l'abandonnaient et qu'il s'évanouissait... mais son devoir était accompli !... et on s'empressa de lui donner les soins nécessaires.

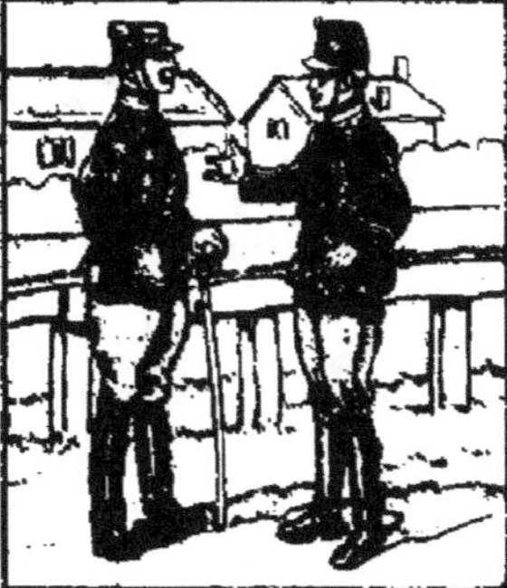

12. — Quant au mar'chef qui, après s'être tâté, avait reconnu qu'il n'avait que des contusions sans gravité, il rentra à pied et, le plus simplement du monde, il rendit compte de sa reconnaissance.

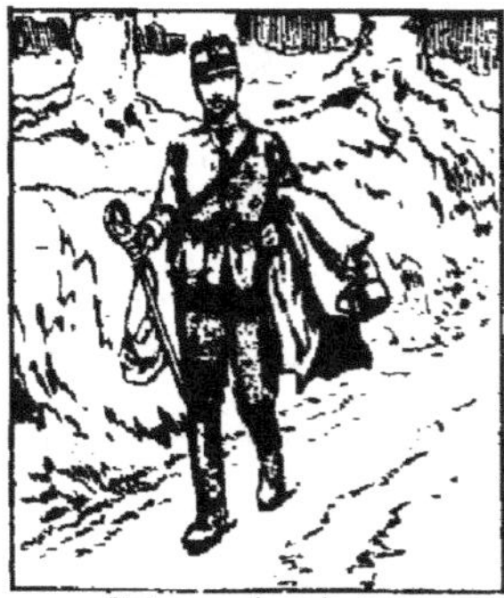

13. — Mais, une chose le tarabustait, c'est qu'il avait perdu son sabre, son manteau et sa sacoche... Il se leva à trois heures du matin, retourna sur le lieu du combat... et il rapporta tout son fourniment !

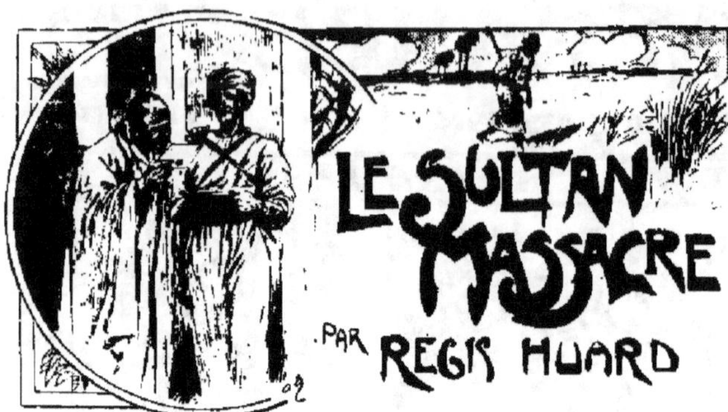

RÉSUMÉ DES CHAPITRES PRÉCÉDENTS

Dans le territoire du Tchad (Centre Africain) en 1900. Le moment est venu où les Français vont tenter la conquête de cet empire qu'a soumis un arabe de la Haute Égypte : Rabah, communément appelé : le Sultan Massacre.

Le chapitre précédent nous a montré comment, quinze ans avant, le plus jeune fils de Rabah : le petit Djelbé, se perdit dans la brousse et fut par suite de diverses circonstances, recueilli par le cheick Senoussi, ignorant son identité.

CHAPITRE III

LA LETTRE PRÉCIEUSE COMME UN TRÉSOR

Au moment où s'ouvre ce récit, quinze années se sont écoulées depuis la disparition du petit Djelbé.

Rabah, le guerroyeur perpétuel, le briseur de races s'est enfin établi. Il a choisi comme trône digne de lui le lac Tchad, le centre de toutes les forces musulmanes, le carrefour de l'Afrique où se croisent à la fois les riches caravaniers et les fidèles disciples d'Allah...

Il domine tout le Chari, le Bornou, le Baguirmi, les marches du Soudan central... Il commande jusque dans les contrées lointaines où vivent les fétichistes. Il a pour allié tous les sultans et pour vassal Senoussi lui-même, le sultan du Kouti...

Toutes ces hordes sauvages, il les a domptées, assouplies, disciplinées. Il a su faire des hommes et des soldats; il a su tirer de l'or de cet esparce qui le rend tout-puissant.

Ce rêve tant caressé pendant trente ans, il le vit enfin. Il règne sur toute l'Afrique centrale. Il a une armée invincible, un trésor de guerre inépuisable.

Il est craint, haï même, mais respecté...

Il y a cependant une ombre à ce tableau, ombre bien légère à son avis : c'est l'arrivée des Blancs, de ces Chrétiens, chiens, fils de chiens, qui prétendent le surveiller, qui veulent tuer le lion et ne réussissent qu'à l'agacer.

Un de ces blancs était venu avec des hommes noirs armés. Il s'appelait Crampel et voulait parvenir jusqu'à Rabah. Mais le potentat avait envoyé à Senoussi l'ordre de le supprimer. Et Crampel était tombé assassiné, sous le bâton du hideux Djaba...

Un autre était arrivé, très doux, très calme, cherchant à palabrer. Il répondait au nom de Maistre. Il avait traversé le pays Banda et devait s'engager chez Senoussi ou l'attendait le sort de Crampel, mais il avait changé d'avis et il était parti vers l'Occident, vers le pays des Sénégalais.

Encore un autre. Ah ! celui-là, comme Rabah le haïssait pour sa folle témérité et pour le raid insensé qu'il avait réussi... Avec un petit bateau à vapeur, il avait gagné le Tchad, au centre même de l'empire de Rabah, et fait flotter sur les eaux inviolées le drapeau tricolore.

Gentil — c'était son nom — pour passer de l'Oubangui au Gribingui avait traversé avec les pièces démontées de son vapeur, une longue bande de 300 kilomètres, en plein cœur des infidèles fétichistes. Là, point de rivières navigables, pas même de ces marigots qu'on peut utiliser sur un parcours plus ou moins long ! Rien qu'un immense plateau de latérite parcouru de véinules à peine tracées, roulant un peu d'eau en pleine saison des pluies, sèches dès qu'arrivait la période des soleils avides et des sécheresses fameuses.

Sur ce plateau, pas de routes charrières, un sentier comme en font les noirs, dessèle, serpentant, étroit, sans suivi du plus court ou du plus facile chemin...

Le moyen de faire passer partout les caisses de la mission, les colis d'armes et de munitions, les tranches de tôle du *Léon Blot*, le seul : le portage à tête d'hommes...

Il avait donc fallu avoir recours aux bons vouloir des chefs indigènes, réquisitionner partout des porteurs.

Gentil s'adressa à Senoussi et celui-ci, conseillé par Takro, accepta tout : réquisitions et corvées...

La vérité est que Senoussi, guidé par le matois Hadji cherchait d'où soufflait le vent de la fortune. Rabah était puissant, mais bien éloigné : les blancs étaient bien armés et près de Kouti... Il fallait temporiser, laisser l'un ou l'autre tirer les marrons du feu, pour en croquer quelques-uns !

À ces nouvelles, Rabah avait maudit Senoussi. Quoi, il ne pouvait plus même compter sur ce pouilleux qui devait tout à sa bienveillance, traître à son serment et traître à sa foi...

Rabah jura de se venger tôt ou tard de cette sanglante injure.

Elle était arrivée cette chose incroyable ! Avant qu'il n'ait eu même le temps de mobiliser son armée, Gentil était sur le Tchad, y déployait le pavillon français et redescendait le Chari, connaissant maintenant la bonne route pour frapper Rabah au cœur ! Et il était rentré au pays des blancs, laissant quelques hommes sur l'Oubangui et emmenant avec lui en gage d'alliance, Takro, qui était revenu en Afrique chargé de cadeaux !

Dans ses nuits d'insomnie, Rabah hurlait de rage à la pensée de cette traîtrise sans nom...

Puis le calme revint ! on n'entendait plus parler des blancs.

Un beau jour, une nouvelle galvanisa tout l'empire :

Un blanc montait l'Oubangui avec des armes et des canons dans l'espoir de combattre Rabah ! Et Senoussi le laissant passer.

Il était déjà dans les hautes vallées du Chari.

Rabah, cette fois ne rit pas des « rats de brousse ». Il mobilisa cinq bireks sur le pied de guerre et descendit le Chari à la rencontre de Bretonnet, le blanc téméraire... De là, il tirait jusqu'à Kouti pour châtier Senoussi. Il était bien décidé à en finir une fois pour toutes, à écraser les importuns.

Il partit sans plus tarder.

De son côté, Senoussi était inquiet. Il venait d'apprendre l'arrivée de Rabah, le choc prochain avec la petite troupe de Bretonnet et il craignait avec juste raison que si Rabah était vainqueur il ne vint lui déclarer la guerre...

La passe était difficile et Senoussi se reconnaissait incapable de la franchir. Un homme seul pouvait l'y aider : Takro. Aussi fit-il appel à ses lumières.

Le vieux renard demanda à réfléchir une nuit, assurant qu'il trouverait la meilleure solution.

En effet, le lendemain Takro disait à son Maître :

— Il faut faire tenir une lettre à Rabah.

— Mais, Takro, les écrits restent, tu le sais... Et que dire dans cette lettre?... Et par qui la faire porter?

— La lettre est écrite et le porteur, nous l'avons sous la main. Il est fort, courageux et peut arriver au but. D'ailleurs il est nécessaire que ce soit lui qui porte le document et le remette à Rabah...

— Explique-toi.

— La simple lecture de la lettre t'en dira plus que deux heures de conversation... Lis :

Takro sortit de la poche à chapelet de sa gandourah, où elle était cachée, une lettre écrite en arabe que Senoussi lut à mi-voix :

« Allah est Dieu, Mahomet est son prophète. Que la main bienfaisante d'Allah s'étende sur la tête et celle de tes enfants pour vous épargner toute peine. Qu'elle confonde les ennemis de notre religion et nous débarrasse des infidèles. Cet écrit est pour t'annoncer qu'un blanc suivi d'hommes

armés et s'appelant Bretonnet, monte vers le Chari. Nous n'avons pu nous opposer à son passage, car nous disposons de trop peu de bazinguers. Nous vivons dans la paix, pauvres et résignés à la volonté d'Allah. Nous ne pouvons faire plus que de te prévenir et nous sommes certains que tu voudras bien trouver là une preuve de notre fidélité et de notre soumission.

« Quant à Cambacéré (1) Gentil nous n'avons pu te prévenir de son arrivée faute d'un émissaire pour aller jusqu'aux pieds de ton trône. Cet infidèle avec ses diableries aurait été rendu bien avant notre courrier.

« Rappelle-toi que nous n'avons jamais failli à l'alliance qui nous unit. Je t'ai donné ma fille Hadjia; j'ai mis à mort le blanc Crampel, aussitôt que tu me l'as demandé.

« Je suis à tes ordres pour faire ce que tu demanderas pour notre sainte religion et qui soit permis à mes faibles forces. »

Cet écrit c'est porté par un homme sûr qui est un des tiens. Voici son histoire. Il nous fut amené par un Tambaggo fétichiste qui l'avait trouvé égaré. Cet enfant venait de ton camp puisque tu étais là à cette époque et s'était perdu. Il répondait au nom de Djelbé. Il n'a jamais connu et ne connaît encore que le nom d'Hassein. Nous en avons fait un croyant défenseur de l'Islam et nous le choisissons comme notre émissaire. Il défendra notre cause car il sait que nos cœurs sont purs et nos esprits dévoués à Allah, à son prophète et à toi-même. S'il te plaît de le garder, fais-le, Il restera dans ton camp, comme un gage vivant de notre soumission. Ali-Djaba, Takro, mes enfants et moi-même, ton humble sujet demandons à Allah de l'accorder à prospérité et le succès des armes pour la plus grande gloire de son nom. *Mohammed es Senoussi, sultan du Kouti et du Dar-Roungo.*

— Je commence à comprendre, fit Senoussi, mais tu ne parles pas de la nouvelle arrivée de Gentil?

Aussitôt deux tirailleurs se jettent sur Hassein...

Nous sommes supposés l'ignorer. Il faut que nous voyions le blanc avant pour passer toutes les chances.

— Et puis, quel intérêt trouves-tu à l'envoi de Hassein comme émissaire!

— Écoute, dès le premier jour, il m'est venu des doutes... Cet enfant portait, comme marqués sur les joues, trois barres verticales et je t'ai conseillé d'y ajouter une barre horizontale pour un faire sa marque... J'ai interrogé bien des gens depuis et je sais maintenant que ces trois barres sont la marque des femmes et des enfants de Rabah et de Rabah seul.

De plus, cet enfant portait un sarroual (pantalon) gandourah de soie très fine, comme n'en ont aucun autre enfant, même ceux des zhûbits... (officiers).

Senoussi écoutait prodigieusement intéressé :

— Et alors, fit-il, cet homme ne serait autre qu'un fils de Rabah, perdu par lui.

— J'en suis sûr. D'ailleurs à mesure qu'Hassein se fait homme, il ressemble de plus en plus à son père... je te le répète : j'en suis sûr.

— Et pourquoi ne l'as-tu pas dit plutôt?

— Pour ne pas gâcher une si belle occasion de s'assurer les bonnes grâces de Rabah et obtenir son pardon s'il était nécessaire...

— C'est vrai ! Alors qu'Hassein parte et porte la lettre...

— Ce soir-même, Hassein partira et tu verras si j'avais raison.

— Je rends grâce à ta sagesse, Takro... Va !

Le vieil Hadji fit appeler Hassein et lui fit part de la mission dont il voulait le charger. Mais il avait eu soin de fermer la lettre d'un large cachet noir à l'adresse de Rabah et se garda bien de dire à l'émissaire ce que contenait la précieuse missive. Le jeune homme ne se doutait pas que le frêle parchemin qu'il allait porter seul, pendant des centaines de kilomètres, contenait le secret de sa naissance et de sa fortune !

Takro lui fit toutes sortes de recommandations : éviter les villages fétichistes qui n'étaient pas très sûrs, et surtout les blancs dont on était sans nouvelles mais qui pouvaient arriver dans le pays d'un jour à l'autre, ne remettre le pli qu'à Rabah en personne...

Hassein était joyeux. C'était maintenant un jeune homme agile, endurant, intelligent fort.

Ali-Djaba lui avait appris le métier des armes et Takro lui avait enseigné de science sacrée ou profane tout ce qu'il savait, plus qu'un bon musulman n'a besoin de savoir...

Hassein possédait toutes les ardeurs de la jeunesse et d'un sang guerrier...

Une heure après il était en route...

CHAPITRE IV

SANG ET MASSACRE

Hassein ne perd pas une minute... Depuis dix jours déjà, il est en route, parti dès l'aube, ne s'arrêtant que pour prendre la nourriture que les chefs de village lui apportent. De temps à autre, il se repose ou se rafraîchit à l'eau de quelque marigot.

En route toujours.

Le soir, il dort dans quelque village, au tomber du soleil.

Mais deux fois déjà, il lui est arrivé de coucher sous la brousse à la belle étoile, le fusil attaché au poignet.

Dès le lendemain, trempé de rosée, il repartait vers le soleil couchant.

Il approche du fleuve. C'est lui probablement qui coule au fond de l'ombreuse vallée... Encore un effort : trois heures de marche seulement et peut-être saura-t-il où il se trouve.

Le voici le fleuve, mais il est désert. Pas une pirogue en vue, pas de traces d'habitations... pas un brin de terre, pas une ride sur l'eau...

La nuit vient et Hassein doit s'allonger à terre pour dormir quelques heures...

Maintenant, il est sûr de remplir sa mission : il lui suffit de longer le fleuve.

La nappe s'élargit, les eaux filiales du Bahr-Sara se joignent au Chari.

Quatre jours passent et voici qu'une matinée, Hassein croise deux saras qui vont en sens inverse. Enfin, des nouvelles !

— Un blanc et sa troupe avec les Baguirmiens sont campés dans les gorges de Niellim, tout près du fleuve... Rabah est tout près, au Nord, avec ses gens.

— Pour sûr, ajoute Toutre sara, il y aura la guerre demain, peut-être ce soir...

Hassein frissonne : il arrivera trop tard ! Il ne pourra prouver que Senoussi n'a pas trahi !

Il lui faut arriver coûte que coûte...

Hassein court maintenant. Les gorges du Niellim, ce ne doit pas être bien loin !... Sous le soleil de feu, il étouffe, ses jambes faiblissent ! Qu'importe ! En avant !...

Mais soudain, au croisement d'un chemin il tombe nez à nez avec un homme armé, coiffé d'une chéchia rouge... Cet homme, c'est un tirailleur, c'est un soldat des blancs. Il se rappelle ceux qu'il a vus avec Crampel et qui furent faits prisonniers...

Avant qu'Hassein ait eu le temps de réfléchir, de se jeter dans la brousse, les autres tirailleurs arrivent. Ils sont six maintenant avec un blanc qui en appelle un autre :

— Ho, Kermarec !... Rallie un peu... Vous autres, les tirailleurs, qu'est-ce que vous attendez pour amarrer cet arbi.

Aussitôt deux tirailleurs se jettent sur Hassein dont le premier mouvement est de braquer son fusil. Mais il n'en a pas le temps. Toute défense devient inutile... Il est fait prisonnier.

(À suivre.)

RÉGIS HUARD.

(1) Déformation arabe de... [illegible]

ROUGE ET VERT

A dix heures du soir, Maurice Charmel, à bord de son biplan Farman, décolla et quitta le camp français.

Il volait maintenant depuis quelques minutes au-dessus des lignes ennemies. Sa mission consistait à reconnaître les positions allemandes et à signaler à notre artillerie, par des fusées de couleur, les points intéressants à canonner. Comme aucun feu ne révélait de bivouac, il se rapprocha légèrement du sol et poursuivit son vol. Mais les lignes ennemies, par cette nuit sans lune, demeuraient impénétrables. Tout à coup, Maurice Charmel se sentit entouré d'une éblouissante clarté; il dut fermer les yeux... Un phare allemand, qui explorait l'espace, l'avait enveloppé dans ses rayons... Aussitôt le biplan découvert, des « 77 » allemands ouvrirent le feu. Maurice Charmel ressaisissant son énergie chercha à gagner de la hauteur; mais déjà les pièces allemandes rectifiaient leur tir, de plus en plus dangereux pour l'aviateur français. A quelques mètres de l'appareil, un obus éclata dont un éclat vint frapper Maurice Charmel à l'épaule... La blessure fut si douloureuse, qu'il s'évanouit...

***

... Lorsqu'il revint à lui, Maurice Charmel ne tarda pas à se reconnaître prisonnier. Il se trouvait, assis sur une chaise de paille, les mains liées et ramenées sur les reins, dans la grande salle du rez-de-chaussée d'une ferme, probablement près de la ville de Carmagny, dont il venait de survoler les environs. Sa blessure à l'épaule gauche était pansée et ne lui causait aucun mal, mais même l'utilisait le bras correspondant. Il pensa qu'avant lâché le volant en perdant connaissance, son biplan, livré à lui-même, était venu atterrir sans trop grande secousse, puisqu'il n'avait pas de contusion, pas d'autre blessure que celle provoquée par l'éclat d'obus. En effet, si les « 77 » allemands avaient réussi à atteindre l'appareil, il serait venu se briser sur le sol, rompant les os à son pilote.

Il inspectait la grande salle, éclairé seulement par une petite lampe à pétrole. Deux larges fenêtres donnaient sur la route et les silhouettes noires des sentinelles s'y profilaient à chaque instant. Il se leva et, sans bruit, vint s'appuyer derrière la porte qui fermait la salle. Il entendait des bruits de voix. Les paroles lui parvenaient inintelligibles. Des soldats — un plus certainement des officiers ennemis, — conversaient dans la pièce à côté. Par moment, des éclats de voix s'élevaient; la réunion semblait tourner en vive discussion générale...

Maurice Charmel, abandonnant son poste d'observation, se mit à marcher de long en large dans la pièce. Il réfléchissait au moyen de s'évader... Comme il passait près de la table supportant la lampe à pétrole, il la heurta du coude et faillit la renverser.

Son attention fut alors captivée par la petite flamme jaune qui s'élevait sous le verre. Maurice Charmel ne tarda pas à prendre une décision. Il jeta un rapide coup d'œil vers la porte et aux fenêtres, pour s'assurer de n'être pas observé, puis, venant se placer le dos tourné à la table, il éleva petit à petit les bras, de telle façon que ses poignets liés vinrent se placer juste au-dessus du verre de la lampe. Sous l'effet de la chaleur dégagée, la corde ne tarda pas à se noircir, à se carboniser complètement, à se rompre enfin...

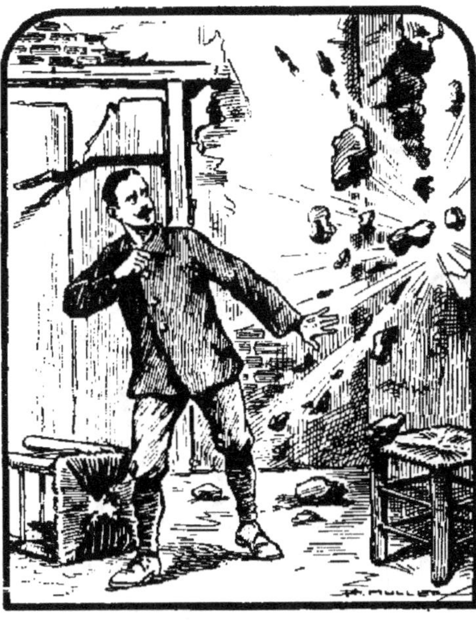

Un pan de mur de la salle s'écroula.

Il avait les mains libres ! Il se rendait bien compte qu'il n'appréciait malheureusement pas pour cela de la libération. Les soldats ne lui avaient lié les mains que par habitude, la sécurité de son emprisonnement résidant surtout dans la garde de l'habitation... Il alla se rasseoir sur la chaise de paille et plaça ses mains jointes sur ses reins, exactement comme les soldats l'avaient installé, de manière que si quelqu'un entrait, rien ne fût soupçonné. Il se mit à observer, à travers les fenêtres, les allées et venues des sentinelles et constata qu'elles étaient en bien plus grand nombre qu'il ne l'imaginait. Il en conclut — tant d'honneur ne pouvant être à son intention — que le groupe d'officiers réunis dans la salle voisine constituait un important état-major, et qu'il allait, probablement, être interrogé par eux

tout à l'heure. Il se promit de se faire un peu tirer l'oreille, puis de leur donner les renseignements les plus extravagants... Il regretta davantage d'avoir échoué dans sa mission où il aurait pu signaler, au feu de notre artillerie, cette même maison qui l'abritait maintenant...

Il fouilla ses poches, et constata que les fusées, dont il s'était muni au départ, lui avaient été laissées. Son parti fut alors vivement décidé... Il vint s'agenouiller devant l'âtre immense qui tenait presque tout un fond de la grande salle. Il avança la tête à l'intérieur de la cheminée et aperçut le ciel... Il revint à la petite lampe de pétrole et alluma un mince flambeau improvisé avec une page de carnet. Revenant à l'âtre, il y enflamma une des fusées qui partit aussitôt, s'éleva dans la cheminée, envoyant une gerbe d'étoiles rouges vers le ciel; il projeta ensuite, de la même façon, une fusée verte, et attendit...

Comme il l'avait espéré, malgré le retard considérable de son action, les artilleurs français n'avaient pas cessé de surveiller les ténèbres, attendant les signaux décidés. Il était convenu que deux fusées successives, rouge et verte, indiqueraient une ferme occupée par l'ennemi... Quelques secondes seulement s'écoulèrent et Maurice Charmel entendit un premier coup de canon sourd... puis un second plus rapproché. Agissant toujours avec calme, il prit deux autres fusées, l'une rouge, l'autre verte et les enflammant dans l'âtre, permit à nos artilleurs de corriger la portée de leurs coups... Le troisième obus éclata sur la maison avec un fracas épouvantable...

Maurice Charmel entendit les cris de ses voisins de la salle qui, affolés, s'enfuyaient... les râles de quelques-uns qui, blessés, demeuraient dans la pièce...

***

Les obus se succédaient... Au sixième, un pan du mur de la salle enfermant le prisonnier, s'écroula... Maurice Charmel se trouvait libéré... Il se précipita, fou de joie, hors du champ de tir...

Un désarroi extraordinaire régnait dans le camp allemand surpris au repos. La voix impérieuse des officiers tentait de rétablir le sang-froid. Des ombres couraient de tous côtés.

La fuite de Maurice Charmel ne fut pas remarquée... Il avança d'abord résolument puis, craignant de tomber sur un avant-poste, ralentit prudemment son allure... Soudain, il aperçut un biplan... le sien, capturé par les Allemands quelques heures plus tôt... Mettre l'engin en marche et s'installer au volant ne fut que l'affaire d'un instant... Il s'envolait bientôt, regagnant les lignes françaises, après de rudes émotions, blessé, mais heureux de sa mission bien accomplie...

HENRI MONTPENSIER.

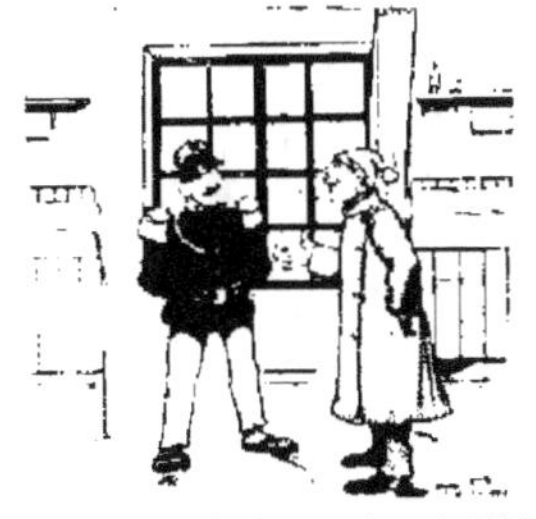

... — Alors, tu t'y trouves bien, à l'hôpital ?
— Pour sûr, mon vieux; d'abord on est bien nourri; je me porte bien mieux et plus que je ne suis malade que dans le temps que je me portais bien.

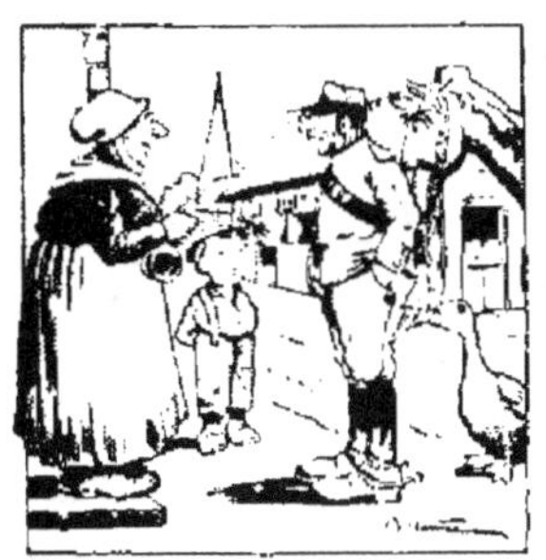

— Dites donc, toubib, une petite larme de cognac avant de partir ?
— C'est pas de refus... mais si ça vous fait rien, allez-y donc d'un sanglot.

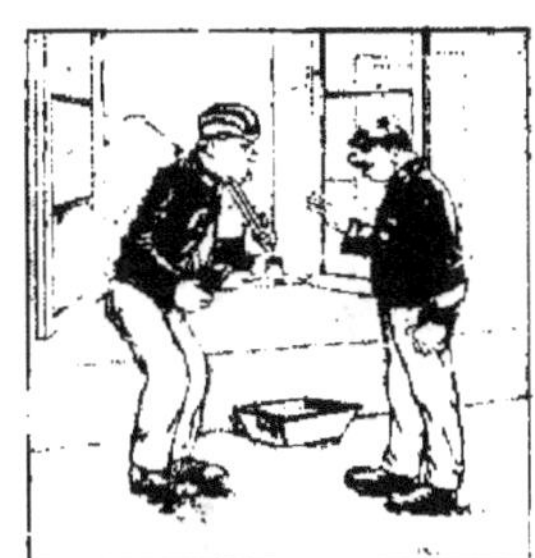

— Qu'est-ce que tu fais, Poilu ?
— J'ai été voir le major pour mes boutons, il m'a donné une pommade pour les frotter !!!

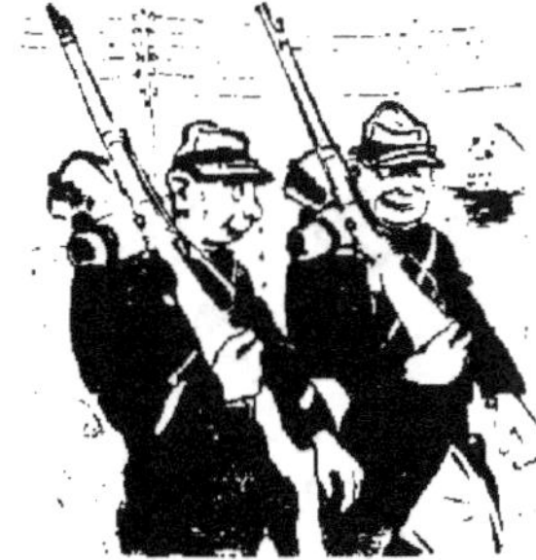

— C'est épatant, vous n'avez pas l'air fatigué, et pourtant nous avons fait plus de quarante-cinq kilomètres.
— J'vas vous dire, sergent, les *marches*, on m'connaît; dans l'civil, j'travaille chez un fabricant d'escaliers.

MASSACRE D'ITALIENS

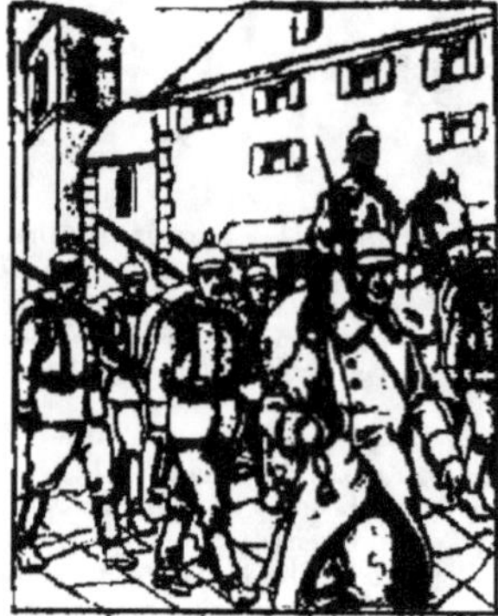

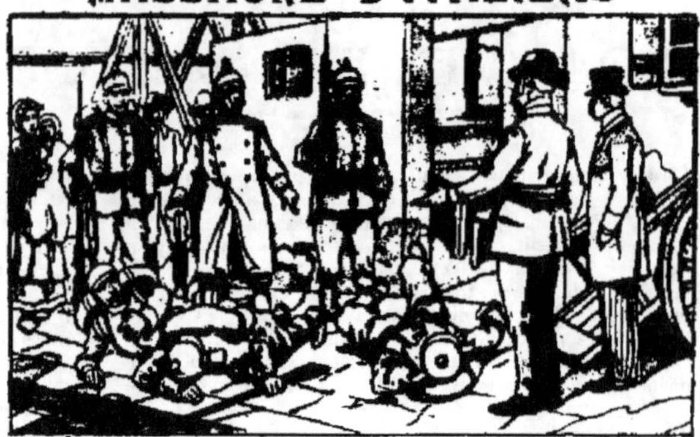

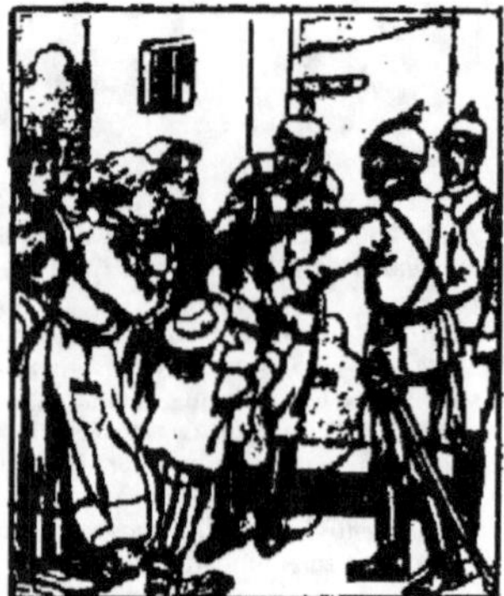

1. — Le 5 août 1914, à huit heures du matin, plusieurs bataillons du 68e d'infanterie boche, ainsi que de la cavalerie et de l'artillerie, entraient en France, envahissant le pays de Briey, en Meurthe-et-Moselle.

2. — Ils pénétrèrent dans Jarny, gros village presque entièrement peuplé d'Italiens travaillant aux mines, d'autant plus facilement qu'il n'y avait qu'une poignée de soldats qui, malgré cela, se défendirent courageusement, tuant un Boche et en blessant quatre. Les Boches accusèrent la population d'avoir tiré sur eux et ils ordonnèrent au maire et au médecin du pays de faire assembler tous les hommes du village sur la place... comme de juste, ce ne furent guère que des Italiens qui répondirent à l'appel.

3. — Les enfants et les femmes, éplorés et tout tremblants, voulurent suivre les hommes, mais les uns et les autres furent brutalement repoussés à coups de crosse... plusieurs furent même lardés à coups de baïonnette.

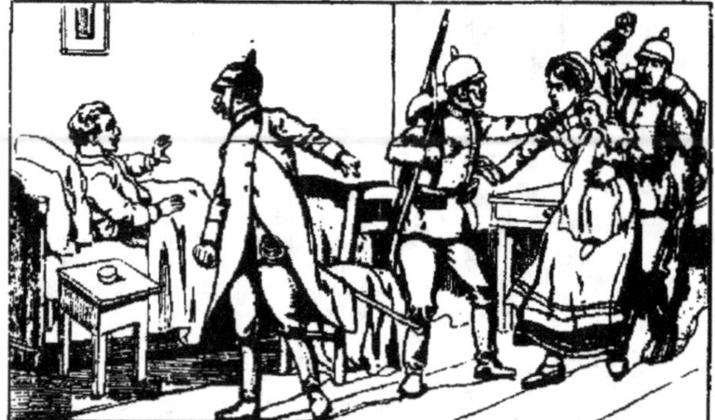

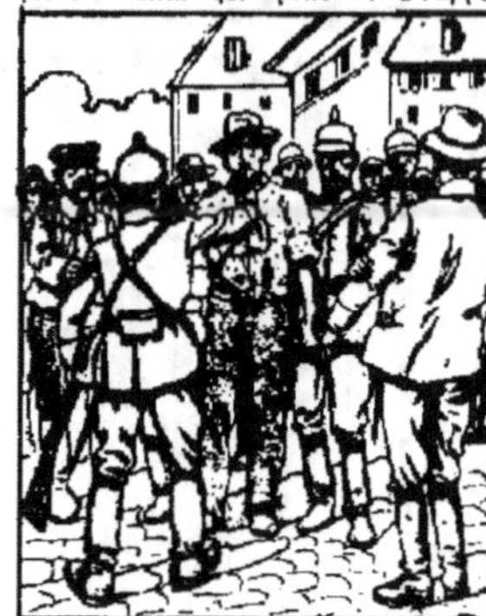

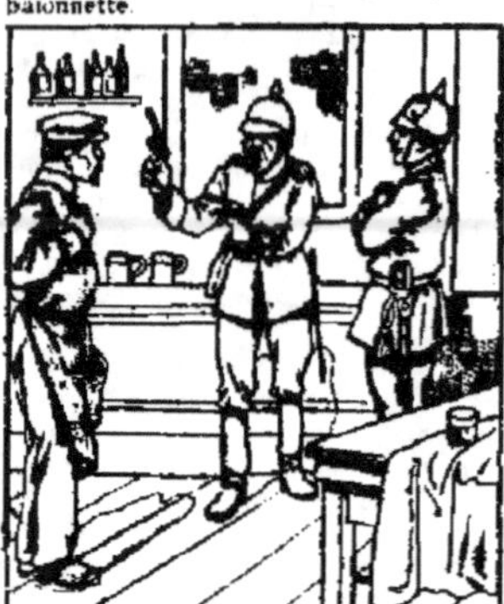

4. — Ensuite, des patrouilles perquisitionnèrent dans toutes les maisons pour voir s'il n'y avait pas d'armes; dans l'une, ayant trouvé couché dans son lit un pauvre diable gravement malade, les Boches voulurent le faire se lever quand même. Sa... Giuseppa Trolli, essaya de s'interposer et, dans son indignation, elle cria aux Boches : « Bourreaux !... Sauvages !... » Alors, les barbares s'en prirent à elle et ils la massacrèrent, ainsi que son enfant qu'elle tenait dans ses bras.

5. — Dans les chambres du café Bacchita, les Boches découvrirent des pioches et d'autres outils de mineurs... on en fit crime à leurs six propriétaires qu'on alla prendre dans le tas d'hommes réunis sur la place et tous les six furent fusillés !

6. — Dans l'auberge de Gaggioli Stefano, on dénicha deux revolvers... deux vieilles pétoires, toutes rouillées qui n'auraient pu tuer une mouche !... Quoique ça, les Boches les brandirent triomphalement en criant : Hoch ! Hoch !

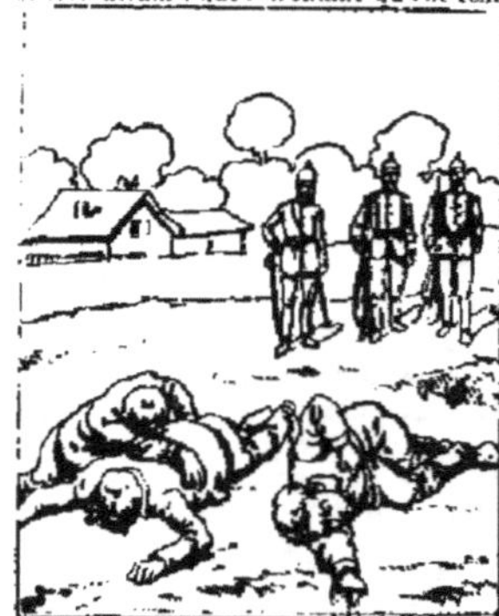

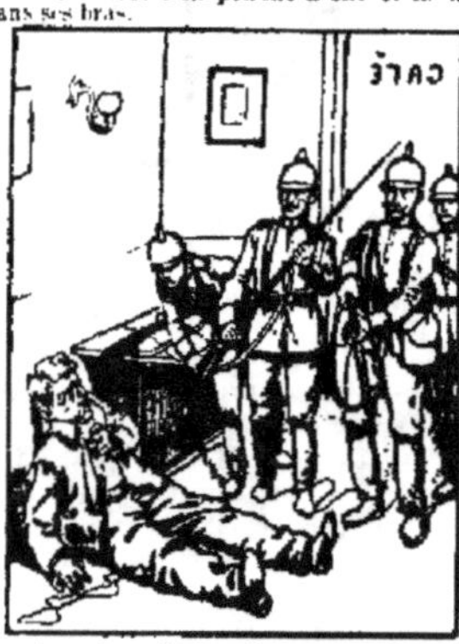

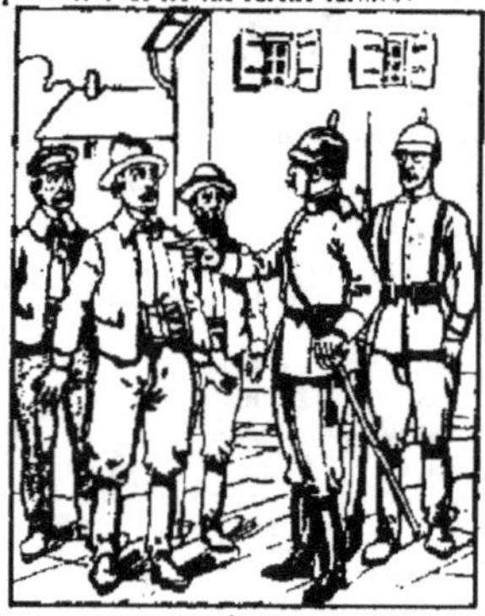

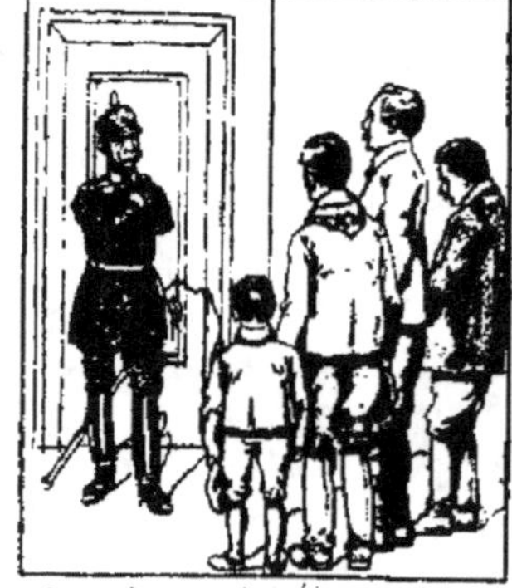

7. — Le propriétaire de l'auberge et deux de ses locataires, Italiens comme lui, furent arrêtés, et malgré qu'on n'eût trouvé que deux revolvers, tous les trois furent fusillés immédiatement.

8. — Dans le café Carrera, on découvrit un fusil de chasse, et les Boches ayant appris qu'il appartenait à un ouvrier italien, Presenti Luigi, ils le collèrent au mur et le fusillèrent aussi.

9. — Cette série de crimes abominables perpétrés, la liberté fut rendue aux pauvres diables qu'on avait parqués sur la place... non sans les avoir menacés de les fusiller s'ils s'avisaient de recommencer... or, comme ils n'avaient rien à se reprocher ils ne furent rien moins que rassurés.

10. — Aussi, quelques jours après, cinq ouvriers italiens, dont un garçonnet de 13 ans, voulant quitter le pays, s'en allèrent, en chœur, demander au commandant du régiment des Boches un *laissez passer* pour se rendre en Italie.

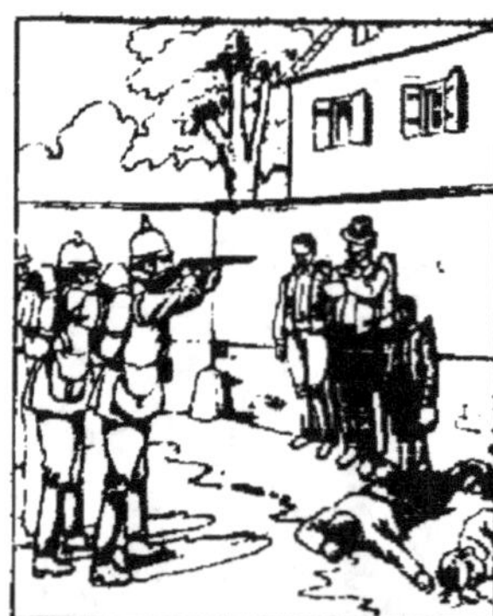

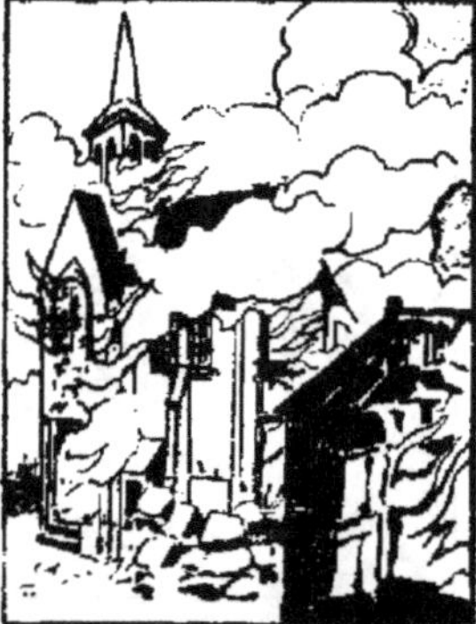

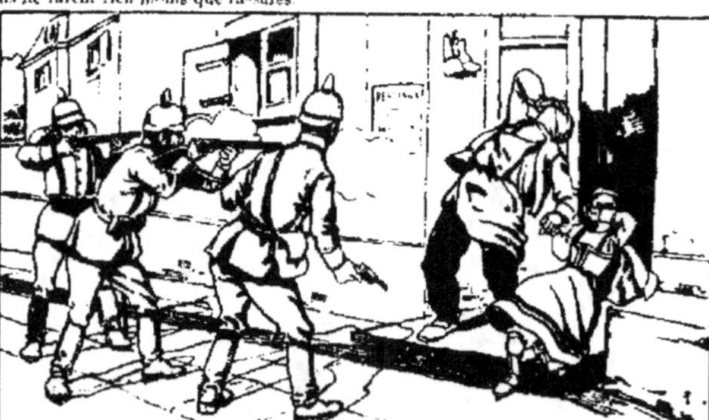

11. — Cet officier les reçut avec son air rogue de bandit... il les toisa de tout son haut... et sous prétexte que les pauvres diables, qui osaient à peine balbutier, ne lui parlaient pas assez poliment, sans autre motif, il les fit fusiller tous les cinq !

12. — Les malheureux Italiens de Jarny n'en étaient pas encore au bout de leurs misères !... Les jours qui suivirent, les Boches s'amusèrent à brûler l'église et à incendier une partie des maisons du village.

13. — C'est alors qu'un ouvrier cordonnier, Antero Cosino, voyant sa maison brûler s'en sauva, tenant sa fillette âgée de douze ans, par la main... à peine sur la porte, le cordonnier était fusillé à bout portant... sa fillette, plus chanceuse, n'eut que le bras cassé par une balle. Il y eut encore bien d'autres assassinats d'Italiens, à Jarny... il y en eut aussi dans les pays voisins, entre autres, à Audun-le-Roman et à Landres... et malgré tous ces crimes qui crient vengeance, le peuple d'Italie, ni son gouvernement ne réclamèrent des comptes à l'Empereur des Apaches.

L'INCENDIE D'AFFLÉVILLE

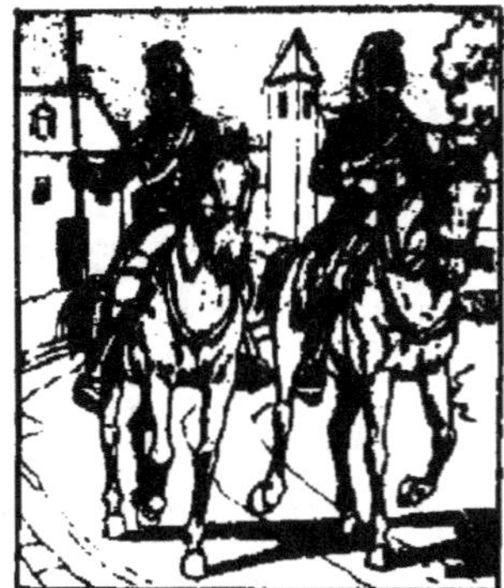

1. — Affléville est un tout petit village de Meurthe-et-Moselle où, le 6 août 1914, dès potron-minet, deux uhlans pénétraient... histoire de reconnaître s'il y avait des soldats français... et aussi, histoire de flairer s'il y avait quelque chose à chaparder.

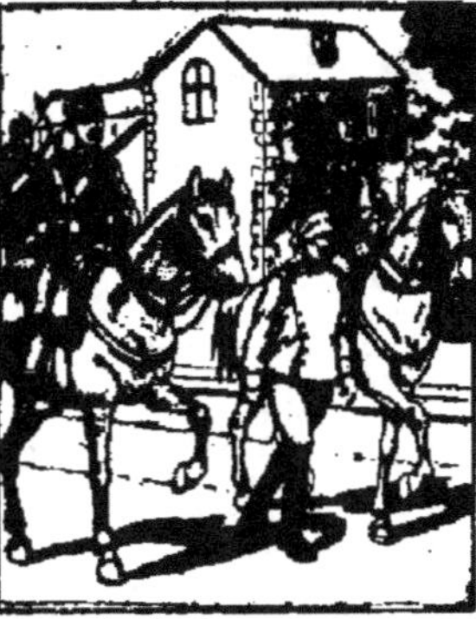

2. — A peine prenaient-ils le vent que paraissent trois chasseurs à cheval; alors les deux Boches tournent bride et déguerpissent... pas assez vite, cependant! car l'un d'eux est blessé, fait prisonnier et ramené clopin-clopant.

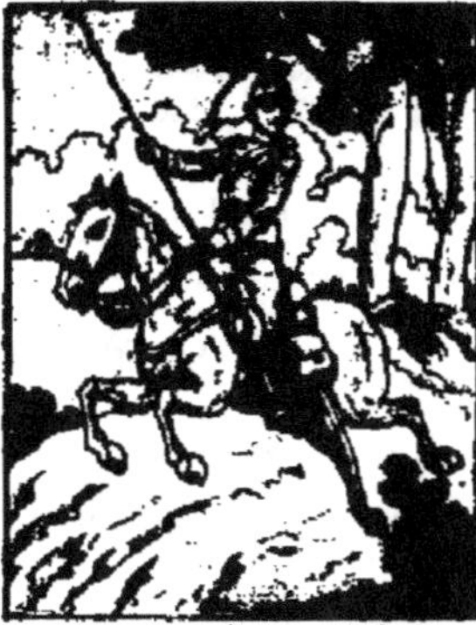

3. — Quant au deuxième Boche, sans se soucier de son camarade, il fila comme un lièvre et disparut bientôt derrière un bouquet d'arbres... mais, comme il était aussi vindicatif que pleutre, il revint le lendemain à Affléville, en compagnie d'une trentaine de uhlans.

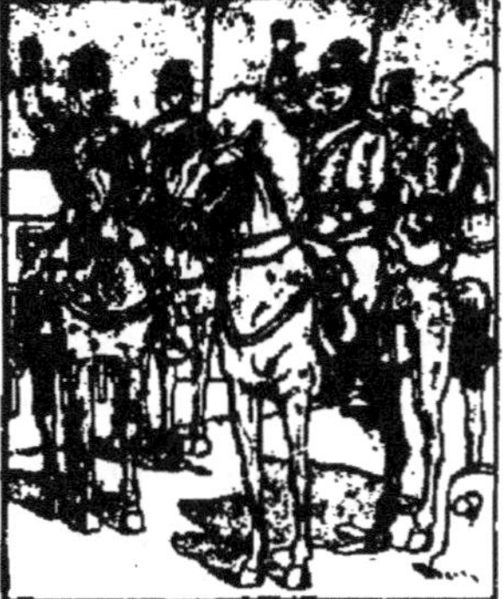

4. — C'était un dimanche... et, à peine étaient-ils à l'orée du village que tous ces Boches se mirent à brailler que, la veille, leurs deux camarades avaient été victimes d'un guet-apens organisé par des civils et qu'ils allaient s'en venger.

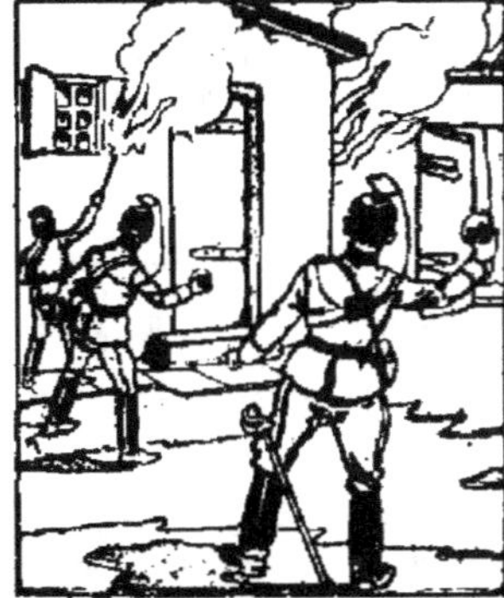

5. — Sur ce, avisant la première ferme qui se trouvait à leur portée, ils ne font ni une ni deux: ils la bombardent avec les boules incendiaires dont l'empereur des Apaches a eu soin de munir ses soldats et, en un clin d'œil, elle flambe comme un bouchon de paille.

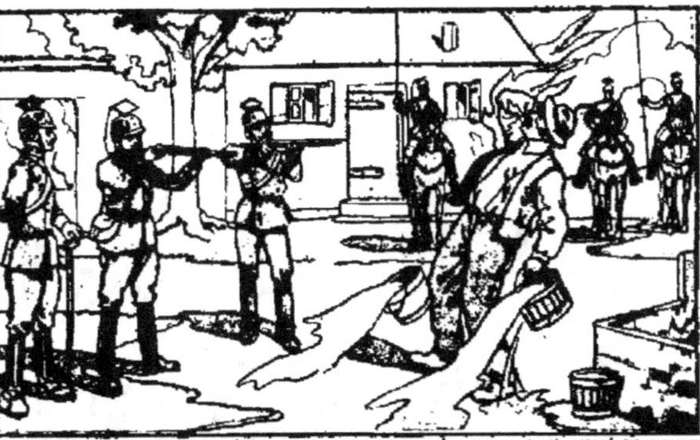

6. — Le fermier, qui était dans un champ tout proche, arrive tout égaré en voyant sa maison brûler et, naturellement, il n'a rien de plus pressé que de quérir de l'eau pour éteindre l'incendie. Mais les Boches qui, en menaçant de mort les habitants du village, les empêchent d'approcher, furieux de voir le pauvre homme de fermier s'escrimer pour sauver sa maison, le criblent de balles et le tuent.

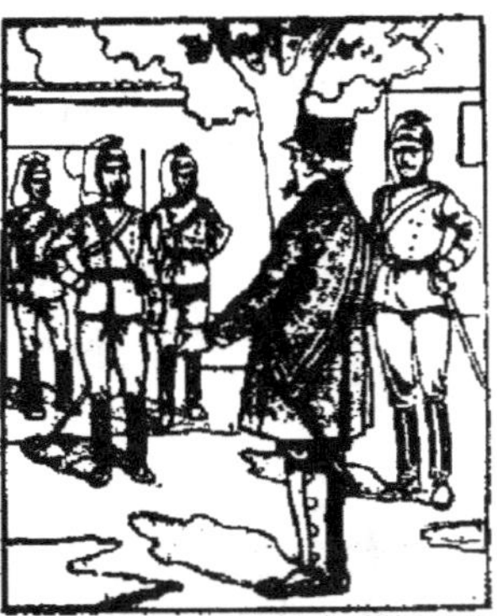

7. — Sur ces entrefaites, le garde champêtre arrive tout essoufflé et, bravement, il interpelle les uhlans et il leur explique que le petit combat de la veille a été livré par des militaires et qu'aucun civil n'y a participé.

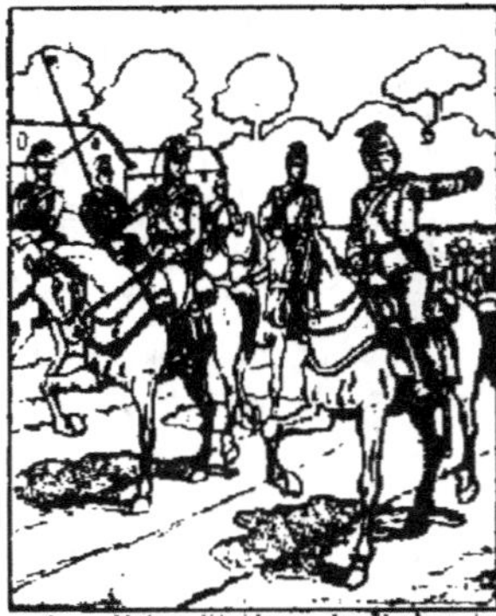

8. — Malgré l'évidence, les Boches s'entêtent à prétendre le contraire... Enfin, tout en continuant à proférer des menaces, ils se retirent... peut-être parce qu'à eux trente ils ne se trouvaient pas en forces suffisantes en face d'une population sans armes.

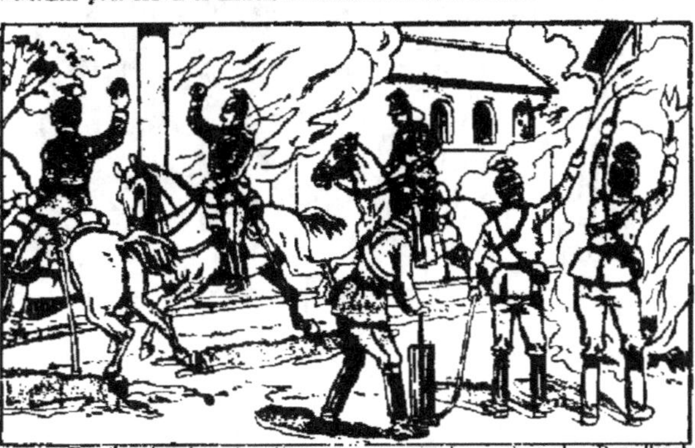

9. — En effet, ils n'étaient partis que pour revenir plus nombreux!... Dans l'après-midi, à l'heure des vêpres, alors que tous les habitants sont pieusement réunis à l'église, tout l'escadron de uhlans arrive, en poussant des clameurs féroces. Les Boches se répandent dans le village et, immédiatement, ils lancent dans toutes les maisons leurs maudites boules incendiaires... puis, afin que le désastre soit irrémédiable, ils les arrosent de pétrole.

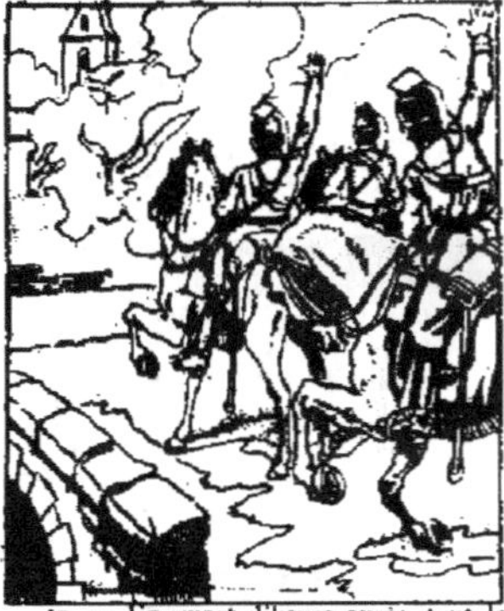

10. — Un quart d'heure après, tout le village était en flammes, et les misérables Boches, perchés sur leurs chevaux, poussaient des « Hoch! » de satisfaction et assistaient, en ricanant, à leur œuvre de dévastation.

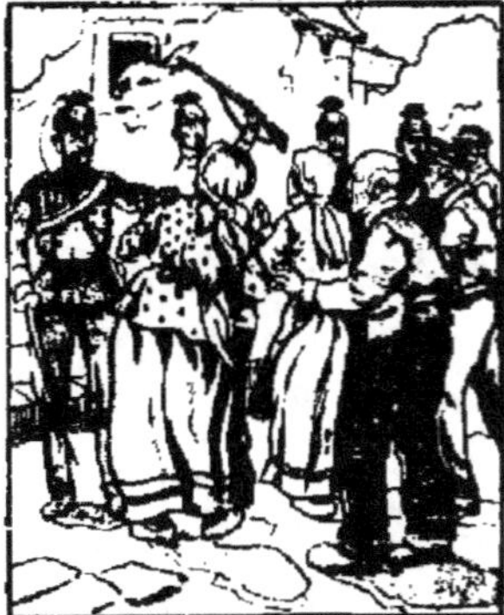

11. — Au tapage, la population sortit de l'église, se lamentant et pleurant... Quelques habitants, ayant voulu éteindre l'incendie ou entrer chez eux pour y sauver quelque chose, furent repoussés et menacés de mort par les Boches.

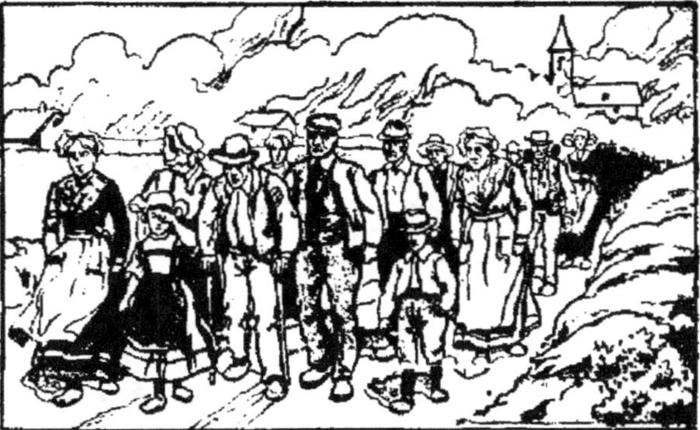

12. — Alors, la malheureuse population, voyant la ruine fondre sur elle et craignant de plus en plus menaçante, s'enfuit du hameau en flammes, sans pouvoir emporter ni argent, ni vêtements... rien! Et il était bien triste à voir, le lamentable cortège de ces villageois, chassés de chez eux par les soldats de l'empereur des Apaches et se traînant sur les chemins, gémissant et pleurant... Cependant, ces pauvres gens s'aidaient mutuellement, les plus valides soutenant les plus faibles...

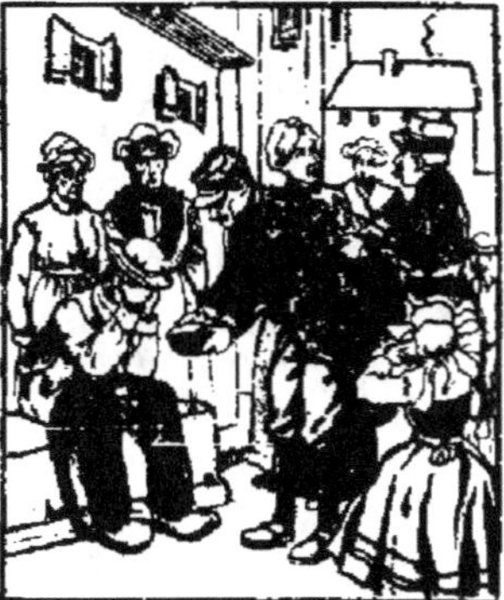

13. — Enfin, après une longue et navrante étape d'une quinzaine de kilomètres, le pitoyable cortège arriva à Etain... Là, on s'empressa à secourir et réconforter ces pauvres gens... ensuite on les évacua sur Verdun où ils pourraient attendre des jours meilleurs.

LE PETIT JIMMY

Nous prenions, mon ami Sminley et moi, le railway pour Chicago, et nous gagnions notre place, lorsqu'un geste de mon compagnon excita ma curiosité. Il venait de porter la main à son chapeau, sans plus, bien entendu, mais c'était déjà pour Sminley une telle politesse que je regardai autour de nous, cherchant à qui ce salut s'adressait.

Personne ne semblait avoir répondu à ce geste, sauf toutefois un petit marchand de magazines, un jeune nègre d'une douzaine d'années, qui, gravement, trouvant cela tout naturel, avait porté la main à sa casquette.

— Allô ! Sminley, fis-je d'un air jovial, je ne suppose pas que c'est ce gamin noir que vous avez salué?...

— Eh bien, dear, vous avez tort, car c'est lui, pourtant...

Je connaissais assez mon ami pour savoir qu'il n'était point utile d'insister. J'attendis.

Nous prîmes place dans le wagon qui nous était réservé. Sminley se mit à l'aise, appela le barman. Enfin, lorsque le train s'ébranla, lorsque les whisky-soda mirent dans les gobelets leur teinte jaune très clair, Sminley daigna m'expliquer son salut. Il lorgna du coin de l'œil, malicieusement, d'un air visiblement curieux, jeta vers la plate-forme du wagon, sur laquelle le petit marchand de magazines et de news-papers se tenait, un regard vif, puis il commença :

— Ce petit bonhomme, c'est Jimmy...

— Jimmy?

— Décidément, vous ne savez rien... Vous êtes, *poour Frenc* (pauvre Français), aussi ignorant qu'un crapaud...

Cette image l'ayant mis en joie, il tira une soufflée de sa pipe bourrée de bird'seye, vida à demi son whisky et se décida enfin à me conter son histoire.

— Il y a trois ans, le petit Jimmy vendait, comme maintenant, les revues et les journaux dans le Pacific-Railway. Tout le jour il se promenait dans le train, en sifflotant, pour lui tout seul, un air de banjo; la nuit, il avait un fauteuil attitré, près d'une plate-forme. Il y dormait, roulé en boule, tout noir puisqu'on ne voyait plus ni ses yeux, ni ses dents...

« Un jour, le chauffeur de la locomotive, un gredin, apprit qu'il traînait derrière lui au milieu des États-Unis, une imposante collection de « 5e Avenue ». Je traduis pour vous : de millionnaires. De là à songer à s'approprier quantité de bank-notes qui se trouvaient sans doute sur lesdits millionnaires, il n'y avait qu'un pas. Le chauffeur le franchit bien vite, et prépara son plan.

« Oh ! c'était bien simple !... Cet homme répugnait au meurtre; il n'aimait pas verser le sang. Alors il pensa que le train ferait bien, tout seul, ce qui le dégoûtait, et il écrivit un petit billet pour un de ses amis, intimes, excellent gredin comme lui. L'ami prit le mot, grimpa, vêtu en gentleman, dans le Pacific-Railway, et attendit la nuit.

« Quand il fut bien sûr d'être tranquille, il lut la lettre. Puis, édifié, prêt à tout, il se leva, enfila le costume de toile des mécaniciens et voulut, revolver en poche, gagner la locomotive.

« Soudain, il songe que le billet pouvait rester compromettant. Il le roula en boule et le lança par la fenêtre.

« Maintenant, *Old dear boy* (cher vieux garçon), vous allez voir le rigolo de l'histoire.

« Il lança donc le billet... Mais, à ce moment, le train suivait un coude de la voie; le vent que la vitesse causait saisit la petite boule et la porta tout le long du Railway... Si bien que, sortie d'une fenêtre, elle rentra dans une autre...

« Celle, justement, à côté de laquelle le bon Jimmy, dans son fauteuil, ronflait comme une dynamo. La boule de papier alla choir sur la boule du négrillon qui fit : Ohé ! et se leva. Il la ramassa et, comme force de vendre des journaux il avait appris à lire, il la lut.

« Il y lut le petit Jimmy, c'est-à-dire que son visage noir devint gris cendré, car il avait lu quelque chose dans ce genre-ci :

« — Viens cette nuit sur la locomotive. Tu m'aideras à balancer l'enginer (mécanicien) qui pourrait nous donner de l'ennui. Après, on ira en queue du train attendre. Comme il n'y aura personne pour arrêter au signal 27, nous ferons une jolie salade avec le rapide 18... Il suffira de se baisser pour cueillir les greenback sans se salir. »

« C'était exquis !... Jimmy pensa d'abord à courir prévenir le « chef du train. » mais il voulut voir lui-même... Et puis, il eut peur d'être blacboulé, car Jimmy est un des rares nègres qui aient compris qu'ils n'ont que le droit de se taire... Alors, il laissa son panier de journaux et sans bruit, il s'avança dans le couloir.

« Il arrivait au premier wagon juste au moment où l'ami du chauffeur sortait de son sleeping. Jimmy attendit, puis se lança à sa poursuite.

L'homme gagna la plate-forme. Il hésita, car il lui fallait franchir le fourgon, ce qui n'est guère commode sans éveiller l'attention du surveillor... Il n'hésita pas longtemps, il se laissa glisser le long du train, en dehors et, suspendu par les mains, gagna lentement la locomotive.

« Jimmy, leste comme un singe dont il descend en droite ligne, haussa d'abord les épaules et s'élança sur le toit du fourgon. Il savait qu'il n'avait à craindre aucun tunnel pendant la nuit, car il connaissait le parcours mieux que personne. Alors, installé à l'avant du fourgon, invisible, puisque tout noir dans la nuit noire, il regarda.

« Oh ! ce ne fut pas long !...

« L'enginer, au moment où Jimmy le vit, était, penché en avant, surveillant la voie, immensément droite. Il guettait aussi loin que le permettait le projecteur si nulle poutre ne barrait la voie ou si nul bœuf s'y aventurait... la chose arrive...

« Le chauffeur, lui, était dans le tender, tournant sans cesse la tête en arrière; il attendait son complice, sans doute...

« Cela est fort probable, car dès que celui-ci parut, enjamba le tender, l'attitude du chauffeur se transforma.

« Il saisit la pelle, encore noire de charbon, la leva, et d'un seul grand coup, l'abattit sur le crâne du mécanicien. Celui-ci ne fit pas un mouvement, ne poussa pas un cri. Il tomba, inerte, comme une masse.

« Le complice du chauffeur, afin de montrer qu'il était capable de faire quelque chose, prit son revolver, en déchargea une balle dans l'oreille du mécanicien... Ça fit à peine autant de bruit qu'une amorce d'enfant, à cause du halètement de la machine.

« Les deux assasins prirent le corps, le balancèrent et, hop ! le firent passer par-dessus bord...

« Ensuite, ils ouvrirent en grand le registre d'admission de la vapeur, chargèrent le foyer...

« L'allure du train s'accélère... Jimmy, qui n'est pas gros, se cramponna pour n'être point emporté par le vent.

« Alors, les deux braves garçons s'en allèrent comme le premier venu, le long du train...

« La perplexité de Jimmy, sur son siège peu confortable, ne dura pas... Il pensa qu'il n'y avait qu'une chose à faire : arrêter le train...

« Aussitôt, il voulut descendre dans le tender...

« Mais, il n'est pas grand, Jimmy, et, suspendu par les mains, il avait encore un bon mètre à sauter pour atteindre le plancher de la locomotive...

« Dame ! il ne fallait pas perdre de temps... Il prit son élan et sauta dans le charbon.

« La machine marchait, marchait, et le jeune nègre n'était guère rassuré sur ce plancher qui sautait, dansait, vibrait.

« Il rétablit son équilibre, atteignit la plate-forme de la locomotive, et, tout éberlué, se trouva devant des manomètres, des manettes, des leviers et des roues...

« Il voulait arrêter... Que fallait-il faire?...

« Il se décida, bien vite... et il se mit à tourner toutes les roues, à tirer toutes les manettes, à peser sur tous les leviers...

« Il les manœuvrait l'un après l'autre, épouvanté... Chaque fois qu'il en touchait un, il se baissait, comme si ce qu'il allait déchaîner devait passer au-dessus de sa tête...

« Ainsi, il siffla, fit marcher la cloche d'alarme, que nul n'entendit, d'ailleurs; il éteignit l'électricité, la ralluma, brûla, en y envoyant trop de courant, la lampe à arc du projecteur... Il fit passer tellement de vapeur dans le niveau d'eau qu'il éclata...

« Mais le train marchait toujours, à une vitesse folle...

« Soudain, en se penchant, Jimmy aperçut, en avant, bien loin, un point rouge... Le point grossissait, avec une rapidité infernale...

« C'était le signal, le fameux signal à arrêt...

« Puis, il vit, près de la voie, une cabane d'où des aiguilleurs surgirent affolés... Il entendit des cris...

« Cette fois, il ne fallait pas perdre de temps !... Il tourna une roue : un frein... Le train ralentit bien, mais un craquement retentit.

« Sous l'irrésistible force, le frein se brisait, et le train repartit de plus belle...

« Alors, hardiment, Jimmy tourna une manette... C'était la dernière, la bonne...

« En deux cents mètres, le train stoppa, brusquement, à cinquante mètres en avant, l'autre railway surgit... Il filait, lui aussi, à une vitesse inouïe... Jimmy songea — et il frissonna — à la salade dont parlait la lettre...

« Maintenant, on était sauvé... Tout le personnel du train accourut aux appels de Jimmy. On parvint, non sans peine, à cueillir le chauffeur et son digne ami...

« Tous les voyageurs firent une collecte pour le brave nègre... Les « 5e Avenue » furent particulièrement généreux.

« Jimmy, à dix ans, se trouva à la tête de près de vingt mille dollars...

« Vous êtes le seul qui ne connaissiez pas notre brave Jimmy... »

Sminley vida son gobelet qu'il avait, durant son histoire, rempli plusieurs fois.

Je crois que vous avez envie d'aller dormir?... me demanda-t-il.

Comme je secouais la tête, énergiquement, car j'étais trop attentif à son histoire pour sentir le sommeil, il dit, péremptoire :

— Vous ne faites pas... eh bien, moi *I do*.

Et il se coucha.

JACASSE

Il saisit la pelle, la leva et l'abattit sur le crâne du mécanicien.

LES MALICIEUX KETJES

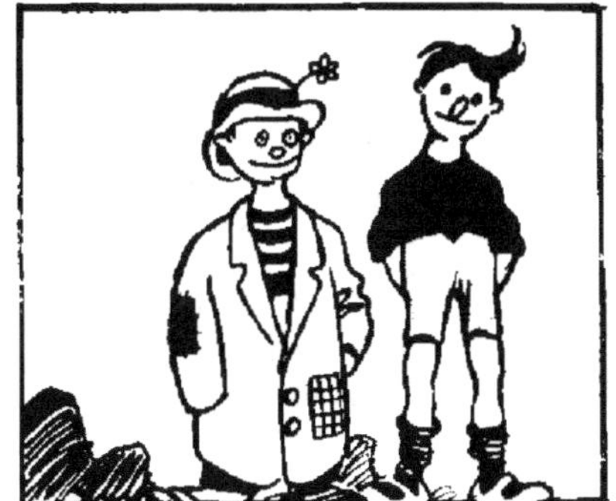

1. — Karl et Jef sont de malicieux « ketjes », gamins Bruxellois doublés de braves petits patriotes. Afin de se venger de l'occupation allemande de leur capitale, ils exercent toute la verve de la zwanze qui est la blague belge aux dépens des Boches et se sont juré de leur jouer mille tours de leur façon.

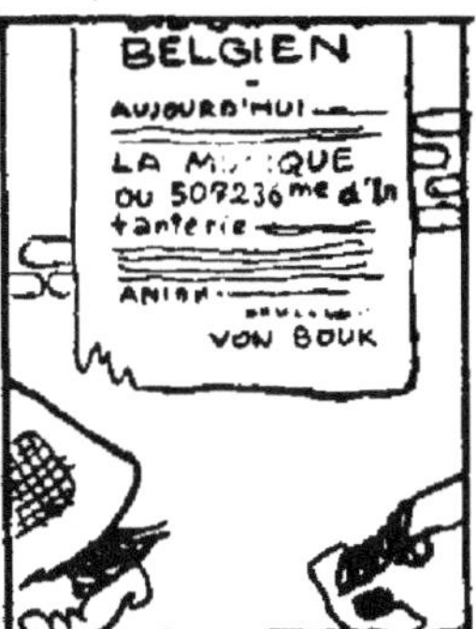

2. — Ils apprennent un jour que la musique d'un des régiments occupant la ville doit défiler boulevard Anspach et qu'elle est rassemblée sur la place de l'Hôtel de Ville. Aussitôt, ils se [...] chacun de leur côté [...]

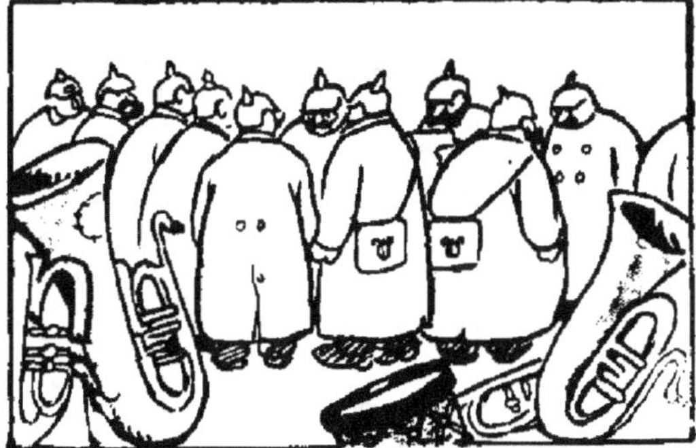

3. — ... chercher ce qui leur est nécessaire, puis se retrouvent, un moment plus tard, parmi les musiciens qui ont laissé pour un instant leurs instruments de côté afin de se rassembler autour de leur chef qui leur donne ses instructions et fait distribuer aux exécutants les morceaux à interpréter. Jef et Karl, profitant de ce que l'on ne fait pas attention à eux, se mettent aussitôt à la besogne. Jef, qui a ses poches...

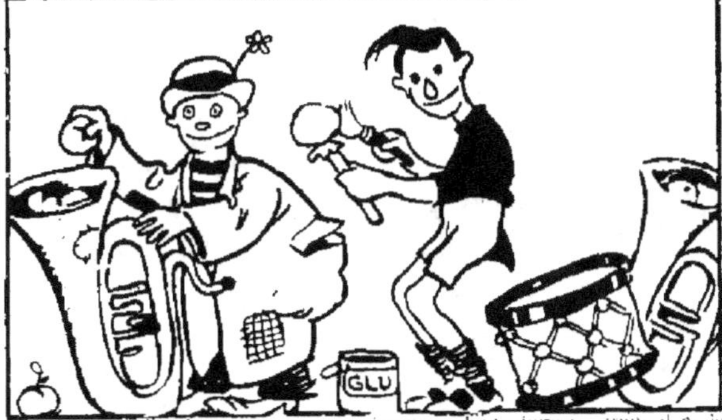

4. — ... remplies de pois[...] pour[...] d'introduire [...] dans le pavillon des instruments en cuivre et les [...] dans le corps de l'instrument au moyen d'un bâton. Pendant ce temps-là, Karl ne reste pas [...] avec un pinceau il enduit de glu les baguettes des tambours ainsi que la [...] de la grosse caisse. Tout ceci a été fait si rapidement et adroitement que les Boches n'y ont vu que du bleu, du bleu de Prusse, bien entendu. Chaque musicien a [...]

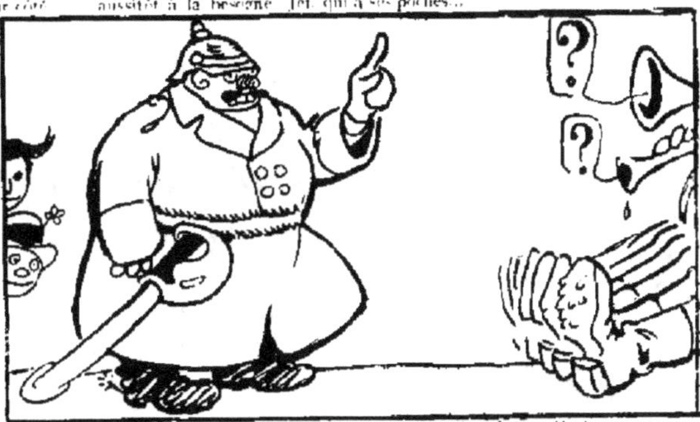

5. — ... le chef donne l'ordre de se mettre en marche. Jef et Karl qui s'étaient tenus à l'écart, ont retrouvé d'autres Ketjes de leurs amis. Ils ont tous des mirlitons à la main et attendent le signal du départ. Dès qu'il est donné, ils se placent en tête du cortège, la sorte de musique commande l'attaque d'un pas redoublé. Les musiciens portent du pied gauche et embouchent leurs instruments, mais c'est en vain qu'ils soufflent dedans à s'époumoner...

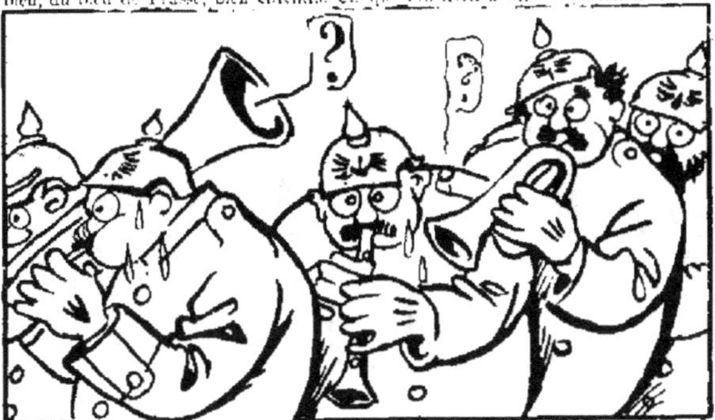

6. — ... et que leurs joues en sont gonflées à crever, aucun son ne se fait entendre au dehors. Les tambours ne sont pas moins surpris en constatant que les baguettes sont restées collées à leur peau d'âne, celle de leur instrument. Le chef de musique furieux, comme la tête à [...] Eh bien, tas de brutes, qu'est-ce que vous attendez pour commencer ? » Le saxophone et le trombone à coulisse se risquent à expliquer : « Herr Kommandant, nos instruments sont bouchés, il n'y a pas moyen... »

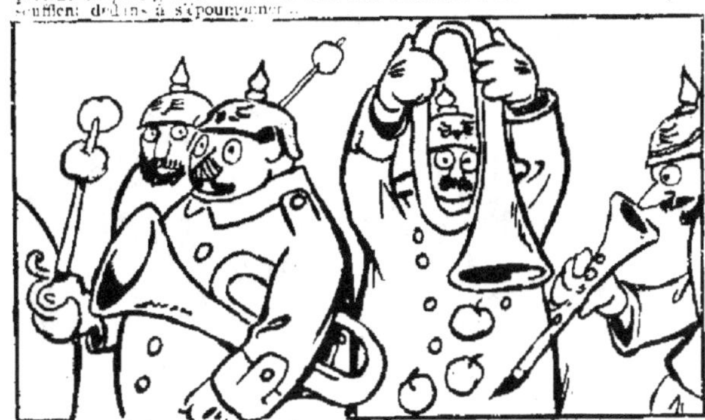

7. — ... de jouer dedans. » On a mis de la glu après nos baguettes, ajoutent les tambours. Les Bruxellois qui font la haie sur le passage de la musique ne dissimulent point leurs rires moqueurs. Le chef est cramoisi de colère et menace tous ses hommes de la prison et du conseil de guerre. Les musiciens, terrorisés, soufflent dans leurs instruments avec la pointe de leur baïonnette et en retirent les pommes pourries qui les obstruent.

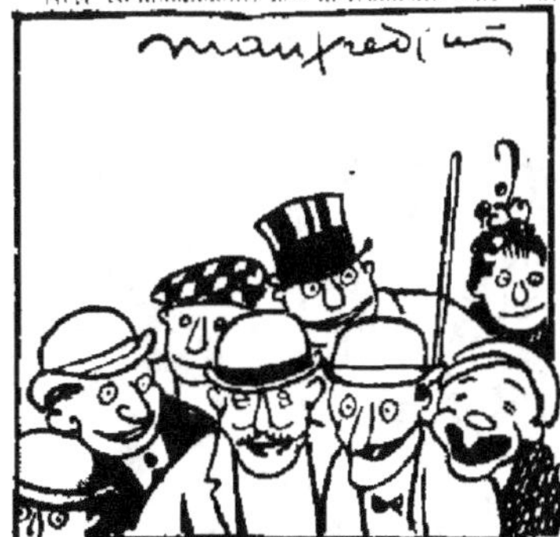

8. — À cette vue, la joie des spectateurs est à son comble. Ils se tordent de rire. Le chef, jugeant que cette manifestation nuise le met en rage et ne voulant pas servir plus longtemps de cible à la risée des habitants, donne à ses hommes l'ordre de faire demi-tour et de rentrer à la caserne.

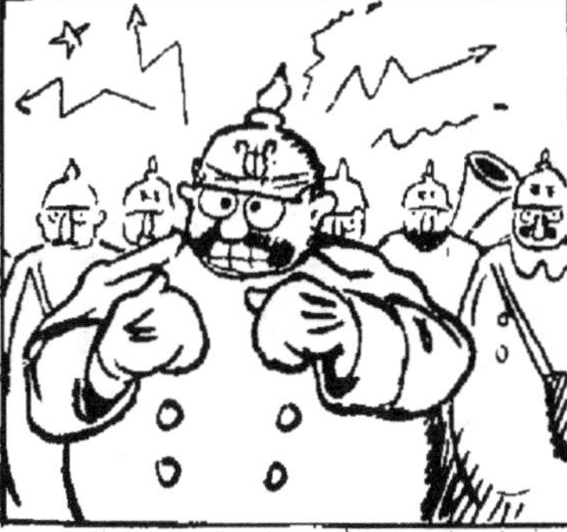

9. — Ceux-ci, au pas de parade, s'empressent d'exécuter l'ordre de leur chef. Aussitôt, la bande de Ketjes qui attendait que ce moment là pour continuer, se place en tête de la musique et paraissant le pas de parade se met à jouer la Brabançonne sur les mirlitons. Des gardes-ville sont envoyés.

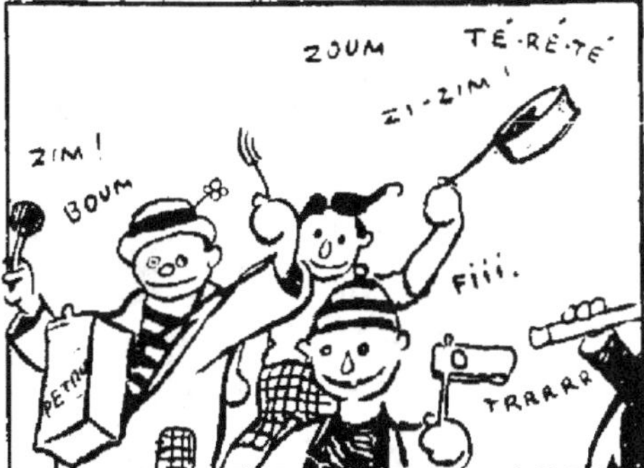

10. — ... par le chef à disperser ce groupe de [...] tapageurs. Ils le font sans conviction ni enthousiasme et les malicieux Ketjes, ravis du bon tour qu'ils ont joué à la tannante boche, s'égaillent de tous côtés ainsi qu'une volée de moineaux en se promettant de leur jouer encore de bonnes autres, chaque fois que l'occasion s'en présentera. (A suivre !)

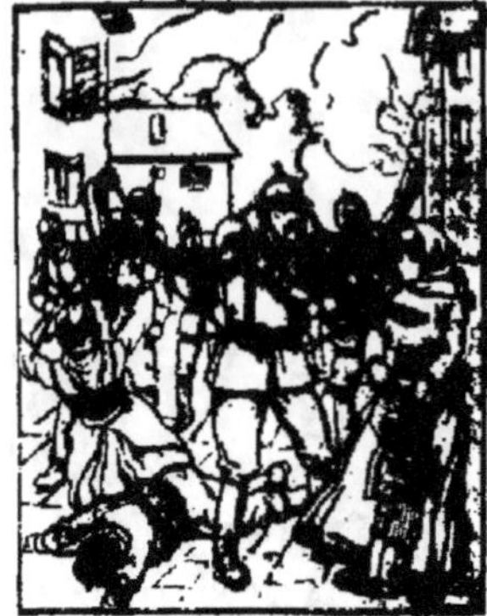

1. — Après leur invasion du pays de Briey, où les Boches se conduisirent en vrais barbares, fusillant des Italiens inoffensifs... et des Français aussi inoffensifs !... ils voulurent aller de l'avant, toujours pillant, ravageant, assassinant !

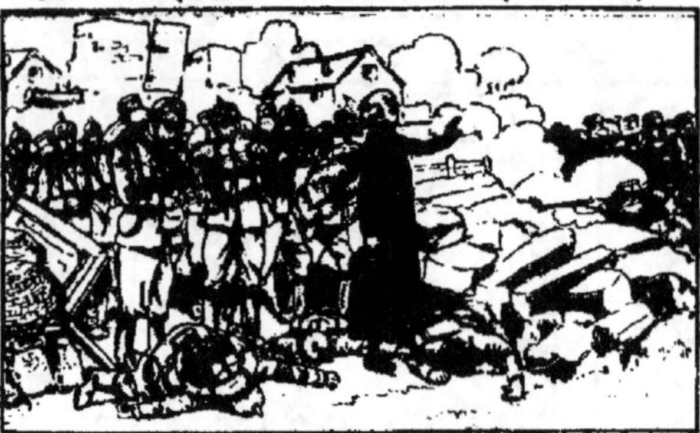

2. — Ils se dirigèrent donc vers la région de Spincourt, escarmouchant avec des petits pelotons de soldats français et, le 10 août, ils pénétrèrent dans le village de Pillon où, malgré qu'aucun habitant n'ait fait de résistance, ils incendièrent une vingtaine de maisons... Et ils tuèrent quelques paysans !... Quant au curé, après l'avoir fait prisonnier, ils le placèrent au-devant d'eux, l'exposant aux balles françaises, dans les petits combats qu'ils livrèrent à nos arrière-gardes.

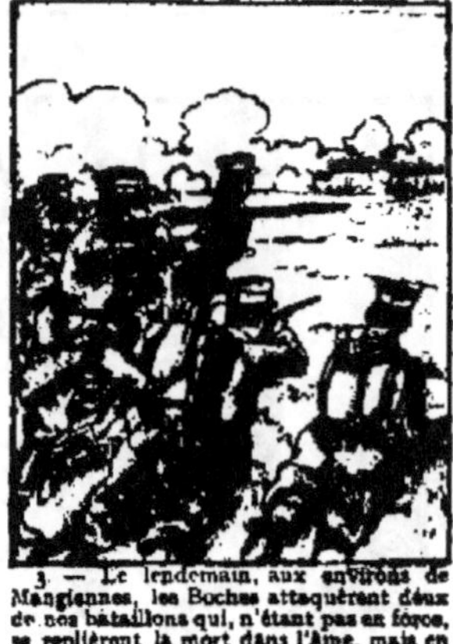

3. — Le lendemain, aux environs de Mangiennes, les Boches attaquèrent deux de nos bataillons qui, n'étant pas en force, se replièrent la mort dans l'âme, mais en bon ordre, et défendant le terrain pied à pied.

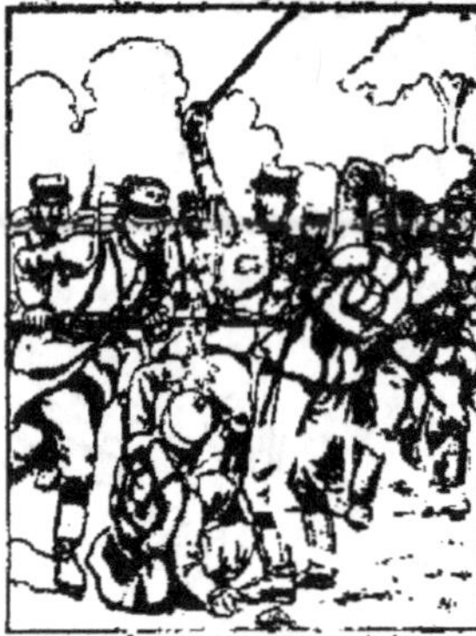

4. — La nuit étant arrivée, nos braves troupiers revinrent avec du renfort et ils tombèrent sur le poil des Boches, fonçant dessus avec d'autant plus d'ardeur qu'ils étaient en rage d'avoir été obligés de lâcher pied.

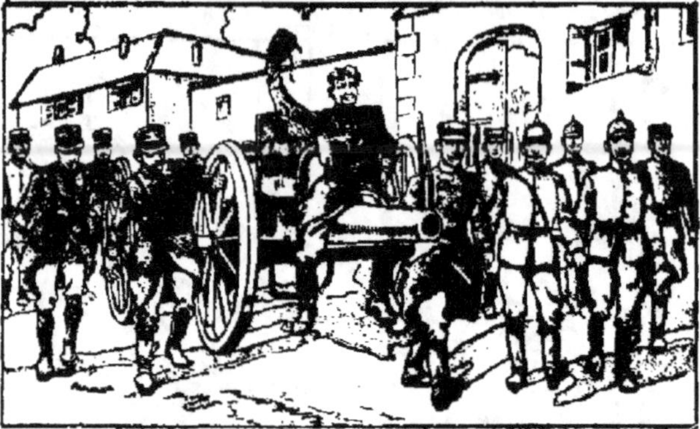

5. — En un rien de temps, les Boches durent battre en retraite... mais, dans leur empressement à déguerpir, tous n'eurent pas les jambes assez longues et bon nombre d'entre eux furent faits prisonniers. Le plus beau de l'aventure c'est que, dans leur départ précipité, les Boches furent obligés d'abandonner une batterie d'artillerie, trois mitrailleuses et plusieurs caissons de munitions que les nôtres ramenèrent en triomphe.

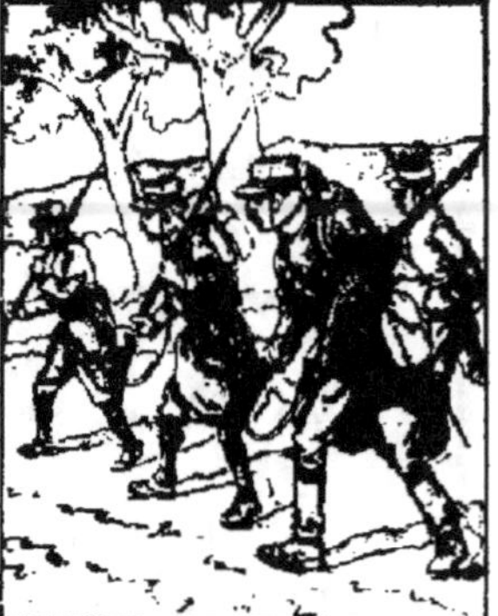

6. — Le lendemain, 12 août, quelque nos braves troupiers fussent fatigués par la bataille de la nuit, ils ne s'endormirent pas... fichtre non !... et ils continuèrent de plus belle à donner la chasse aux Boches.

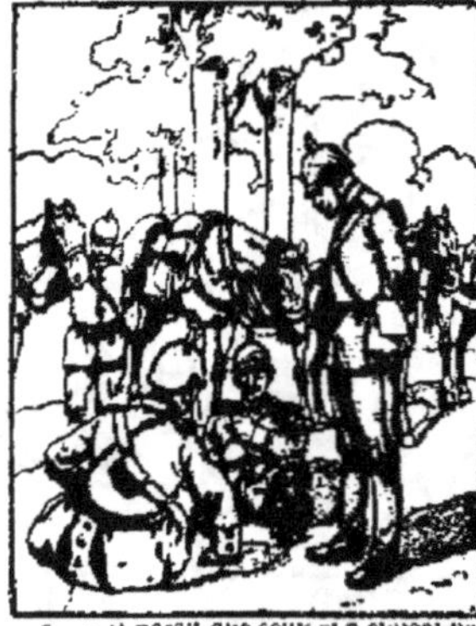

7. — Il paraît que ceux-ci n'étaient pas aussi résistants... car le 21e régiment de dragons, pensant avoir dépisté les nôtres s'arrêta dans un endroit bien ombreux et bien abrité, puis, histoire de reprendre haleine, les Boches mirent pied à terre.

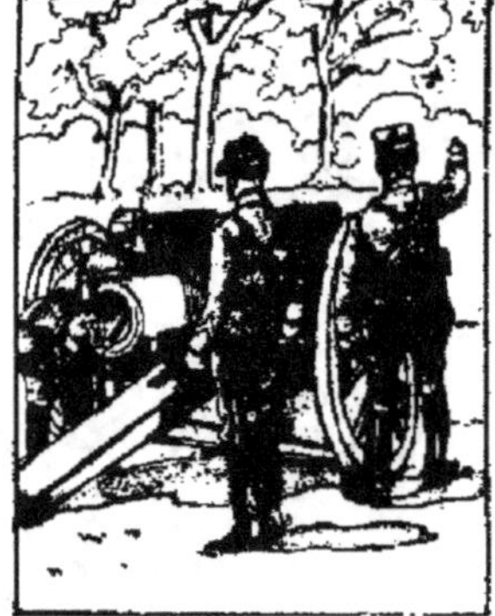

8. — Mal leur en prit !... En effet, une batterie de nos merveilleux canons de 75 les repéra et les arrosa... tant et si bien qu'il mit en capilotade le régiment de dragons et en fit de la chair à pâté.

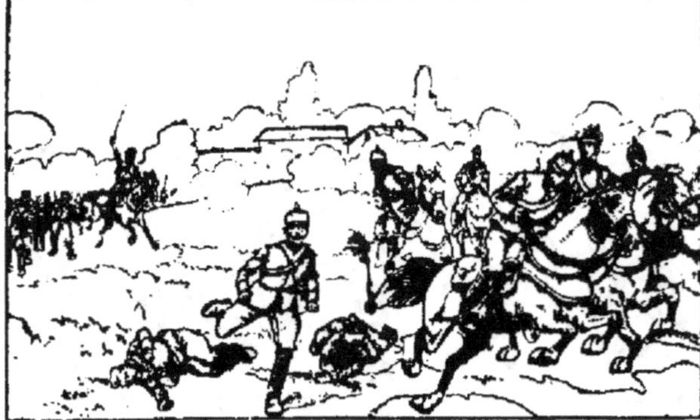

9. — Enhardis par ce nouveau succès, les nôtres oublièrent complètement leur fatigue et ils n'en continuèrent que de plus belle à pourchasser l'ennemi, le canardant avec efficacité. Et les Boches, que cette poursuite endiablée ne faisait qu'exciter à trotter plus vite encore, n'en furent cependant pas quittes sans semer leur route de morts, de blessés et aussi de prisonniers que nos moupious cueillaient avec jubilation.

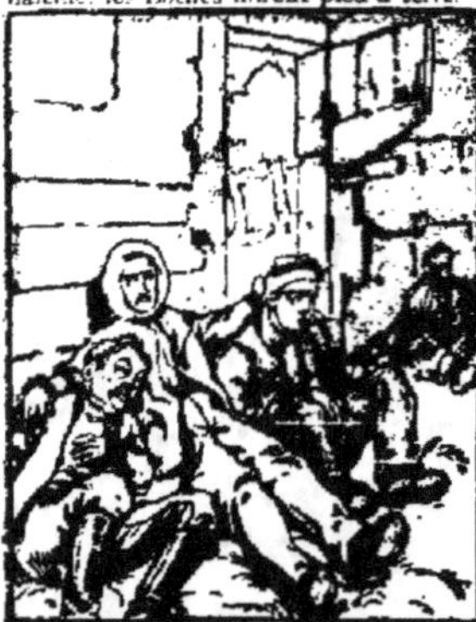

10. — Dans leur fuite, les Boches n'eurent pas le temps d'emmener avec eux leurs blessés du combat de la veille, qu'ils avaient évacué sur les villages voisins entre autres sur Pillon

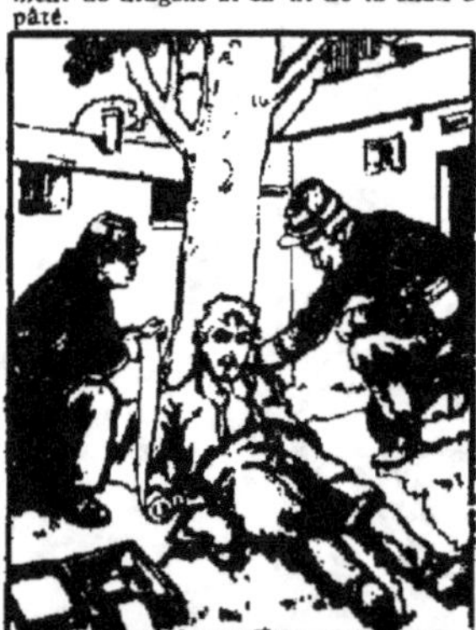

11. — Les Français les y trouvèrent et ils les firent prisonniers... seulement, au lieu de les traiter méchamment, comme il arrive que le font les Boches des blessés français nos médecins les soignèrent de leur mieux sans se préoccuper de leur nationalité.

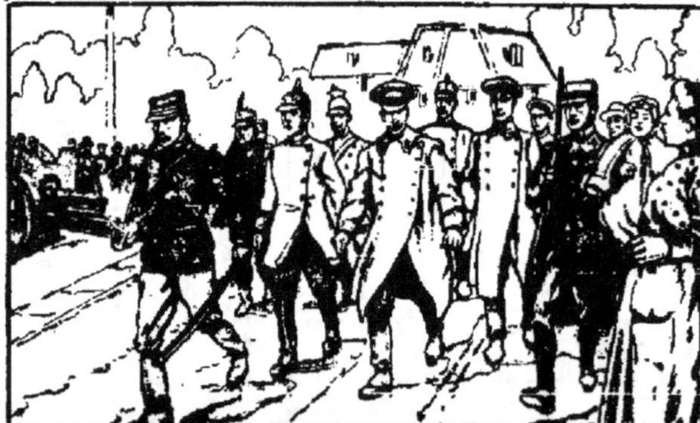

12. — Grâce à ces heureuses opérations, la marche en avant des hordes de l'empereur des Apaches se trouva momentanément enrayée dans la région et les populations, que leur approche épouvantait, respirèrent pour un temps. Outre cet important résultat, la prise était bonne... car il nous restait dans les mains, en plus des mitrailleuses, des canons et des caissons, un millier de prisonniers, dont neuf officiers qui faisaient grise mine.

Numéro 5. — 11 Avril 1915.　　10 Centimes.　　TOUS LES DIMANCHES

ABONNEMENTS
Seine, Seine-et-Oise.. 6 fr.
Départements .... 7 fr.
Étranger .... 9 fr.

ADMINISTRATION
3, rue de Rocroy
PARIS (X°)

LA JEUNE FRANCE

HISTOIRE ILLUSTRÉE DE LA GUERRE 1914-1915

SUR LA CRÊTE DES VOSGES

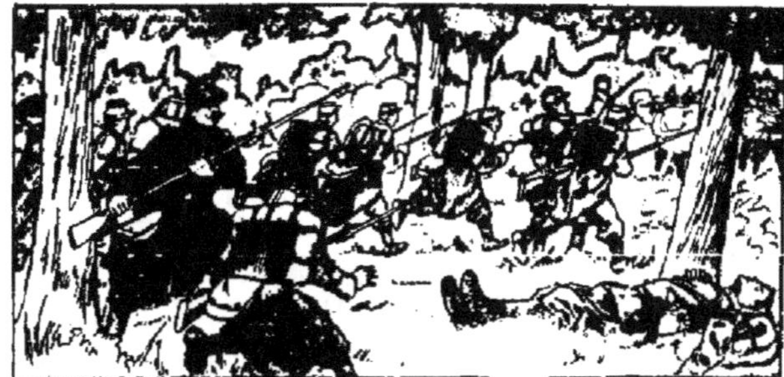

1. — Un peu partout, dès les premiers jours des hostilités, et tout au long de la frontière de l'est, les soldats français bataillèrent avec les hordes de l'empereur des Apaches, tantôt dans des escarmouches, tantôt dans des combats plus importants. Tout d'abord, les Français visèrent à se réinstaller sur les crêtes des Vosges, limite de la frontière, d'où avant la déclaration de guerre ils s'étaient retirés par grande loyauté, afin de laisser une zone neutre de huit kilomètres entre leurs avant-postes et la frontière.

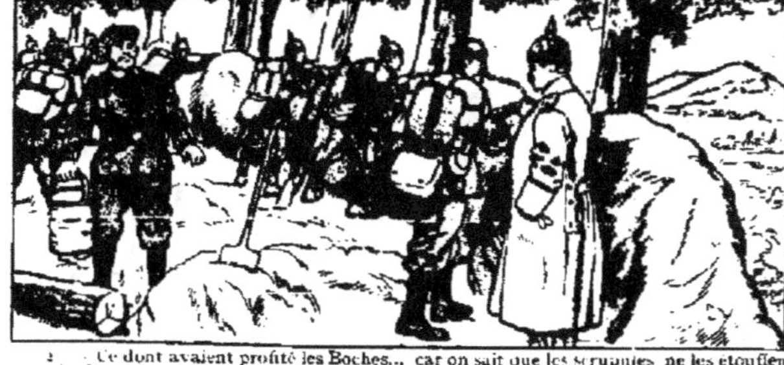

2. — Ce dont avaient profité les Boches.., car on sait que les scrupules ne les étouffent pas !... Ils s'étaient empressés d'escalader les crêtes et, avant même la déclaration de guerre, ils s'y étaient installés sans encombre et s'y étaient solidement fortifiés. La chose n'était pas pour intimider nos héroïques poilus !... Aussi, en un clin d'œil, ils s'emparèrent du col de Bussang, puis, un peu plus au nord, ils s'emparèrent du Hohneck et de Schlucht.

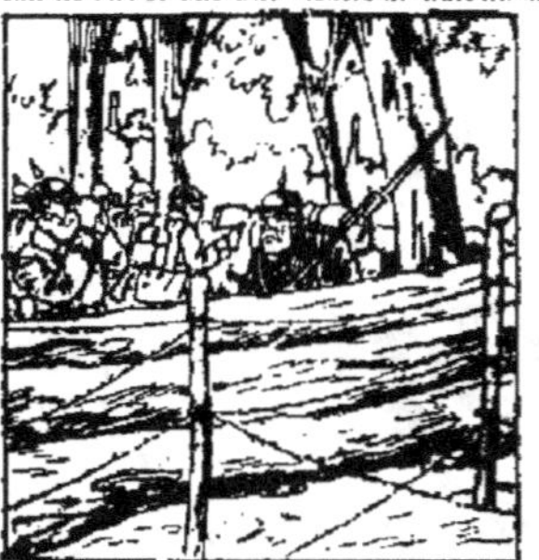

3. — Au centre des Vosges, l'installation y fut plus cotonneuse !... Là, les pentes sont escarpées du côté français et les Boches s'y étaient formidablement fortifiés, abattant des arbres pour barrer les chemins, creusant des tranchées protégées par des réseaux de fils de fer.

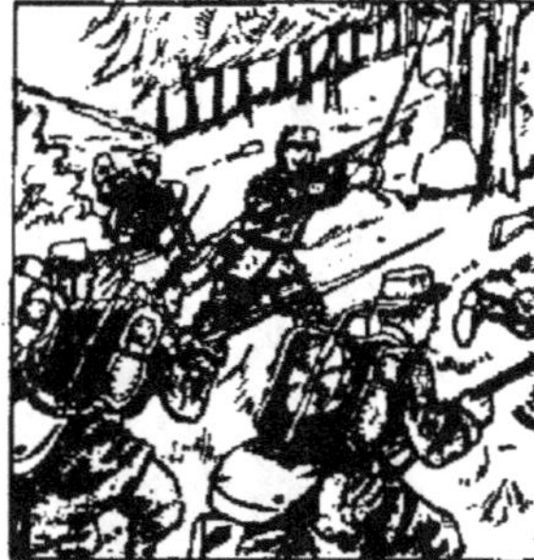

4. — Ces difficultés exaltèrent l'élan de nos poilus ! Ils foncèrent d'abord sur le col d'Urbéis d'où ils délogèrent les Boches et s'emparèrent du plateau de Braques où furent braqués nos bons canons de 75...

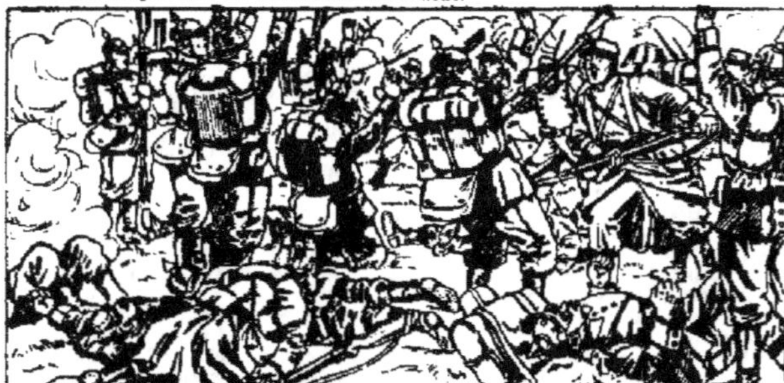

5. — Qui, dominant la trouée de Saales, y firent du bon travail !... Les Boches reçurent une telle raclée qu'une de leurs sections tout entière mit bas les armes, se rendant avec ses mitrailleuses. Dès lors, du col de Saales nos artilleurs installèrent leurs canons sur le flanc alsacien des Vosges et, bombardant à profusion les Boches encore installés au col du Bonhomme et à celui de Sainte-Marie-aux-Mines, ils leur firent passer de vilains quarts d'heure !

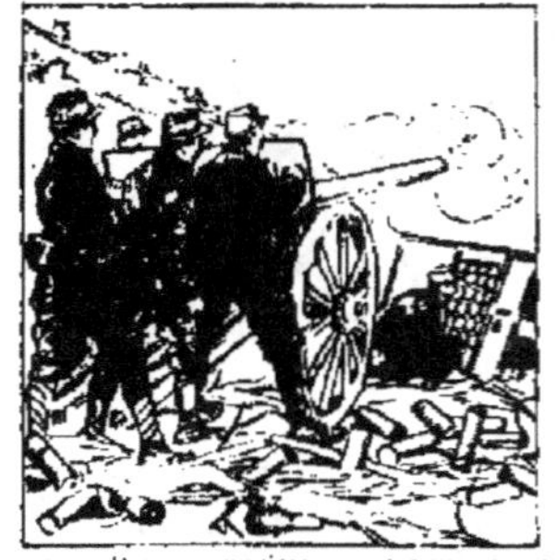

6. — Puis, quand l'arrosage fut jugé assez copieux, les pousse-cailloux et les alpins foncèrent hardiment et ils culbutèrent les Boches, baïonnette au derrière, les forçant à dégringoler en vitesse les pentes du col du Bonhomme et de celui de Sainte-Marie-aux-Mines.

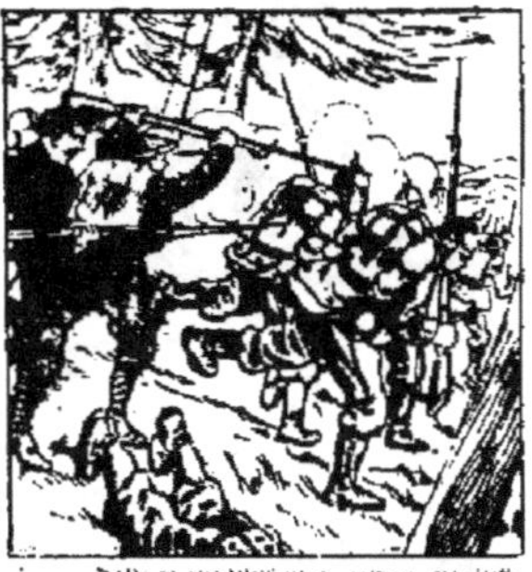

7. — Sans s'arrêter ni se reposer soudain, nos poilus marchèrent sur la petite ville de Saales, au bas du col du même nom qui commande la vallée de la Bruche et d'où ils chassèrent les Boches avec une telle vitesse que ceux-ci y abandonnèrent des monceaux d'effets et d'objets d'équipement qui furent de bonne prise.

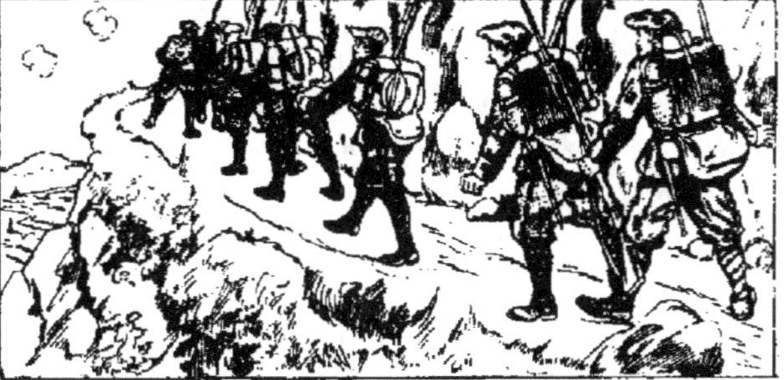

8. — Le plus dur résulte cependant à faire... s'emparer du Haut Donon qui, au nord, domine quasiment la crête des Vosges... Pour y arriver, nos troupiers cheminèrent sur les arêtes qui y conduisent, par la vallée de la Bruche. Mais, là, il y eut de rudes combats, au cours desquels nos lignards et nos alpins se conduisirent en héros... et plus d'une fois ils firent sentir aux Boches la pointe de leurs baïonnettes.

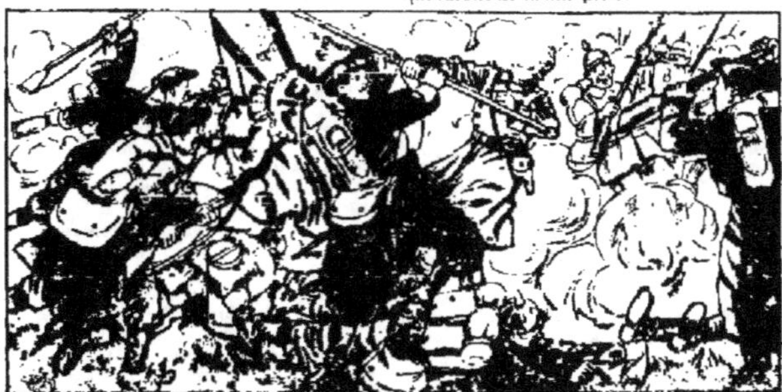

9. — Enfin, dans un dernier coup de collier, le 14 août, au chant de la *Marseillaise* que nos poilus entonnèrent en chœur, ils s'emparèrent des hauteurs du Donon et ils eurent la joie de faire 500 prisonniers. C'est le lendemain, 15 août, qu'en poursuivant l'engeance boche, nos poilus occupèrent Saint-Blaise, dans la vallée de la Bruche et c'est là que les braves gars du 10e bataillon de chasseurs, après avoir culbuté encore les Boches, leur enlevèrent le premier drapeau tombé aux mains des nôtres, — celui du 112e d'infanterie boche.

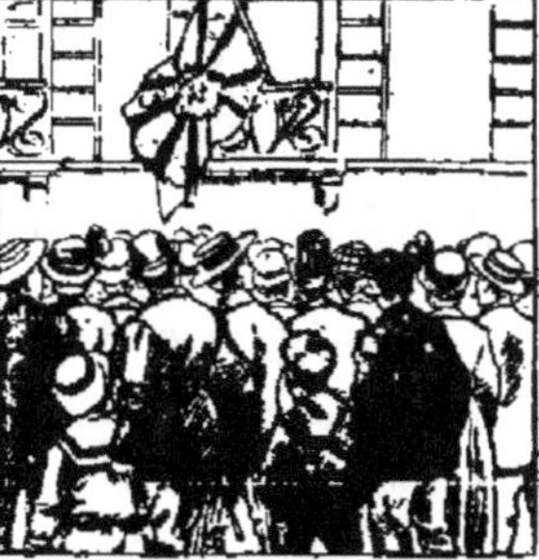

10. — En grande pompe, ce premier drapeau — qui ne devait pas être le dernier pris aux Boches ! — fut transporté à Paris et, toute la journée du 17 août, il resta exposé à une croisée du ministère de la Guerre, devant laquelle, par milliers, défilèrent les Parisiens.

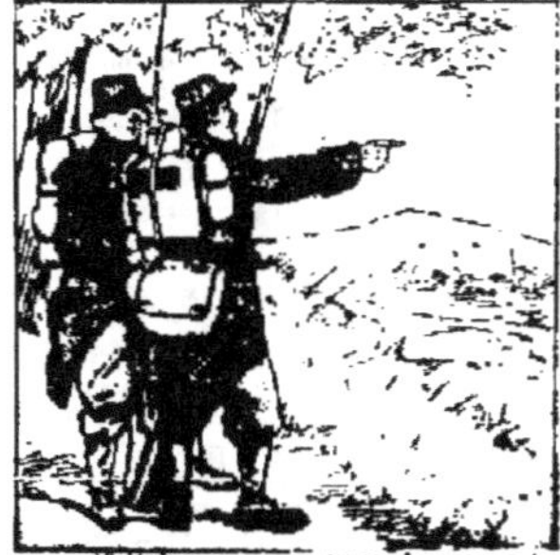

11. — Désormais, maîtres de toutes les crêtes des Vosges, les Français avaient à leurs pieds la terre promise... les plaines d'Alsace où il leur tardait de descendre afin de délivrer du joug de l'empereur des Apaches les populations asservies depuis la néfaste guerre de 1870.

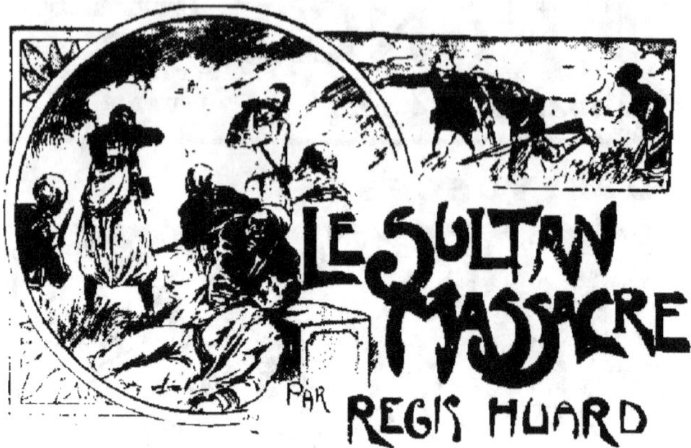

RÉSUMÉ DES CHAPITRES PRÉCÉDENTS

Aux environs du Tchad (Centre Africain) en 1900. C'est le premier choc entre les troupes du sultan Rabah qui s'avance au-devant des Français et la mission Bretonnet en voie d'avant-garde.

Dix sept cents d'infanterie coloniale : les sergents Kermarec et Durantin et la petite esclave Marie qu'ils ont sauvée de la mort, rallient la mission Bretonnet pour la prévenir du danger et l'aviser que des secours arrivent.

Ils sont prisonniers d'un émissaire envoyé à Rabah par le cheik Senoussi. Cet émissaire, un nommé Hassein n'est autre que le plus jeune des fils de Rabah perdu dans la brousse quinze ans auparavant.

Les Français rentrent en poursuivant prisonnier...

CHAPITRE IV

SANG ET MASSACRE (Suite)

Durantin a fait stopper la colonne et fait interroger Hassein :

— D'où viens-tu ?...

— Du Kouti.

— Où vas-tu ?...

— J'allais, de la part de Senoussi, prévenir le chef blanc de ne pas s'aventurer plus avant...

— Il est donc près d'ici, le chef blanc ?

— Je n'en sais rien...

— Dis donc, mon gaillard, tu m'as l'air d'en connaître plus long que tu ne veux bien le dire... Mais ouvre l'œil et le bon... quelques bons coups de corde t'apprendront à parler...

A la traduction de ces mots par le Sénégalais, Hassein bondit sous l'outrage, mais il se ravise et assure encore une fois qu'il se rend vers le chef blanc...

Durantin semble un peu plus convaincu et fait part d'un projet à Kermarec.

— Dis donc, si c'était vrai ce qu'il raconte le moricaud, on pourrait le prendre comme guide.

Hassein se sent joyeux. C'est la possibilité de fuir, cela.

Mais l'autre blanc répond :

— Oui, mais il ne faut pas le lâcher, pour qu'il nous joue la fille de l'air...

— Ben sûr qu'on va le tenir à l'œil...

— Tu devrais bien commencer par le fouiller... et l'amarrer.

— C'est une idée, fit Durantin... Samba Traoaré, fouille le bicot et après tu lui amarreras les mains derrière le dos...

Dès qu'Hassein vit Samba Traoaré porter la main sur lui, il eut comme un cri de colère contenue. Mais il feignit l'indifférence.

Samba Traoaré, en homme qui en a l'habitude, fit, sans se presser, la besogne qu'on lui commandait...

Il défit le turban, le déplia et le jeta à terre. Les manches et le sarroual palpés ne firent rien découvrir. Samba dégrafa la cartouchière à la mode bornouave. Les charges de poudre étaient contenues dans de petits tubes de roseaux fermés par un bouchon de feuillage. Les tubes s'alignaient les uns à côté des autres dans des petites gaines et un rabat masquait le tout. On eut dit un portefeuille épais qui eut été assez long et assez souple pour se transformer en ceinture.

L'examen de la cartouchière n'offrit rien de particulier.

Pendant toutes ces opérations, Hassein tremblait, non pas de peur, mais de rage.

Samba visitait maintenant les poches intérieures de la gandourah et sentit le froissement d'un papier. Il sortit la lettre scellée du sceau noir et la tendit à Durantin.

— Oh, oh, dit le sergent, voilà un papelard qui me semble n'être pas dans ta poche pour des prunes, mon garçon !

Il regarda la suscription et appela Kermarec :

— Dis donc, mon vieux, voilà une lettre trouvée sur le bicot. Il y a des gris-gris dessus... Qu'est-ce qu'on en fait ?

— On l'ouvre, mon vieux. Turellement, on ne sait jamais.

Durantin fit sauter le cachet et déploya la lettre :

— Zut ! elle est écrite en tougnoul... Nous sommes refaits... Dis donc, Samba, tu ne sais pas lire ce gris-gris, ni les autres Sénégalais...

— Oh, non, fit Samba en riant. Ça Arabe... Sénégalais soldats pas même chose sénégalais marabouts. Y a pas connais manières écritures...

— Ben, fit Kermarec, il n'y a qu'un moyen... garde la lettre. Tu la remettras à Bretonnet qui la fera traduire... Et puisque le nègre est amarré, il n'y a plus qu'à le prier de nous y conduire... Comme ça nous ferons nous-mêmes la commission...

Durantin fit demander une dernière fois à Hassein : cette lettre est bien de Senoussi pour le chef des blancs.

— Oui, fit Hassein raidi...

— Eh bien, conclut Durantin, nous allons faire le facteur avec toi. Là, tu le bien ouvrir l'œil... Tenir la corde du premier et pas laissé partir lui, ou gare !

Cette recommandation montra au tirailleur interpellé quelle mission de confiance lui était dévolue. Aussi ce fut d'une main ferme qu'il tint la corde qui serrait les mains d'Hassein liées au dos...

La petite troupe reprit sa marche, guidée par Hassein qui n'avait plus qu'un but maintenant : gagner du temps et profiter de la nuit pour tenter d'une évasion... on devait être assez près des gorges de Niellim et on pouvait d'une heure à l'autre rencontrer soit la troupe du chef blanc, soit l'avant-garde de l'armée de Rabah.

Durantin et Kermarec donnaient eux aussi des signes de nervosité... Ils sentaient qu'ils touchaient au but de leur mission...

Il était temps, car ils étaient rompus. C'était leur vingt-septième jour de marche depuis leur départ de l'Oubanghi, marche à pied dans une contrée inconnue, déserte.

— Dis donc, Kermarec, je me fais l'effet d'un cheval qui sent l'écurie...

— Chante pas victoire sitôt !... Tu pourrais déchanter.

— Tais-toi, oiseau de mauvais augure...

La marche continua jusqu'au coucher du soleil... Il fallut faire halte... Wiskhy et Stala préparèrent le feu, firent cuire les quelques aliments qui composaient toute la réserve de la petite colonne : des patates douces, un poulet coriace, des tranches d'ignames pour remplacer le pain « portecomme déserteur » gouaillait Durantin.

Ce campement fut lugubre. Les deux sergents n'avaient guère envie de causer, préoccupés qu'ils étaient du lendemain mystérieux... Marie, sans un mot, comme toujours, se drapa dans son pagne et dormit...

Les tirailleurs étaient si fatigués qu'ils laissèrent tomber le feu. Bâ, lui, reprit sa faction près d'Hassein, allongé à terre. Il vérifia les liens qui l'attachaient et s'allongea près de lui, le fusil sous la tête...

Quand la nuit vint, très dense, sans lune, tous dormaient.

Un seul pourtant feignait de dormir ; c'était Hassein... Le moment allait venir pour lui de tenter une évasion... C'était sa seule chance de salut, car il pensait bien que les deux blancs ne s'embarrasseraient pas longtemps de lui. Ils le fusilleraient ou s'ils rencontraient leur chef blanc, le garderaient prisonnier...

Il devait fuir, tenter d'accomplir sa mission... même sans la lettre puisqu'elle n'était plus en sa possession. Son plan était simple. Profitant du sommeil de la petite troupe, il gagnerait la brousse et courrait sous bois jusqu'à ce qu'il eût dépisté...

Il n'y avait à cela qu'une difficulté : ses

mains liées, qui le gênaient. Son fusil était resté entre les mains d'un tirailleur. Il lui fallait donc partir sans armes, à la merci de ces hommes, des lions qui pullulaient sans doute dans toute cette région.

Il n'hésita pas et leva la tête. Un des tirailleurs allongé sur le sol fit un mouvement. Hassein s'aplatit sur le sol, feignant de dormir. Il n'entendit plus rien. C'était un geste machinal du dormeur, sans doute, se retournant sur son lit de feuillages.

Doucement, sans un bruit, il s'arc-bouta sur les mains et se dressa.

A ce moment, Bâ poussa un grognement et Hassein se crut perdu...

Non, car le grognement fut suivi bientôt d'un ronflement sonore. Le tirailleur dormait bien...

Alors Hassein se mit debout, sur la pointe des pieds fit quelques pas, traversa le sentier et résolument se jeta dans la brousse.

Le bruit que firent les branches en craquant, réveilla quelques-uns des dormeurs, car Hassein entendit des bruits de voix, des pas qui couraient derrière lui.

Les pas s'arrêtèrent, mais coup sur coup deux détonations retentirent. Une des balles vint briser une branche d'arbre au-dessus de sa tête.

Alors Hassein se courba, glissant entre les branches. Dans la nuit noire il allait sans direction, dans la seule hâte de gagner le large...

Hassein s'accroupit, tendant l'oreille... Aucun son n'arrivait plus.

Il était sorti des griffes des blancs, mais était-il sauvé pour cela ?...

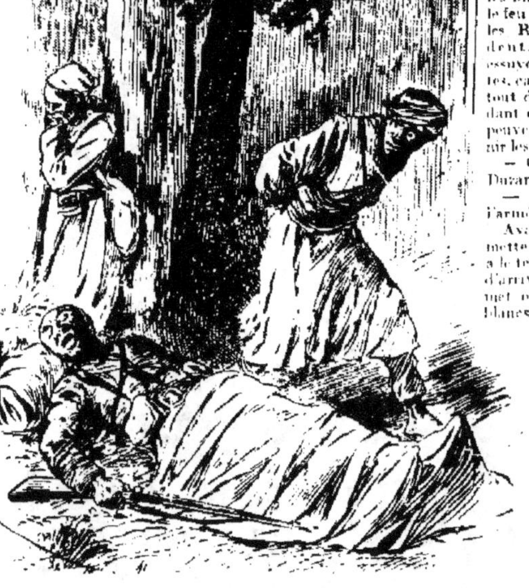

Hassein se mit debout sur la pointe des pieds...

Le campement des sergents se trouvait en révolution.

Durantin hurlait, secouant rudement le malheureux Bâ. Celui-ci ne savait que répéter :

— Pardon, sergent ! Pardon !...

— Il n'y a pas de pardon, animal...

Et le tirailleur apprit que huit jours de prison seraient portés sur son livret...

— Tu vois, Kermarec, moi je vous le disais était de bonne prise... C'était un Arabe et sûrement un soldat du Rabah... Donc, celui-ci n'est pas loin et va être vite averti de notre présence...

C'est le moment d'ouvrir l'œil...

— Pour sûr... Et pour commencer, il faudrait déguerpir d'ici, qu'on n'ait pas le temps de nous sauter dessus...

— Tu parles d'or... Allez, en route !... Toi, Bâ, tu iras devant avec un tirailleur et tâche de réparer ta gaffe...

Au bout de deux heures de marche, tous étaient exténués.

Durantin décida de s'enfoncer dans un épais fourré, de s'allonger jusqu'à l'aurore, mais sans bruit et sans faire de feu.

Aucun d'eux ne dormit, mais ils purent délasser leurs membres brisés de fatigue.

A l'aurore, ils se remirent en route, marchant assez vite, prêts à la moindre attaque. Le terrain se faisait plus difficile. C'était maintenant une succession de petites croupes arides d'où l'on découvrait le fleuve, sur le bord...

Soudain, Kermarec cria :

— Halte !

— Qu'est-ce qui te prend ?

— Écoutez ! écoutez !...

Tous prêtèrent l'oreille... Un bruit arrivait auquel ni les sergents, ni les tirailleurs ne se trompèrent...

— Des coups de fusil !... on se bat, là, dans la vallée, derrière le sommet... En avant, les enfants, et pas gymnastique...

Ils s'élancèrent et au pas de charge et furent bientôt au sommet de la colline...

Ils s'arrêtèrent et Durantin lança un terrible juron :

— Nous arrivons une heure trop tard !...

— Kermarec, c'est la bataille !...

— Eh bien, mon vieux frère, allons-y !

— Minute !... il s'agit de s'orienter...

Durantin jeta un coup d'œil autour de lui. Les gorges et le défilé de Niellim sont à ses pieds...

Entre les deux sommets principaux, l'étroit défilé. Sur l'un des sommets un blanc et quelques hommes attendent. C'est un canon qui doit protéger ce tata, car des fumées blanches s'en échappent avec un bruit sourd et profond...

Dans le défilé, des fourmis noires s'agitent : les Baguirmiens, les alliés de Bretonnet. Sur les deux collines voisines, sont les autres blancs avec le reste des tirailleurs. L'un de ces blancs doit être Bretonnet, car tout semble obéir aux ordres qu'il fait porter...

Voici que, dans la plaine, l'armée de Rabah s'avance, ses bannières en ordre suivies de la multitude des voyageurs.

La colonne serrée arrive droit sur les collines, mais comme les blancs ont ouvert le feu de tous côtés, les Rabbistes répondent. Ils doivent essuyer de grosses pertes, car le front recule tout d'une pièce pendant que les cavaliers peuvent à peine retenir leurs chevaux affolés.

— Qu'en penses-tu, Durantin ?...

— Regarde toute l'armée s'est arrêtée.

Avant qu'elle se remette en marche, on a le temps de courir et d'arriver sur le sommet où l'on voit les blancs...

— Alors, on y va...

— Oui, mon poteau...

Et se tournant vers les tirailleurs :

— En avant suivez-nous...

Et se tournant vers Marie :

— Toi, reste ici... Cache-toi. Quand on aura nettoyé ces diables-là on viendra te chercher...

Les deux sergents et les tirailleurs s'élancèrent.

Marie hésita, puis donnant tout son effort, elle suivit les autres tenant son pagne à deux mains...

La petite troupe dévorait la colline en courant, les Tirailleurs hurlant, Durantin criant comme un possédé :

— Attendez un peu, les Arbis... on va rire !...

Ils n'étaient plus qu'à moitié chemin du pied de la colline où s'engageait le tata, sur la gauche, ils ne voyaient rien à cause de la végétation, mais ils entendaient les coups de fusil se rapprocher. Bientôt, ils perçurent des balles qui sifflaient au-dessus de leurs têtes.

— Durantin qui marchait devant se retourna :

— Voilà le coup dur, les enfants... Rassemblement ! Et grimpons la côte, les coudes bien serrés... faites pas attention si ça pleut...

Il vit Marie qui se hâtait :

— Comment la gosse, tu es là... Eh bien tant mieux, plus on est de fous, plus on rit...

— Vous y êtes ?... Oui... Alors, du jarret...

Et tous s'élancèrent comme à l'assaut, suivis de Marie passive et résignée... Au bout de quelques pas, une grêle de projectiles s'abattit autour d'eux...

(A suivre.)   Régis HUARD.

LE PETIT ALSACIEN

Depuis un moment, le petit Charles Muller suivait, d'un œil attentif, les évolutions d'un grand oiseau gris qui venait dans la direction du hameau de X..., près d'Altkirch. Aucun doute ne subsistait en lui, cet aéroplane léger et souple qui volait avec tant d'aisance contre le vent, n'était pas un allemand.

A cette vue, le cœur du jeune Alsacien battit fort et il murmura tout bas : « Mon Dieu ! on va lui tirer dessus, pourvu qu'on ne l'attrape pas ! »

L'oiseau de France avançait toujours avec une rapidité vertigineuse et bientôt le regard perçant du garçonnet put distinguer l'immense cocarde tricolore placée à l'arrière de l'engin.

« Au moins, songea-t-il, ils n'ont pas peur, les Français, ce n'est pas comme ces vilains Boches, ils se cachent quand ils vont en France ! »

Il en était là de ces réflexions, quand soudain le grand oiseau oscilla, sa course devint moins rapide et, lentement, il descendit vers la terre, à une certaine distance du hameau.

« Oh ! il a une panne, rugit l'enfant, ces maudits vont le prendre et peut-être le fusiller !

En effet, le village était plein de troupes bavaroises et le sort de l'aviateur français ne pouvait être douteux. Charles tourna plusieurs fois sur lui-même comme une bête en furie ; puis brusquement prit sa course vers la demeure de ses parents. Déjà l'atterrissage de l'aéroplane était signalé et des officiers donnaient des ordres pour qu'une patrouille partît aussitôt.

Charles bondit chez sa mère qui logeait justement un lieutenant d'infanterie. Sans un mot, il courut à la chambre de l'officier, absent en ce moment, s'empara d'une grande capote grise, d'un casque à pointe et d'un revolver chargé. Roulant tout cela en paquet, il sortit en courant, descendit vers la vallée où l'aéroplane avait dû atterrir. Bientôt il aperçut la patrouille lancée au pas gymnastique, se dirigeant vers l'aviateur ; elle avait sur lui une courte avance, mais était obligée de contourner un petit bois avant d'arriver.

Charles courut de toutes ses forces, faisant un effort d'énergie surhumain pour dépasser les lourds Bavarois. Il traversa des champs en droite ligne, se faufila derrière des haies pour masquer sa course et atteignit le petit bois dont il connaissait tous les sentiers. En quelques bonds, il se trouva auprès de l'aviateur et lui cria :

— Cachez-vous, voilà une patrouille !

Le Français sourit et répondit : — Encore une minute, petit, je vais avoir réparé ma panne et je leur filerai sous le nez !

— Mais ils seront là, quand ils auront contourné le bois, ils feront feu sur vous. Tenez, enfilez cette capote et ce casque, ils vous prendront pour un officier bavarois !

— Tiens, c'est une excellente idée, approuva le joyeux garçon ; je vais me déguiser en Boche. Et toi, mon petit, je te remercie au nom de la France ; tu lui prouves que les Alsaciens ne l'ont pas oubliée !

— Oh ! non, monsieur ! répliqua le garçonnet avec dévotion.

Tout en parlant, l'aviateur avait retiré son couvre-chef qu'il avait remplacé par le casque à pointe et jeté sur ses épaules la lourde capote grise. Juste à ce moment, la patrouille débouchait au coin du bois. En reconnaissant de loin un officier allemand, les hommes ralentirent le pas, se demandant ce qu'il fallait faire ; on les avait envoyé fusiller un aviateur français, il y avait donc mal donné.

Heureusement, le pseudo-lieutenant bavarois les tira d'embarras en se tournant et leur criant en allemand, d'une voix de tonnerre :

— Fichez-moi le camp !

Abasourdis, craignant les coups et la prison, les soldats boches n'insistèrent pas et tournèrent les talons,

tandis que l'aviateur et Charles riaient à en perdre haleine.

Sans tarder, le Français se remit à réparer son moteur, aidé du petit Alsacien qui s'ingéniait à se rendre utile. Ils allaient avoir terminé, quand soudain la patrouille revint en courant, précédée d'un capitaine de cavalerie qui avait parfaitement reconnu l'avion et deviné la ruse.

— Nous sommes perdus ! gémit Charles Muller.

— C'est bien possible, répliqua le Français avec calme, aussi je te conseille, mon enfant, de te sauver au plus vite !

Pour toute réponse, Charles lui montra un pistolet automatique qu'il tenait dans sa main crispée et répondit d'un ton farouche :

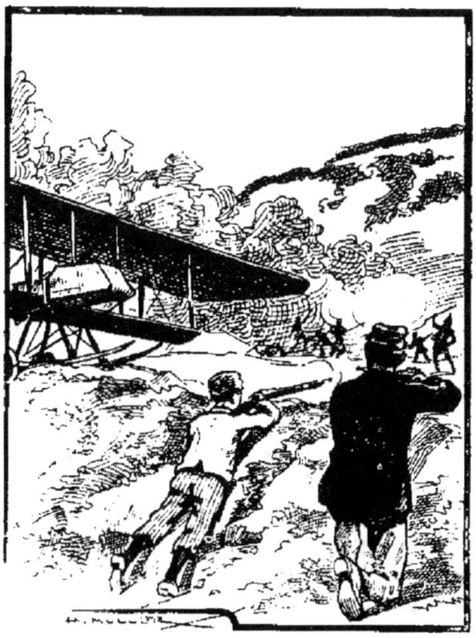

Le petit Alsacien, très calme, visait et tirait.

— Il y a douze balles pour eux, ici, peut-être en avez-vous autant ?

— Tu es un brave ! Oui j'en ai autant à leur service, mon enfant, et puisque tu es si courageux, nous ne sommes pas encore perdus !

Durant cette conversation, l'ennemi s'était approché et criait de loin au Français :

— Rendez-vous !

N'obtenant aucune réponse, il avança encore soudain, un bruit sec se fit entendre et le cavalier, étendant les bras, vida les étriers.

— Ah ! bah ! gouailla l'aviateur, tu m'as l'air de manier superbement ce joujou-là !

— Mon père était armurier à Mulhouse, répliqua le garçonnet, simplement.

Tous deux s'étaient jetés à terre et rampaient sur le sol pour atteindre un petit monticule derrière lequel ils pourraient se mettre à l'abri. Ils y arrivèrent juste au moment où la patrouille se trouvait à bonne portée.

Trois coups de feu retentirent et trois hommes tombèrent.

L'aviateur, un revolver de chaque main, fusillait l'ennemi avec un sang-froid imperturbable. Le petit Alsacien, très calme aussi, visait et tirait comme s'il était encore dans la boutique de son père. En quelques minutes, le terrain fut déblayé, les balles des deux héros avaient atteint leur but et douze corps de Bavarois étaient étendus sur la terre dure.

A ce moment, une deuxième patrouille, d'une dizaine d'hommes environ, déboucha du bois et nos deux héros étaient désarmés.

— Du courage, petit ! s'écria l'aviateur, on en viendra à bout ; les Boches, ce n'est pas dur !

— Oh ! ils ne nous auront pas vivants ! jura le garçonnet avec fermeté. En même temps, il se précipita sur un mort, auquel il arracha le fusil et les cartouches ; le Français l'ayant imité, tous deux se rejetèrent derrière le talus et attendirent l'assaut des Boches.

Il ne tarda pas, les dix Bavarois, commandés par un sergent se précipitèrent en avant, heureux d'être onze contre un homme et un enfant.

L'un après l'autre, ils furent abattus.

Encore une fois, le terrain se trouva déblayé et l'aviateur, profitant de ce moment d'accalmie, courut à son moteur réparer sa panne.

Pendant ce temps, le Français, cette besogne terminée, mit son moteur en marche. Il sauta dans sa machine et appela son vaillant défenseur :

— Viens, petit, je ne peux te laisser à ces brutes, ils tuent les enfants.

Charles accourut, tenant son fusil à deux mains, ayant eu le temps de bourrer ses poches de cartouches. L'aviateur l'ayant installé dans l'appareil, il continua à tirailler sur de nouveaux ennemis accourant, tandis que le Français, manipulant ses leviers, mettait sa machine en marche.

L'avion fila doucement au ras de terre puis soudain s'éleva en pente douce. L'enfant, se sentant ainsi emporté, fut transporté de joie et brandissant sa casquette d'une main, son fusil de l'autre, il cria de toute la force de ses poumons : « Vive la France ! »

A ce cri exécré, une volée de balles répondit, mais aucune ne toucha les deux héros.

Froidement, Charles reprit son arme et recommença à tirer en grinçant : « J'en tuerai jusqu'à la dernière minute ! »

Bientôt il se trouva dans les nuages. Alors, abandonnant son arme, il s'agrippa à la machine et tristement contempla la terre d'Alsace qu'il abandonnait pour un laps de temps inconnu. Mais le courage lui revenant soudain, il s'écria : « J'y reviendrai avec les armées de la République, et alors je serai Français et pour toujours ! »

Une heure plus tard, l'avion descendit doucement derrière les lignes françaises. Des officiers, des soldats se portèrent au-devant de l'aviateur. Quand ils se furent approchés, il leur cria, en leur montrant Charles :

— Découvrez-vous, amis, voilà un héros et il a treize ans !

En quelques mots, il leur raconta ne ment en courant des événements. Quand il eut terminé, officiers et soldats se précipitèrent sur le garçonnet, le sortirent de l'appareil et au milieu de cris de joie et d'acclamations, le portèrent en triomphe jusqu'à la tente du général. Après avoir entendu les exploits du petit Alsacien, ce dernier le serra dans ses bras et l'embrassa avec effusion. Puis, ne sachant quelle récompense lui donner, il lui dit :

— Petit, tu es un brave. A partir d'aujourd'hui, tu es attaché à ma personne en qualité de « boy-scout » et si tu continues comme tu as commencé, tu auras la croix avant la fin de la guerre !

Charles Muller remercia, très fier de l'honneur qui lui était fait ; il reçut le jour même un uniforme kaki, une bicyclette, un fusil et une sacoche à dépêches. Depuis ce jour, il va par les routes, portant les ordres du général aux officiers de liaison échelonnés sur la ligne de combat.

Un soir, il parvint à tromper la vigilance des sentinelles allemandes et voyageant toute une nuit, atteignit le village de X... S'il avait tenté cet acte téméraire, c'était pour donner de ses nouvelles à sa mère, celle-ci étant, on le sait, dans un état d'inquiétude mortelle sur le sort de son fils. Le brave petit Alsacien, après avoir embrassé Mme Muller, regagna les lignes françaises et y rapporta des renseignements précieux qui permirent, le lendemain, de battre encore une fois les Allemands.

LES FRANÇAIS EN LORRAINE

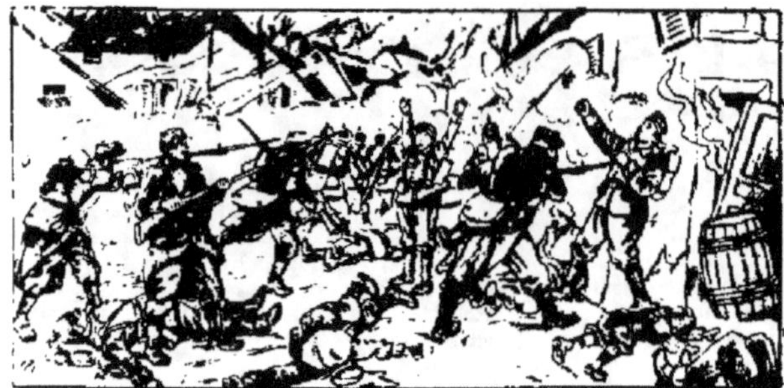

1. — Tandis que nos braves soldats escaladaient les crêtes des Vosges, plus au nord, par la vallée de la Seille d'autres troupes françaises entraient en Lorraine, marchant sur Vic-sur-Seille et Moyen-Vic qu'elles occupaient le 5 et 6 août, après avoir culbuté les Boches. Puis, continuant à foncer, nos poilus enlevèrent à la baïonnette le village de la Garde !... Ah ! ce fut vivement fait !... Rien qu'à la vue des aiguilles des lebels, les Boches déguerpirent à la vitesse des zèbres.

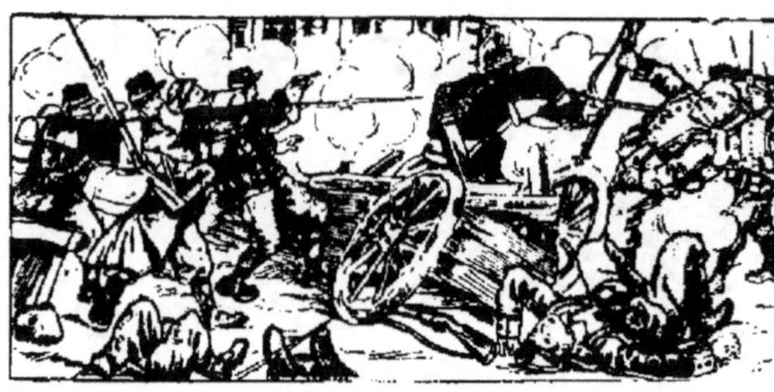

2. — Malheureusement, ce petit succès ne put être maintenu !... Les Boches revinrent avec des forces très supérieures en nombre et, bien à contre-cœur, nos héroïques poilus furent obligés d'abandonner la position et de se retirer à Xures. Pour contre balancer cet anicroche, le 13 août, à Chambrey, en Lorraine, nos braves troupiers tombaient sur le poil de deux compagnies du 18e régiment d'infanterie bavaroise et les refoulaient vigoureusement avec de sérieuses pertes.

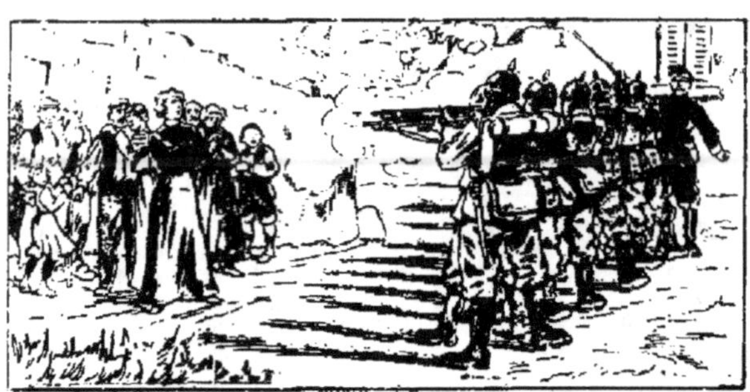

3. — Le surlendemain, 15 août, nouveau succès !... Cette fois dans la région de Blamont, Cirey, Avricourt où un des corps d'armée bavarois, venu de Strasbourg, s'était avancé... et s'y était soigneusement fortifié en creusant des tranchées en avant de Blamont. Suivant leur coutume ces bandits avaient ravagé, pillé, assassiné dans les villages où ils venaient de pénétrer... ainsi, à Badonviller, ils avaient fusillé Mme Benoit, la femme du maire, ainsi que onze autres personnes.

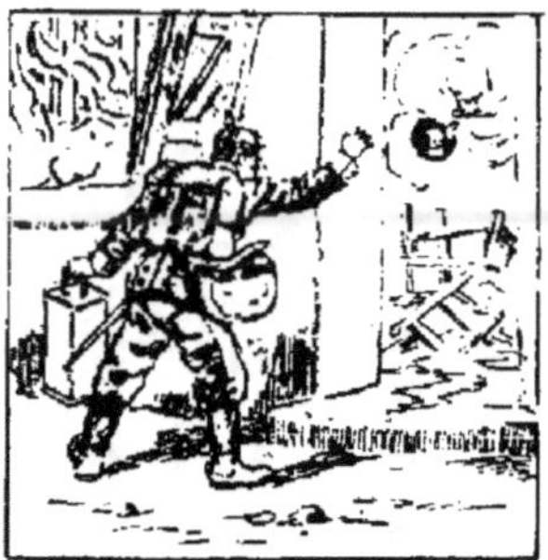

4. — Non contents de ça, ces monstres mirent le feu à 78 maisons, les incendiant avec leurs cartouches spéciales et les arrosant de pétrole... après quoi ils s'amusèrent à démolir l'église en la canonnant.

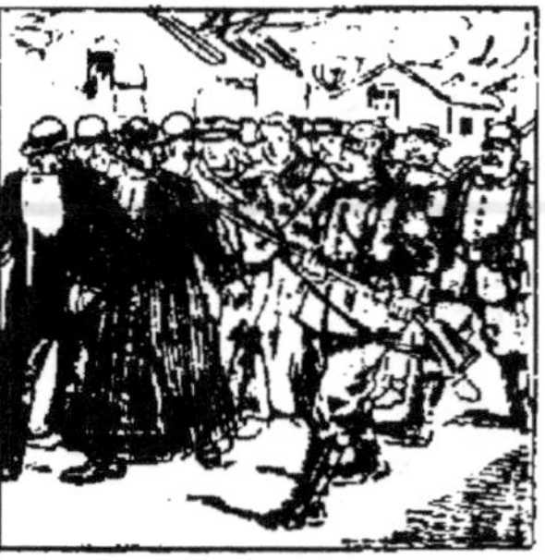

5. — D'autre part, ils choisirent parmi les habitants une quinzaine de personnes, entre autres le juge de paix, et les emmenèrent avec eux, comme otages... les menaçant de les fusiller au moindre geste...

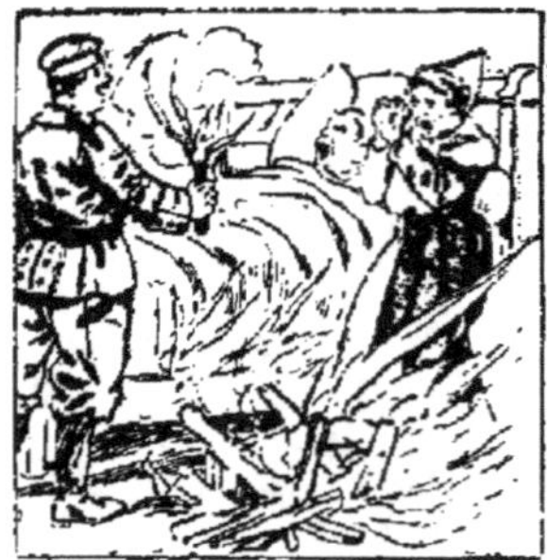

6. — A Bréménil, ils brûlèrent vifs dans sa maison un homme blessé et alité, ainsi que sa mère âgée de 74 ans... et, outre ça, ils assassinèrent cinq personnes, dont un vieillard de plus de 70 ans.

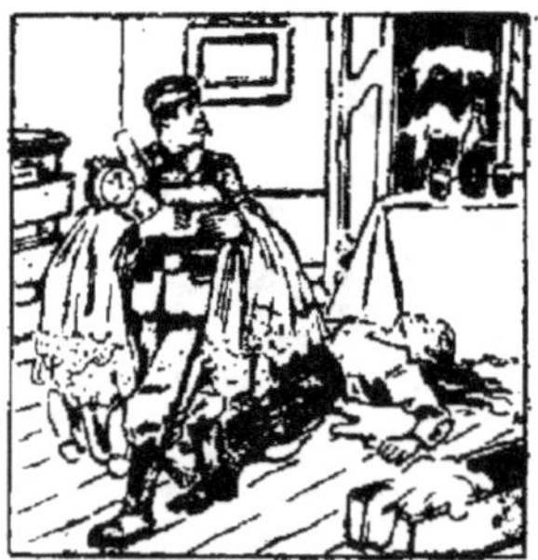

7. — En bien d'autres endroits... entre autres, à Blamont, à Cirey, à Parux... les scélérats boches tuèrent des hommes et des femmes, pillèrent tout ce qui était à leur convenance et incendièrent des quantités de maisons.

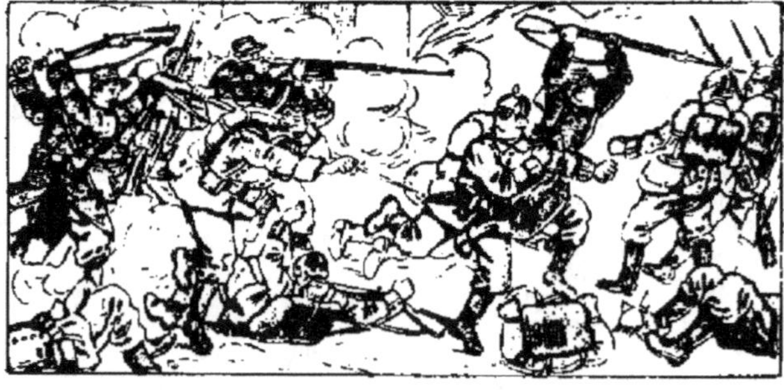

8. — Aussi, c'est avec une ardeur décuplée par l'indignation que nos poilus firent la chasse à ces affreux boches : le 14 août, au soir, ils culbutèrent leurs avant-postes et couchèrent sur les positions d'où ils les avaient délogés. Mais, dès l'aube du 15, le branle-bas recommença avec un tel entrain que, dans la matinée, les Boches mitraillés par nos bons 75 et piqués au derrière par les baïonnettes de nos poilus, déguerpissaient de Blamont et de Cirey.

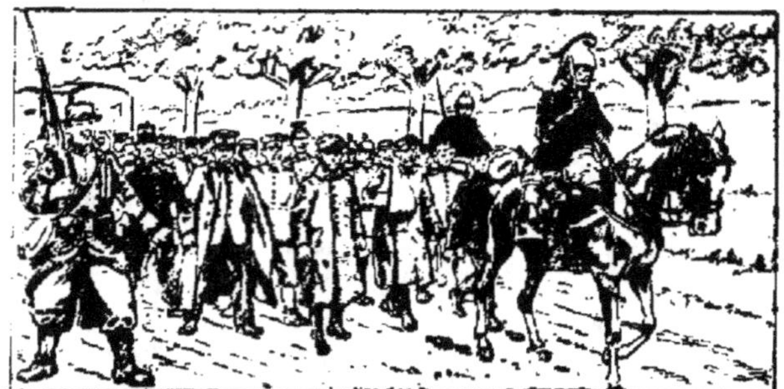

9. — Cependant, avant de lâcher pied définitivement, les Boches essayèrent de s'accrocher sur les hauteurs en arrière... alors, nos poilus les buttèrent avec un tel entrain que, cette fois, ces odieux Bavarois filèrent droit vers Sarrebourg, laissant sur le carreau des tas de morts et de blessés. Quant aux prisonniers, les nôtres en cueillirent une ribanbelle !... et, qui mieux est, en continuant la poursuite des Boches, ils leur enlevèrent le convoi d'une division de cavalerie comprenant dix-neuf camions automobiles.

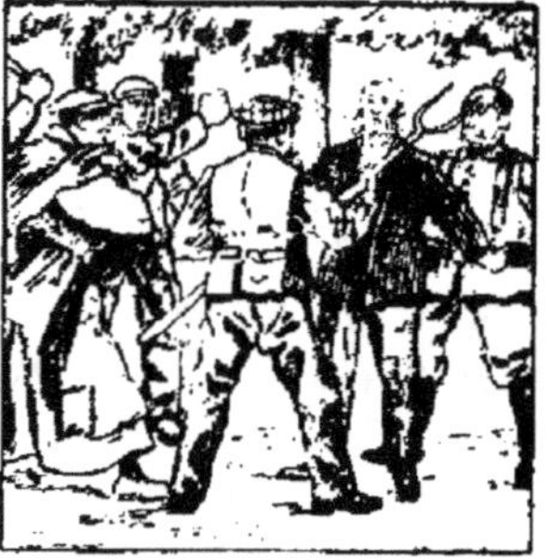

10. — Il va sans dire que, n'étant pas des bêtes féroces, les Français traitèrent humainement leurs prisonniers... à preuve, à Badonviller où l'un des pillards et des assassins boches fut ramené et comme la population, indignée des atrocités subies, s'ameutait contre lui, le maire s'interposa...

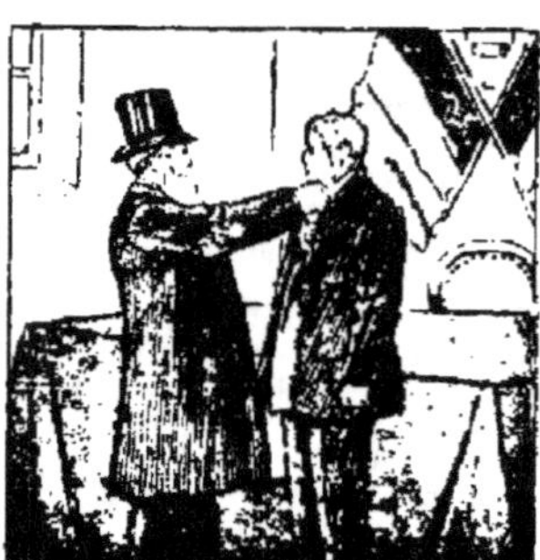

11. — Le maire, M. Benoist, dont les Boches avaient tué la femme !... il protégea le prisonnier, rappela ses concitoyens à la pitié et sauva la vie au misérable... et pour cette belle et courageuse action, M. Benoist reçut la croix de la Légion d'honneur.

LA MARCHE SUR MULHOUSE

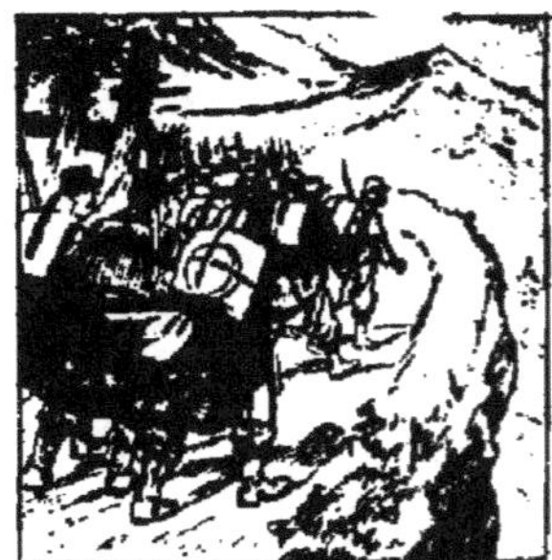

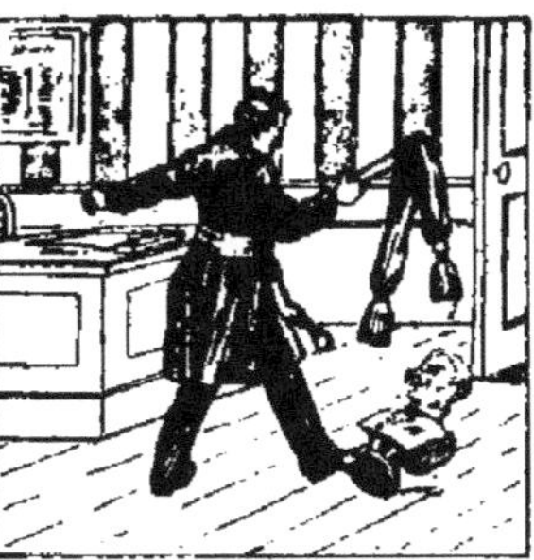

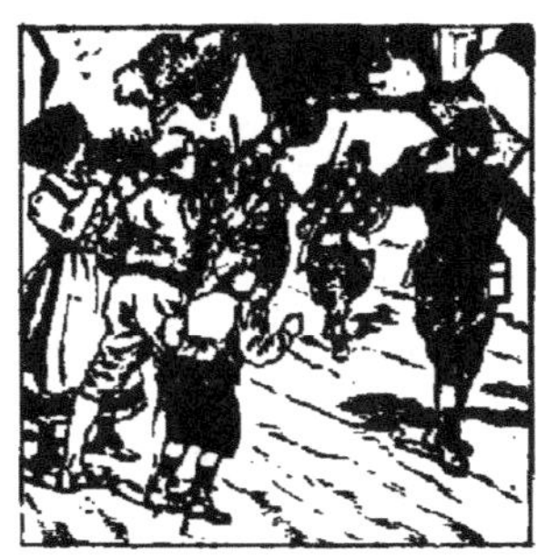

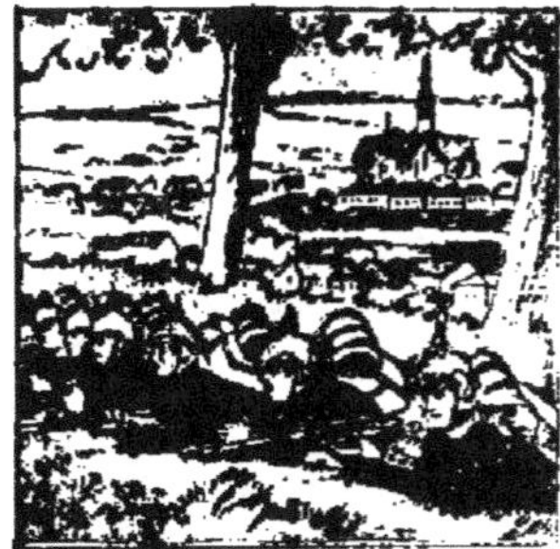

1. — Pendant que, d'un côté, nos poilus entraient en Lorraine, pendant que, d'un autre côté, ils escaladaient les Vosges, plus bas, par la trouée de Belfort, nos braves gars fonçaient en Alsace, heureux et fiers d'apporter la délivrance aux Alsaciens.

2. — D'un premier bond, les troupes françaises culbutaient les Boches à Montreux-Vieux et, à peine les en avaient-ils délogés, que le commissaire de police de Petit-Croix venait s'installer dans les bureaux du commissaire boche de Montreux-Vieux, afin de bien marquer le retour à la France des provinces perdues.

3. — Entre-temps, nos poilus asticotaient le derrière aux Boches et les refoulaient tambour battant... aussi, quand les Alsaciens virent venir à eux, drapeau tricolore flottant au soleil, les petits soldats de France qu'ils attendaient depuis quarante-quatre ans, ils les acclamèrent avec délire !...

4. — Mais nos poilus allaient toujours de l'avant !, et le vendredi 7 août 1914, une brigade d'avant-garde arrivait devant Altkirch, une vieille petite ville toute pimpante, riante, avec des cigognes juchées sur les cheminées... et en avant de laquelle les Boches s'étaient solidement terrés dans de profondes tranchées.

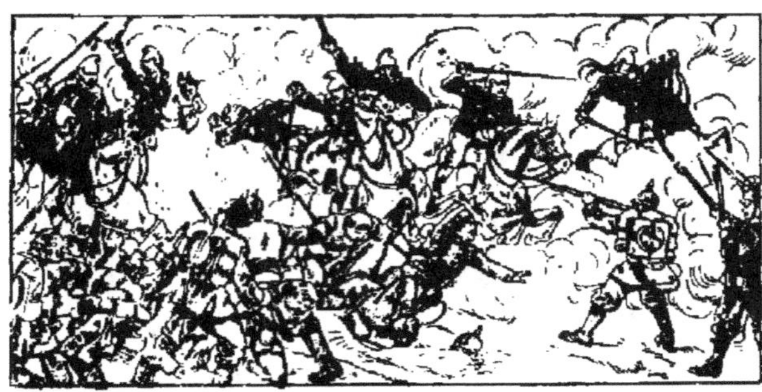

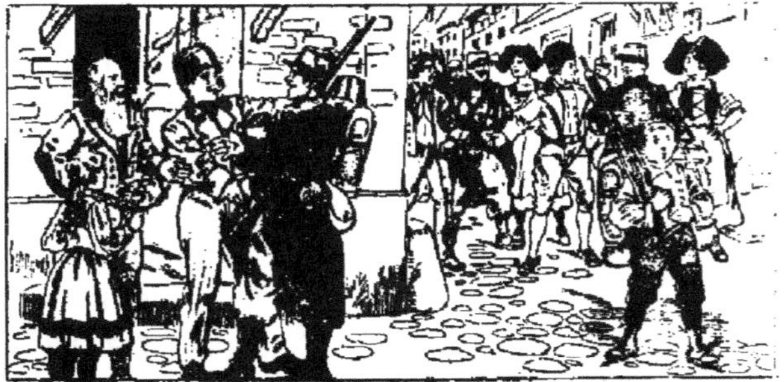

5. — Nos poilus donnèrent l'assaut avec une ardeur magnifique et, quand ils mirent baïonnette au canon et qu'ils chargèrent avec leur maestria coutumière, rien ne résista à pareille avalanche !... les Boches déguerpirent à toutes jambes ! — Cependant, malgré leurs longues jambes, ils ne se trottèrent pas assez vite, pour se soustraire à la chasse que leur donna un de nos régiments de dragons qui se mit à leur poursuite, leur fit subir des pertes sérieuses... et en aurait fait mieux, si la nuit n'était venue.

6. — Le lendemain, nos troupes faisaient une entrée triomphale à Altkirch : les fenêtres s'ouvraient sur leur passage et, à toutes, se montraient les plus joyeuses d'Alsaciennes et d'Alsaciens qui saluaient les Français par des hourras de délivrance... Les vieux, qui avaient vu l'autre guerre pleuraient en embrassant nos soldats... quant aux jeunes, ils se promenaient en bandes, portant sur leurs épaules les poteaux-frontières abhorrés et qu'ils étaient allés arracher.

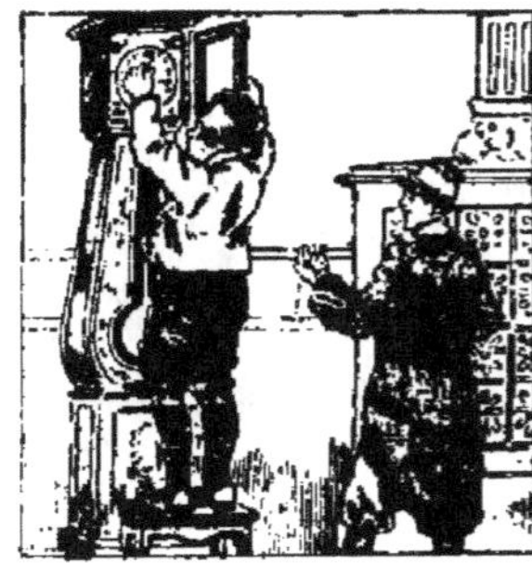

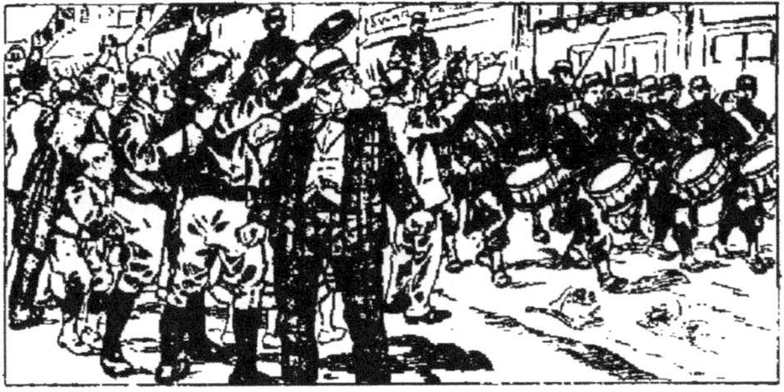

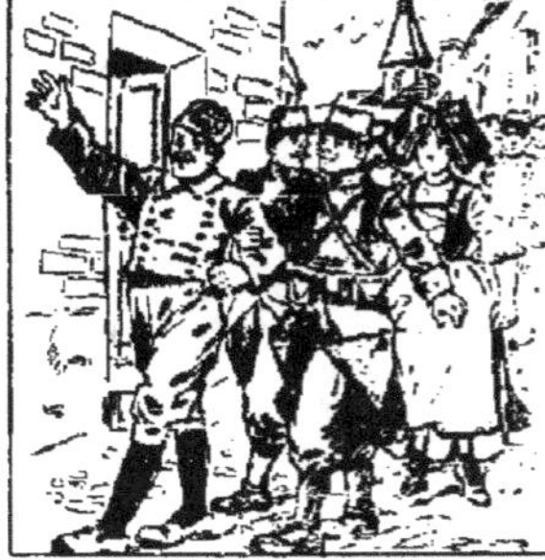

7. — Ensuite, afin de bien marquer qu'ils se reconnaissaient désormais pour Français, les Alsaciens s'empressèrent de régler leurs pendules et leurs montres sur l'heure française... et à toutes les horloges des établissements publics, de la mairie, des églises, etc., on mit aussi les aiguilles à l'heure française.

8. — Cependant, il s'agissait pour les troupes françaises de ne pas s'arrêter en si beau chemin... or donc, notre avant-garde se remit en route, supposant trouver les avant-postes boches devant Mulhouse ; mais les tranchées étaient vides, les Boches les avaient abandonnées sans attendre nos poilus. Alors, toutes nos troupes se mettent en marche et, dans l'après-midi, vers les cinq heures, elles font leur entrée à Mulhouse... aux acclamations frénétiques de la population qui, dans son empressement à saluer le drapeau français, s'est portée à leur rencontre.

9. — Ici, tout comme à Altkirch, un grand cortège s'organisa et ce fut au milieu d'une foule frémissante d'enthousiasme, dans une ovation délirante, que les Français firent leur entrée dans la grande cité industrielle d'Alsace.

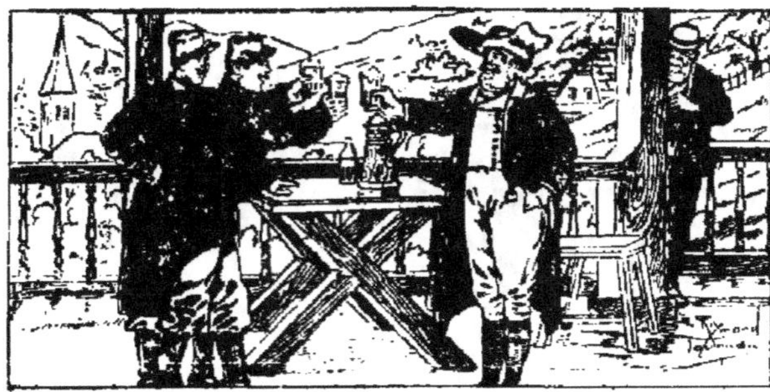

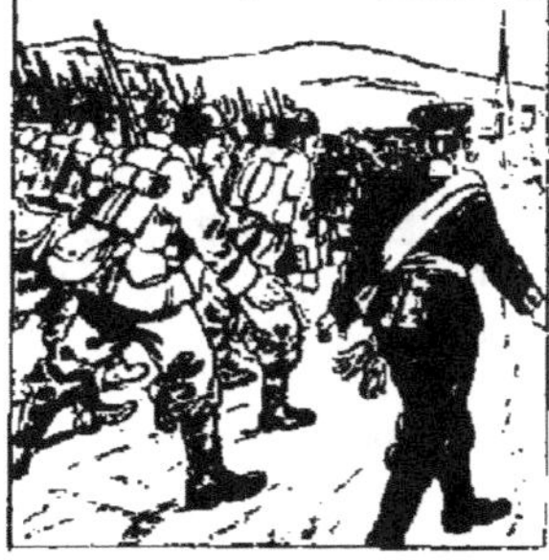

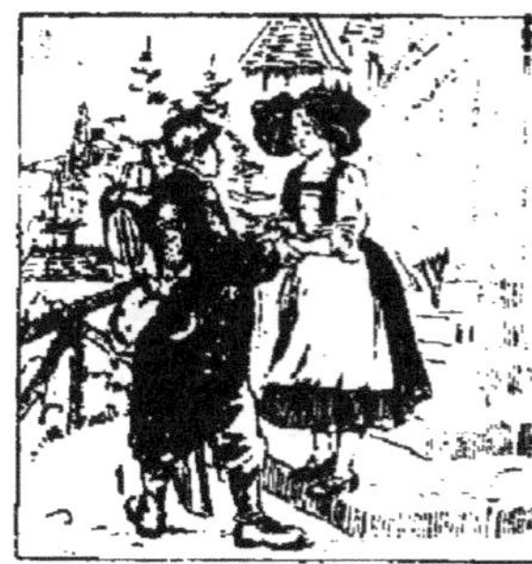

10. — Non contents de cette mirifique réception, les Mulhousiens voulurent faire mieux : ils voulurent fêter leur délivrance en trinquant à la santé de la France... pour cela, les uns et les autres emmenèrent chez eux, bras dessus, bras dessous, des soldats français. — Malheureusement, Mulhouse n'est pas peuplée que d'Alsaciens... elle est aussi infestée de Boches qui voyaient de mauvais œil la venue des Français et qui allèrent renseigner les hordes de l'empereur des Apaches sur la force de nos troupes.

11. — Quand les Boches surent qu'ils avaient battu en retraite devant une poignée de braves, ils eurent honte de leur frousse, le courage leur revint et, avec des forces trois fois plus nombreuses que celles des nôtres, ils marchèrent sur Mulhouse.

12. — La situation des nôtres était critique. Ils risquaient d'être écrasés... Alsace, quoique cela leur fît grand peine, et pour ne pas... les Mulhousiens aux représailles boches, ils durent se retirer... mais ils restèrent en Alsace, guettant l'occasion de frapper à nouveau.

UN HÉROS

Bien qu'elle soit restée moins célèbre, la résistance de la très forte place de Girone, en Catalogne, aux attaques de l'armée française, n'en mériterait pas moins d'être citée, à côté de Saragosse, comme l'une des plus admirables qu'ait jamais enregistrée l'histoire. Ce fut le 8 mai 1809, que le général Verdier arriva sous les murs de la ville, avec trois divisions d'infanterie et un équipage de 71 gros canons. Le siège commença aussitôt, tandis que le maréchal Gouvion-Saint-Cyr, remplacé plus tard par Augereau, tenait la campagne pour empêcher les Espagnols de faire entrer dans la place des renforts et des vivres. La garnison se composait de 6.000 soldats et 4.000 paysans armés et enrégimentés, à quoi s'étaient joints, outre la partie valide de la population, les femmes et les enfants qui montrèrent le plus indomptable acharnement, et dont bon nombre se firent tuer sur les remparts.

Quand la ville capitula, le 11 décembre, après sept mois d'investissement, le gouverneur don Alvarès était moribond; les deux tiers de la garnison et la moitié de la population civile hors de combat; et il ne restait plus, dans la malheureuse cité, selon l'expression d'un officier, de quoi constituer un repas à un enfant de quatre ans ».

Tout cela est admirable, comme sont admirables les garnisons de Saragosse ou de Tarragone. Mais après qu'on a ainsi payé un juste tribut d'hommages aux assiégés, ne serait-il pas équitable de songer un peu à ceux qui, pour les vaincre, durent bien au moins faire preuve d'autant de courage et de ténacité qu'eux, aux assiégeants? Ce que nos troupes souffrirent, durant ces sièges mémorables, ne saurait se décrire, et un chiffre en dira long à ce sujet : à la fin du siège de Girone, sur 27.000 hommes qu'il comptait au total, le corps d'attaque en avait 4.000 hors de combat et 7.000 dans les hôpitaux.

Et d'ailleurs, on n'a que l'embarras du choix pour citer des actes d'héroïsme. Celui du capitaine Bultet, du génie, est peu connu, et il mériterait pourtant mieux.

Après que l'artillerie eut ouvert la brèche dans les remparts de Girone, on songea à donner l'assaut. Mais l'examen par le général Verdier et les officiers des armes spéciales, de la portion des murailles qui avaient été abattues, révéla bien vite que les colonnes assaillantes seraient aussitôt arrêtées, la brèche étant insuffisante. Tout était à recommencer ou du moins à terminer. Mais comme, par la seule action des boulets, ce résultat eût exigé beaucoup de temps, c'est à la mine que l'état-major décida de recourir.

À cet effet, le génie reçut l'ordre de pousser les cheminements, tantôt souterrains, tantôt à l'air libre jusqu'au pied de l'obstiné rempart, et cela le plus vivement possible. Ensuite, il ferait exploser une énorme quantité de poudre au point décisif, et tout s'écroulerait. L'opération était du reste singulièrement facilitée par le degré d'avancement des parallèles, qui permettait à notre artillerie et aux gardes de tranchée de protéger efficacement les sapeurs durant leur rude et périlleux labeur.

Elle fut menée avec une habileté et une promptitude remarquables, en dépit de la canonnade et de la fusillade enragées par lesquelles les Espagnols essayèrent de l'entraver. Quatre jours après l'ordre donné, les cheminements étaient parvenus au pied du saillant d'attaque, et l'on put commencer l'établissement de la mine. C'est le capitaine Palu Bultet qui fut chargé de l'exécution de ce délicat travail, avec, sous ses ordres, un petit détachement d'hommes choisis. Au prix des dangers les plus effrayants, plusieurs centaines de kilogs de poudre furent transportés à l'extrémité des galeries; et

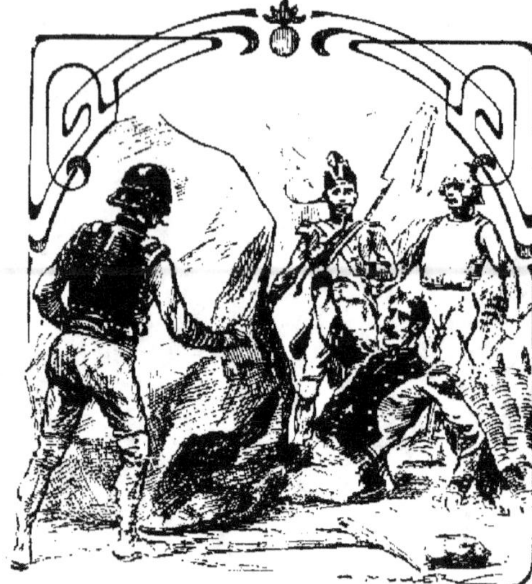

— Allez-vous-en tonnerre... je v... en donne l'ordre

le mot effrayant n'est pas exagéré, puisqu'il fallait parfois s'acquitter de cette formidable corvée à ciel ouvert, alors qu'une balle eût suffi à faire éclater les sacs, réduisant en miettes celui qui les portait et ceux qui l'entouraient. Bien entendu, toute cette besogne se fit entièrement la nuit.

Quand la mine eut été à peu près complètement bourrée, le capitaine congédia son détachement, ne gardant avec lui qu'un sergent et trois hommes pour achever de la bourrer et mettre le feu aux trois mèches qui devaient en provoquer l'éclatement. Or, à l'instant même où tout était prêt, il se produisit deux incidents qui vinrent tout remettre en question.

D'abord, un boulet tiré de nos tranchées, ricochant sur la muraille, s'en vint heurter un gros bloc de pierre placé comme en équilibre juste au-dessus du point où se tenait le capitaine Bultet, et dégringolant sur celui-ci, le renversa sur le sol, lui écrasant les deux jambes qui restèrent prises sous l'énorme masse. Et, peut-être cinq minutes après, des cris forcenés et des détonations résonnèrent du côté de la ville. Les Espagnols, soupçonnant qu'il se préparait quelque chose de désagréable pour eux, tentaient une sortie de nuit.

Le capitaine Bultet n'avait nullement perdu connaissance; il n'avait pas poussé un cri, pas une plainte, pas un gémissement. Au moment où les Espagnols annonçaient leur approche par leurs clameurs et leur fusillade, ses hommes s'épuisaient pour le dégager. À eux trois, ils s'efforçaient d'ébranler la lourde masse de grès mais elle pesait bien cinq cents livres, et ils étaient obligés de prendre des précautions pour ne pas aggraver l'état de leur chef.

Celui-ci ne s'occupait pas d'eux. Il écoutait, très pâle, les lèvres tremblantes sous l'intensité de la douleur, la marche sans cesse plus proche de la colonne ennemie.

Son sourcil se fronça, et il dit d'une voix ferme et sèche :

— Assez de ce jeu-là. À vos mèches, enfants !

— Mais, mon capitaine...

— Assez, vous dis-je ! Vous ne comprenez donc rien? Si les hidalgos arrivent ici avant que la mine ait sauté, ils détruiront tout ce que nous avons fait et ce sera à recommencer. Vous voyez bien qu'il n'y a pas à hésiter.

— Mais, objecta le sergent d'une voix étranglée, si l'explosion a lieu sans que nous vous dégagions...

— Je sauterai aussi? Evidemment! Pensais-tu par hasard que j'étais immortel.

Mais il avait aperçu, gisant à terre, l'un des boutefeux. Il s'en empara en tordant, au prix d'une souffrance qui le fit grincer des dents, son pauvre corps torturé, puis il l'approcha de l'une des mèches, non point à l'extrémité de celle-ci, ce qui l'eût fait brûler quatre ou cinq minutes, mais à l'endroit même où elle pénétrait dans le bourrage.

— Une demi-minute, fit-il, vous avez une demi-minute avant le grand chambard! Allez-vous-en !... Allez-vous-en, tonnerre !... je vous en donne l'ordre formel...

C'était vrai, la mèche, à la place où il l'avait allumée, ne brûlerait guère plus de trente secondes, et les trois hommes avaient tout juste le temps matériel de se mettre à l'abri dans la tranchée; ils s'enfuirent, sans oser lui dire un mot, bien plus épouvantés de leur impuissance à disputer leur chef à la mort, infaillible conséquence de son sublime sacrifice, que de la perspective de périr avec lui.

La colonne espagnole, à la marche de laquelle les gardes de tranchées n'avaient pas encore pu s'opposer, n'était plus qu'à cent cinquante pas du point où avait été creusée la mine, quand celle-ci sauta avec un fracas terrible. Elle battit en retraite aussitôt, sa sortie n'ayant plus d'objet, et nos troupes purent s'avancer, et prendre possession de « l'entonnoir. » Mais ce fut en vain que l'on chercha vestige du corps du capitaine : ses soldats n'eurent même pas la consolation de rendre un dernier hommage aux restes de ce modeste et sublime héros.

GASTON CHOQUET

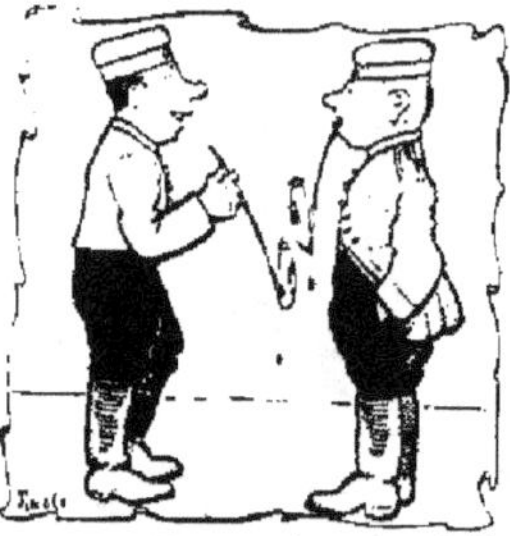

HASS. — Mon grand-père qui habitait Mayence, était le plus grand fumeur de la ville.

FRITZ. — Ah! et qu'est-ce qu'il fumait, le cigare?

HASS. — Non.

FRITZ. — La cigarette?

HASS. — Non.

FRITZ. — La pipe, alors?

HASS. — Non, il fumait... des jambons.

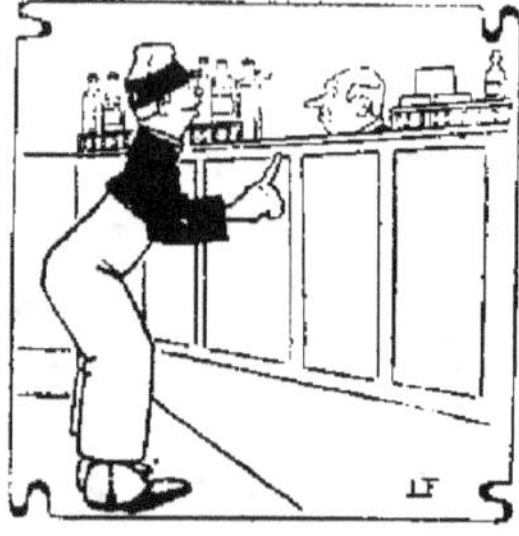

Bridou, ordonnance, qui a été envoyé chez le pharmacien pour acheter du sulfate de quinine et de la salsepareille.

« Salut, m'sieu, j'voudrais bien vingt-cinq centigrammes de surface d'équilibre, et dix centimes de saleté pareille. »

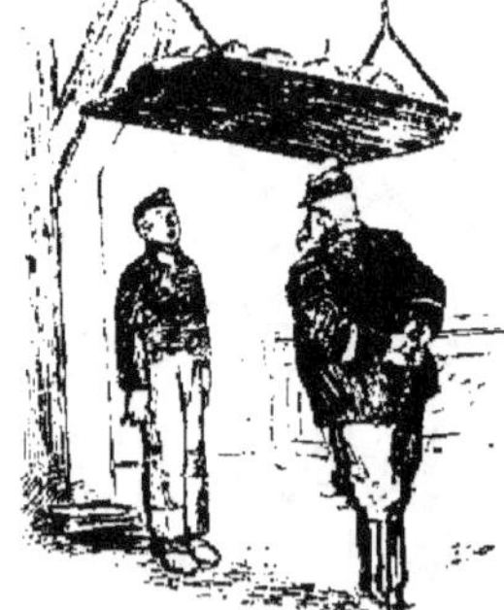

LE CAPITAINE. — Vous devez connaître l'ordre hiérarchique militaire... voyons, vous êtes simple soldat... Qu'est-ce qu'il y a au-dessus de vous?

BIDOCHE. — Ben, mon capitaine... ya la planche à pains.

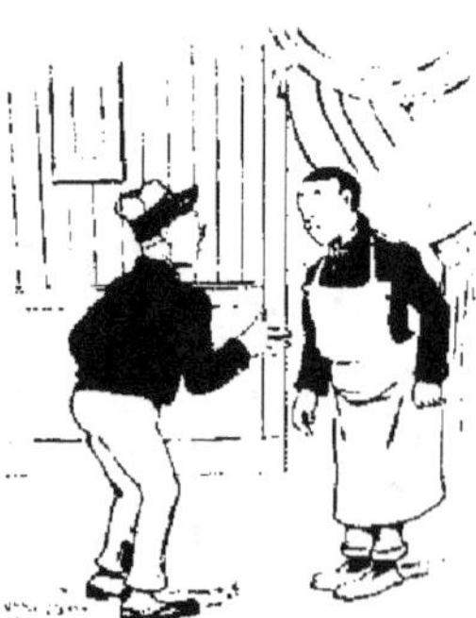

— C'est toi l'ordonnance du major? Eh ben, mon vieux, je viens te prévenir que mon lieutenant est malade et qu'il a dit à ton patron : « Soyez sûr, je vais exécuter votre ordonnance. »

LES MALICIEUX KETJES (Suite.)

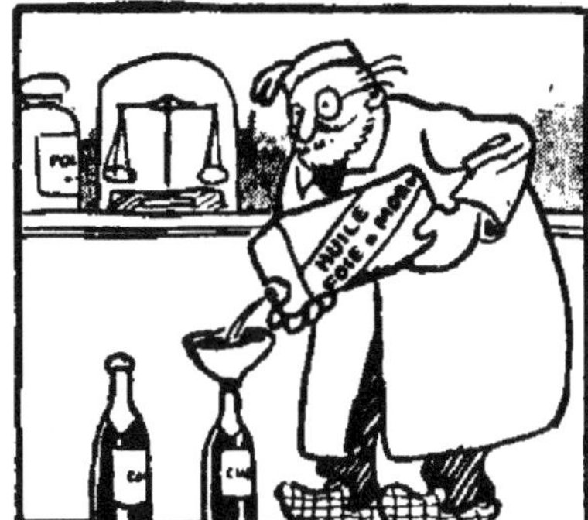
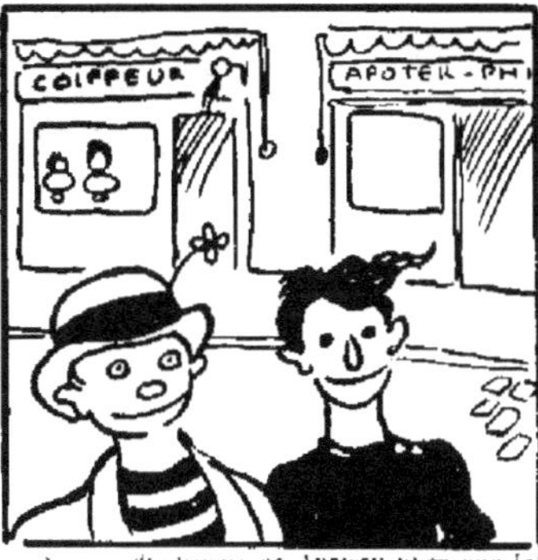
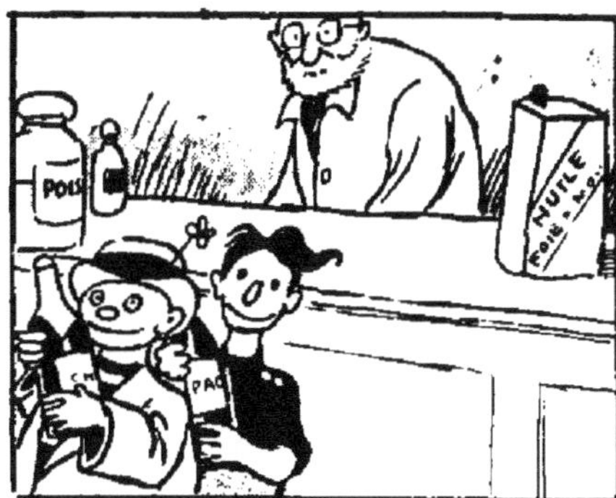

1. — M. Jean Dollmans, un gros notable de Bruxelles exerçant la profession d'apotek — pharmacien — avait reçu du major commandant l'ambulance allemande la commande de deux bouteilles d'huile de foie de morue. N'ayant point de fioles spéciales à sa disposition, il versa le sirupeux liquide dans deux bouteilles...

2. — ... de champagne. Apercevant ensuite Jef et Karl qui se promenaient dans la rue, le nez au vent, en quête de quelque niche à faire, il leur demanda s'ils voudraient bien porter ces deux bouteilles au major Krehmith qui attendait près... Son commis était parti en courses et il ne...

3. — ... pouvait s'absenter de sa boutique. Les deux gamins répondirent : « Avec grand plaisir, sais-tu, monsieur, on fera ta commission. » L'apotek les remercia de leur complaisance et leur donna à chacun une bouteille à porter. Karl et Jef se mirent aussitôt en route. Mais voilà qu'en passant dans les...

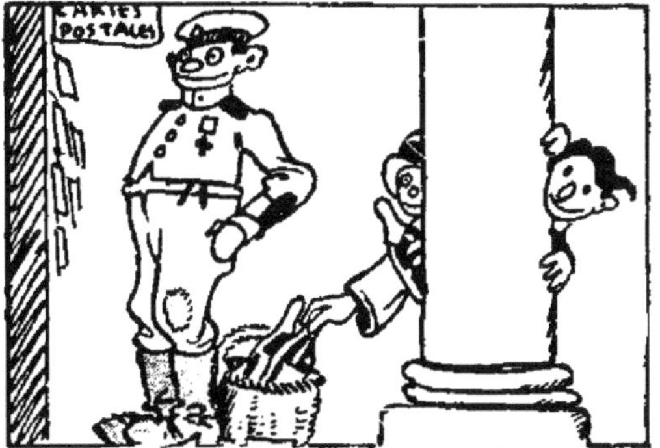
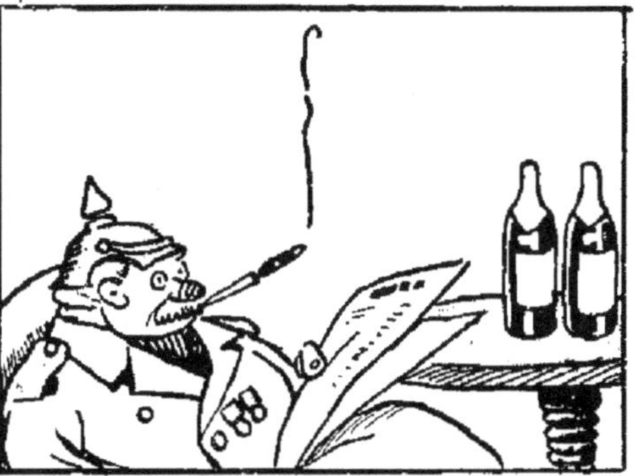
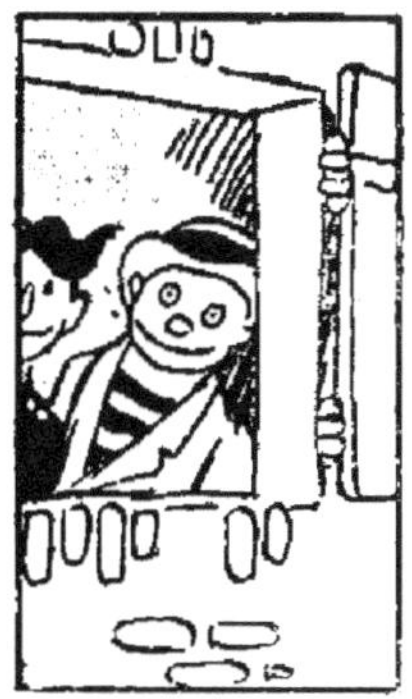

4. — ... Galeries Saint-Hubert, ils remarquèrent un soldat boche coiffé d'un calot et la pipe aux dents, en train d'admirer les cartes postales qu'un éditeur allemand avait exposées dans sa vitrine. A côté de lui avait posé un panier à bouteilles contenant deux champagnes au col doré destinées à von Krottmann, le herr lieutenant dont il était l'ordonnance.

5. — Immédiatement, l'idée d'opérer un échange leur vint à l'esprit. L'ordonnance était bien trop absorbé dans sa contemplation pour soupçonner leur présence. Dissimulés derrière un pilier, les deux ketjes opérèrent silencieusement la substitution puis s'esquivèrent pour aller porter le véritable champagne au major Kachmih. Après avoir opéré la livraison de ce détestable breuvage...

6. — ... ils s'embusquèrent derrière une fenêtre afin de se rendre compte de ce qui allait se passer. Le major avait commandé à un de ses inférieurs de déboucher...

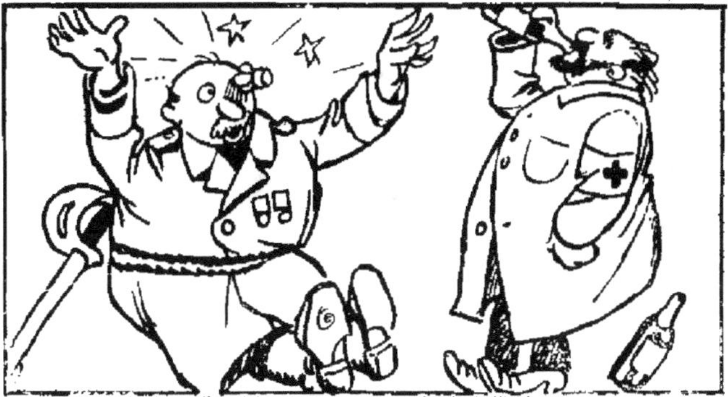
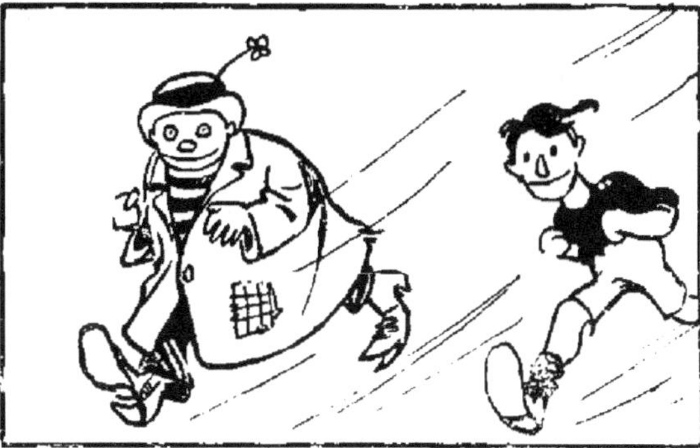

7. — ... une des bouteilles. Celui-ci, persuadé que c'était de l'huile de foie de morue, tout en s'étonnant de voir la fiole si bien bouchée, ne put pas les précautions d'usage et le bouchon sauta soudain dans une pétarade pour taper dans l'œil de Krehmith qui poussa un juron de colère et s'écria croyant qu'il avait été victime d'un engin explosif. Quant à l'infirmier, il profita de son départ pour voler, en buvant à la régalade tout le champagne de la bouteille. Karl et Jef, prévoyant qu'à se produirait d'avance, avaient...

8. — ... taxe à propos de s'enfuir. Ils avalèrent en courant... des Flandres quand sur le trottoir opposé à ceci qu'ils suivaient, ils virent l'ordonnance de von Krottmann son panier à la main. Le major accéléra vers le logis de son chef afin de rattraper le temps perdu. Les deux gamins, rebroussant chemin aussitôt, le poursuivirent à distance. Ils virent...

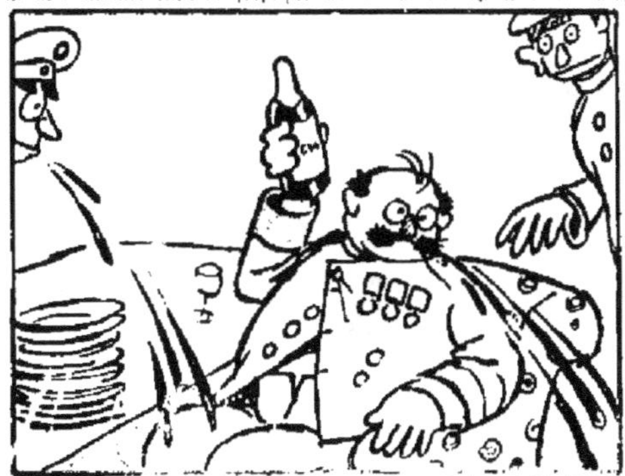
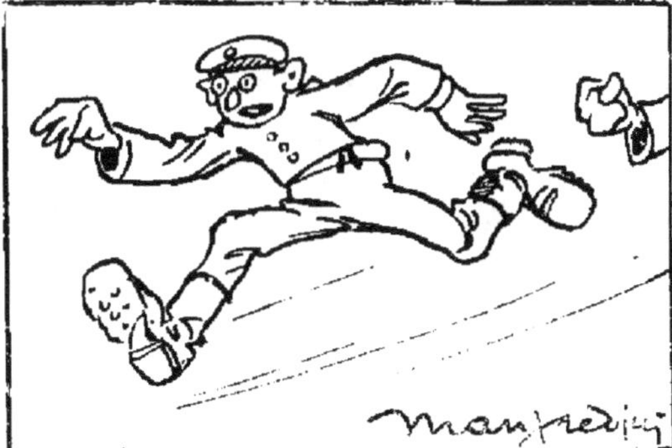
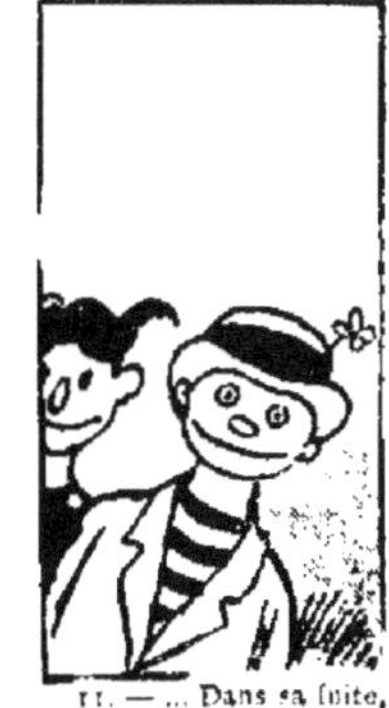

9. — ... une maison de bourgeois apparente et du rez-de-chaussée de laquelle partaient les bruyants éclats de rire de convives qui ont copieusement festoyé. C'était le lieutenant Krottmann qui avait invité son capitaine à déjeuner. L'un et l'autre étaient déjà passablement gris quand l'ordonnance posa les deux bouteilles sur la table. Pour s'éviter la peine de les déboucher, les convives...

10. — ... en prirent chacun une dont ils saisirent le goulot afin de boire le champagne à la régalade comme l'infirmier. A peine en avaient-ils avalé deux gorgées qu'ils étaient pris de formidables nausées et, après avoir lancé les bouteilles à travers la chambre, ils se précipitèrent, cramoisis de fureur et cravache en main, sur l'ordonnance qui s'esquiva en vitesse et ne comprenant rien à leur colère.

11. — Dans sa fuite, il n'avait point fait attention aux deux ketjes qu'à dix pas de là, s'esclaffaient à gorge déployée.

(À suivre.)

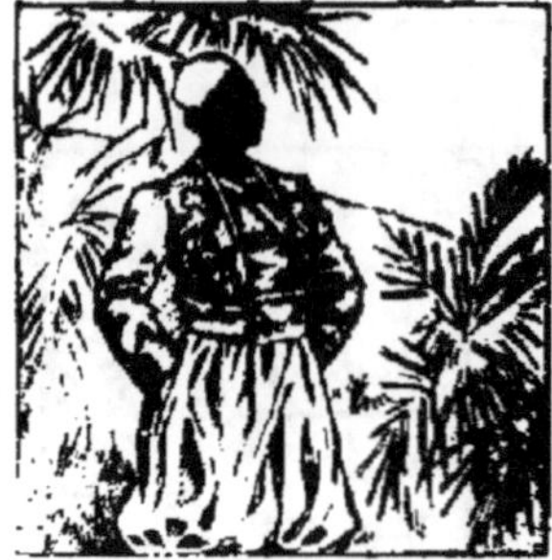

Moussa est un bon et superbe Séné-
... pas son pareil comme chauf-
... le et que son général a tenu
... avec lui quand il a dû quitter le
... pour venir guerroyer contre les

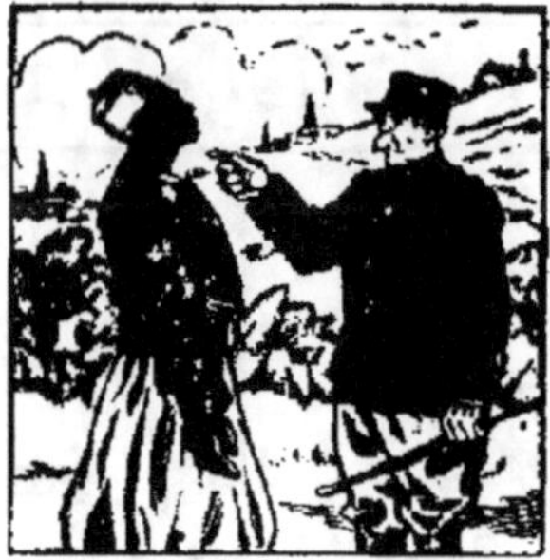

2. — Or, par une radieuse après-midi du mois d'août, le général dit à Moussa, en lui désignant un village occupé par nos avant-postes : « Tu viendras me trouver là-bas, avant la nuit. »

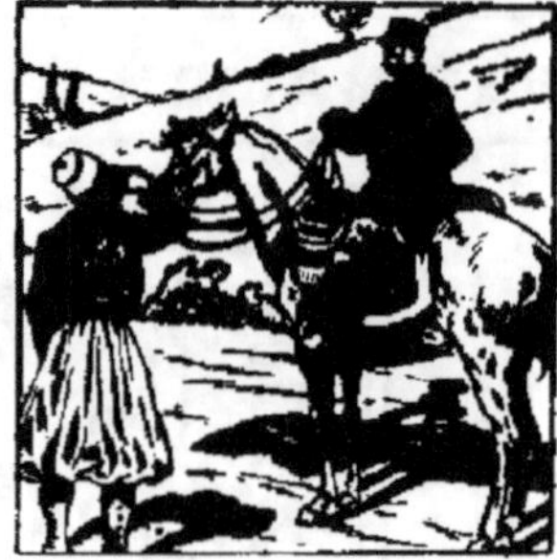

3. — Et en montant à cheval, le général réitéra son ordre et il insiste : « Surtout, sois exact ! » Se mettant au port d'armes, Moussa répond avec conviction : « Moi, y en a pas moyen être en retard »

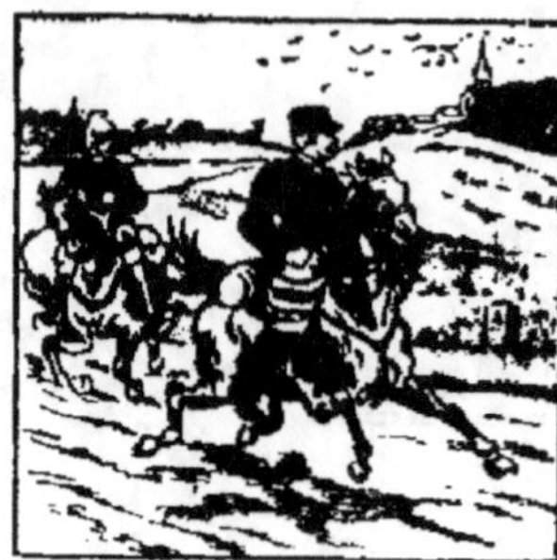

4. — Ses dernières recommandations faites, le général pique son cheval et part à fond de train, certain que son chauffeur ne mangera pas la consigne et qu'il sera ponctuel au rendez-vous donné.

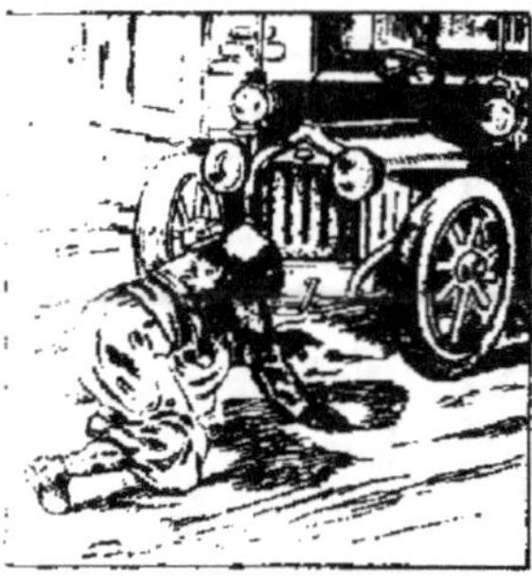

5. — Ayant du temps devant lui, Moussa astique avec amour la graisse ... puis, en attendant l'heure ... il se glisse sous la voiture et ... comme un bienheureux.

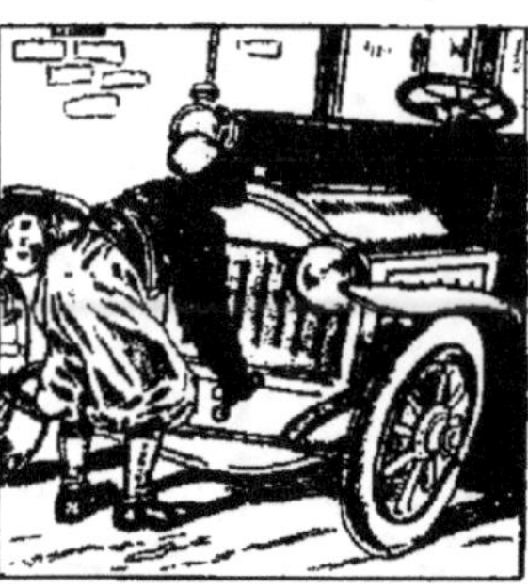

6. — Mais, quoique dormant d'un profond sommeil, Moussa n'oublie pas la consigne ! A l'heure dite, il s'éveille, s'ébroue et, après une dernière vérification, il met le moteur en marche.

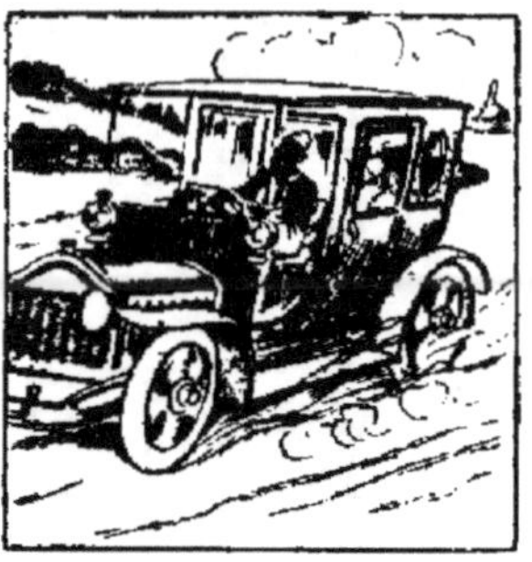

7. — Puis, sautant prestement sur le siège, il embraye et tout en se disant : « Y a bon, Moussa lui être exact !... » avec une joie toute enfantine, il file à la quatrième vitesse.

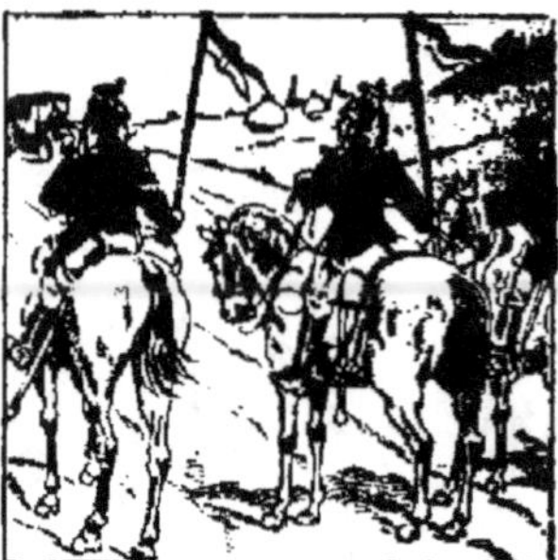

8. — L'auto roulait ainsi depuis un bon moment quand, à quelques centaines de mètres en avant de lui, Moussa aperçoit quatre uhlans qui barrent la route et ne paraissent nullement disposés à le laisser passer.

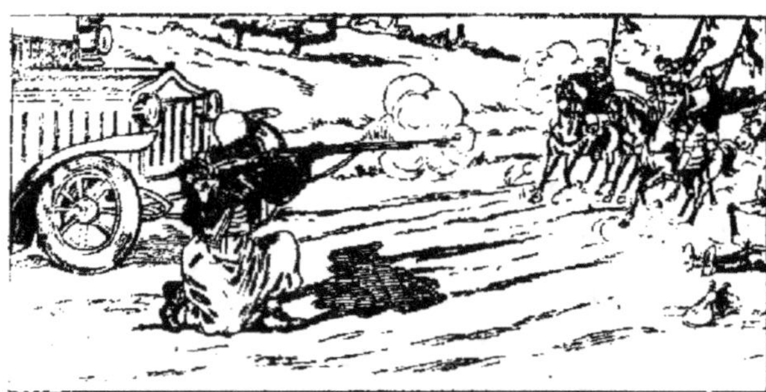

9. — Comment ! Retourner en arrière ! Moussa n'y songe pas une seconde ! Son ... a un rendez-vous et il n'y peut manquer. Donc, il passera ! Pour cela il ... sa voiture et prend son mal qu'il a en son de placer à côté de lui. Alors, sans se ... tranquillement, il vise... il tire !... Une fois ! deux fois ! trois fois ! quatre fois !... ... répond bien, mais ils visent mal, tandis qu'à chaque coup Moussa abat son ... Puis, il tire à nouveau et les quatre chevaux des uhlans ont le même sort que ... d'abord.

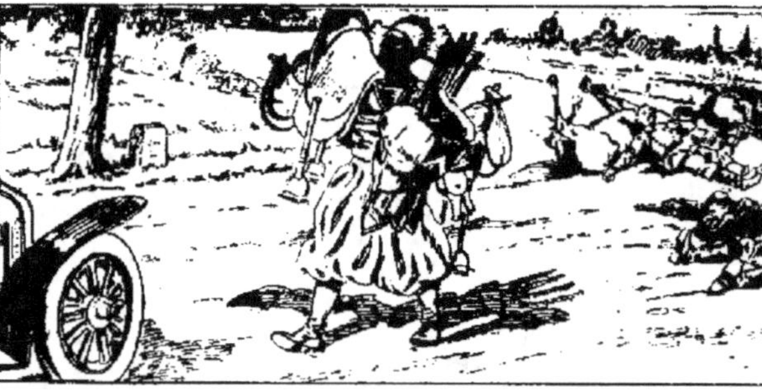

10. — Après avoir ainsi déblayé la route, il remet sa voiture en marche et, en moins de deux minutes, il arrive près des quatre soldats de l'empereur des Apaches auxquels il vient de faire mordre la poussière. Moussa arrête à nouveau son auto, descend, et, après avoir constaté que les quatre Boches sont morts... bien morts !... il se met en devoir de leur enlever leur harnachement.

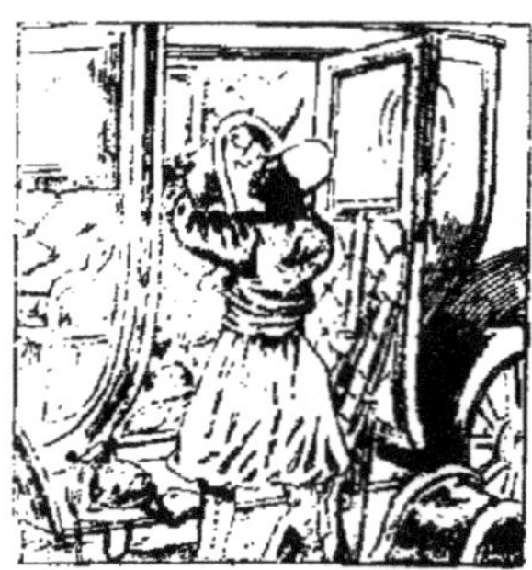

11. — Il empile le tout... harnais des chevaux... lances... carabines... casques et le reste dans sa voiture ; cela fait, tout réjoui et en marmottant entre ses dents : « Y a bon... y a bon !... » il se remet au volant et file en vitesse.

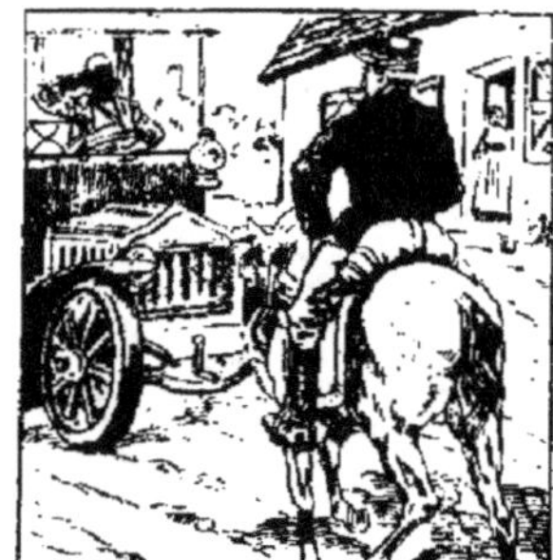

12. — Sans autre rencontre, sans nouvelle aventure... et aussi sans retard !... Moussa arrive au rendez-vous. Le général paraissait de son côté, juste à l'instant où son chauffeur faisait stopper l'auto.

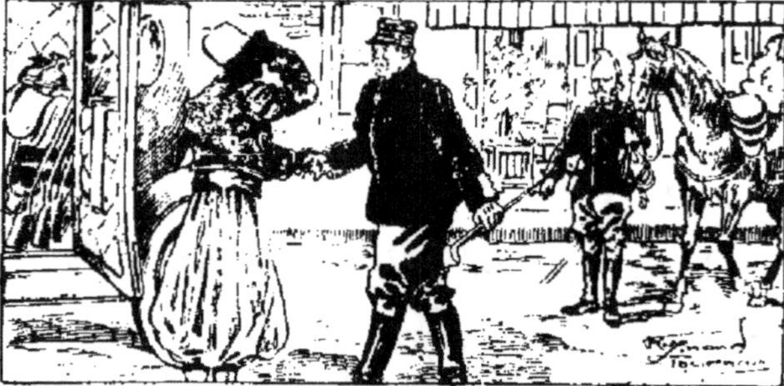

13. — Un peu étonné, en voyant sa limousine bondée de la défroque des Boches, le général allait demander des explications quand Moussa, sautant à terre, s'écria joyeusement : « Mon général, tu vois moi, y en a fait guerre tout seul » Et après avoir narré son aventure, riant de toutes ses dents, Moussa ajouta : « Moi, avais promis mon général pas être en retard, y avait pas moyen rester derrière... Toi, y a content, mon général ? » Le général ne répond pas, mais il serra la main du brave Sénégalais.

Le Gérant : EMILE BELIN.

SCEAUX. — Imprimerie Charaire.

Numéro 6. — 18 Avril 1915. 10 Centimes. TOUS LES DIMANCHES

ABONNEMENTS
Seine, Seine-et-Oise.. 6 fr.
Départements........ 7 fr.
Étranger............ 9 fr.

ADMINISTRATION
3, rue de Rocroy
PARIS (X°)

LA JEUNE FRANCE
HISTOIRE ILLUSTRÉE DE LA GUERRE 1914-1915

L'ASSASSINAT DE L'INSTITUTEUR DE SAINT-ADELIN ET DE SES QUATRE ENFANTS

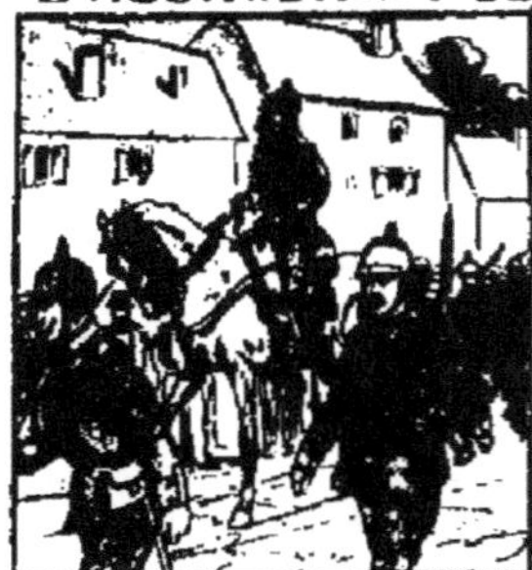

1. — Un des premiers villages de Belgique envahi par les Boches fut Saint-Adelin où un régiment d'infanterie arriva dans la soirée du 4 août 1914 et y prit son cantonnement pour la nuit.

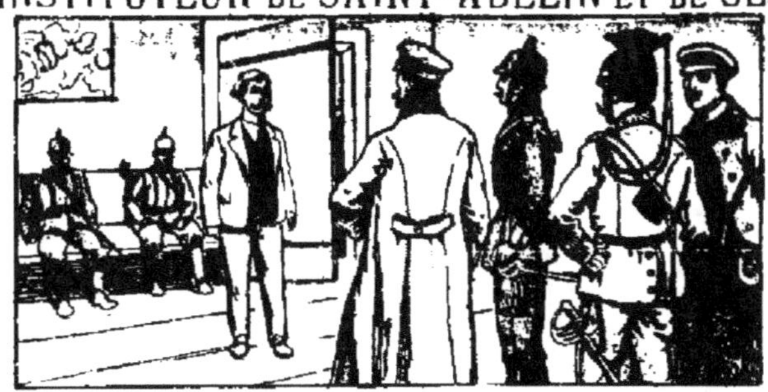

2. — Les officiers s'installèrent dans l'école communale et après avoir fait comparaître l'instituteur, M. Warnier, ils l'interrogèrent. « Vous êtes marié? — Oui, nous habitons l'école, ma femme, mes deux filles de 16 et 18 ans, mes deux fils de 14 et 15 ans et un bébé de trois ans. » Puis les officiers boches s'informent s'il y a du danger, si les obus des forts de Liège peuvent atteindre le village... « Je ne sais pas, répond très loyalement l'instituteur. Comment le saurais-je? Jamais on n'a tiré vers le village. »

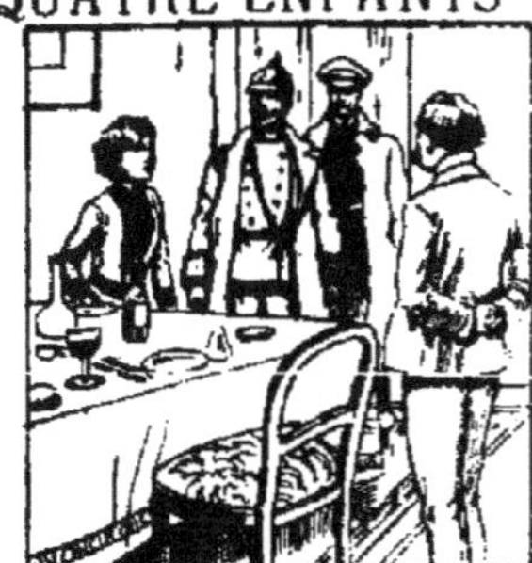

3. — « Bien. Nous dînons ici ce soir, nous logerons... Nous sommes dix. Donc, dix lits et dix couverts... Vous mangerez le même repas que nous... » Avec la répugnance qu'on conçoit, les jeunes filles préparent le repas et la famille Warnier cède ses chambres.

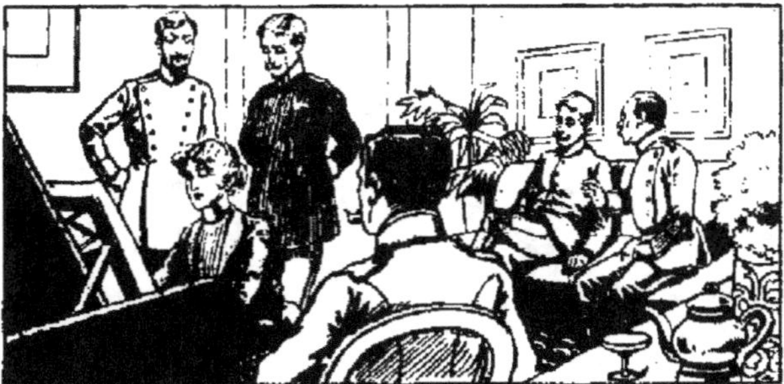

4. — À sept heures on se met à table. Les officiers boches se montrent gais et charmants, même flatteurs à l'égard des jeunes filles... ce qui ne les empêche pas de manger copieusement et de boire encore mieux. Le dîner fini, tandis que les dix Boches se prélassent en fumant de gros cigares, ils ordonnent aux demoiselles Warnier de leur faire de la musique... Quoiqu'elles aient le cœur bien gros, les jeunes filles se mettent au piano.

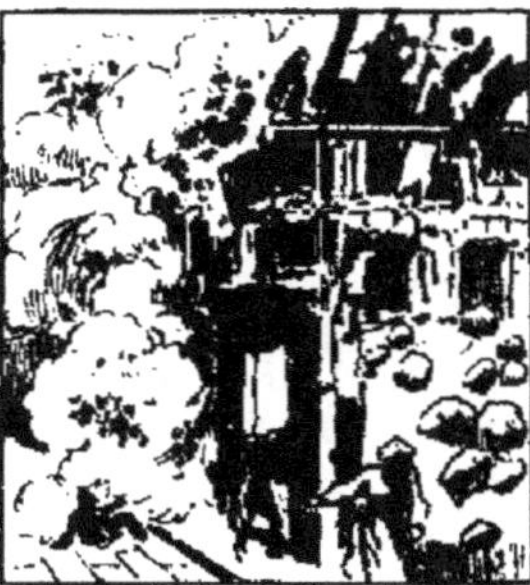

5. — Neuf heures sonnent !... Au même instant, brusquement, une formidable détonation ébranle l'école. C'est un obus qui vient de tomber sur une auberge voisine et qui l'a démantelée, pulvérisée !

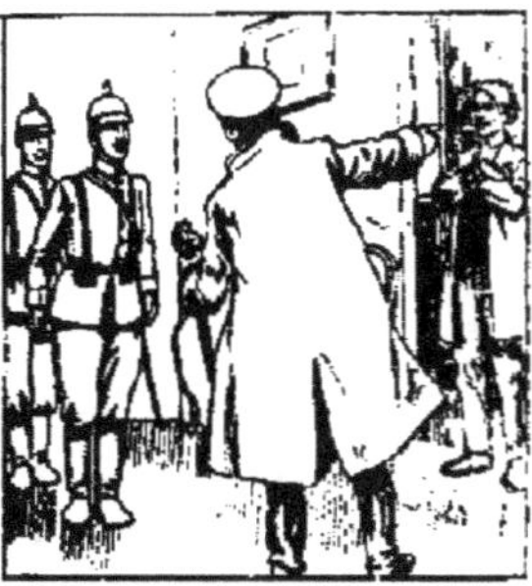

6. — Les officiers boches sont debout, en proie à la panique. Eux, tout à l'heure si corrects, écument de rage. Ils appellent des soldats et après leur avoir ordonné de garder à vue l'instituteur et sa famille, ils sortent.

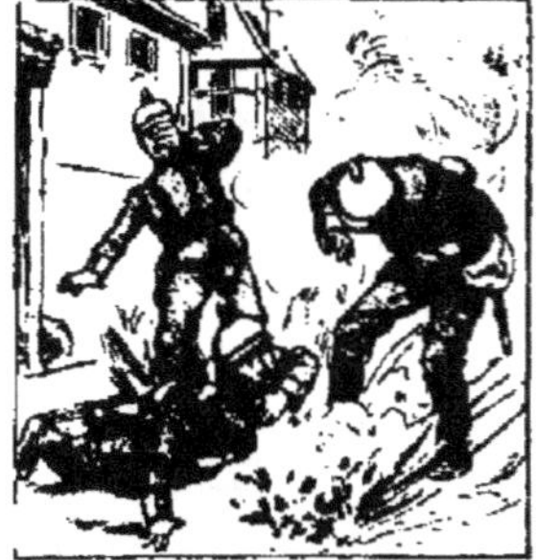

7. — Dans le village, c'est l'affolement. D'autres obus tombent, éclatant avec fracas, faisant des ravages dans les rangs des Boches. C'est l'un des forts de Liège, le fort Fléron qui tire... et il vise bien !

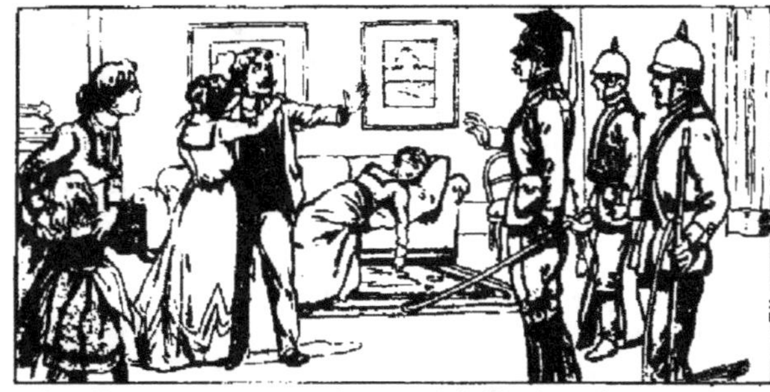

8. — Un des officiers revient et s'adressant à M. Warnier : « Vous avez menti ! » Il tire jusqu'à... « Je l'ignorais... La meilleure preuve, c'est que j'aurais pu fuir et que je suis resté avec ma famille. — Peu importe ! Vous allez être tous fusillés. » L'instituteur pâlit, mais il essaie de sauver les siens ; « je suppose que ma vie suffira, dit-il. Ma femme et mes enfants doivent être mis hors de cause, leur présence ici n'est-elle pas leur meilleure défense ? — Nous verrons, répond le Boche, j'attends les ordres. »

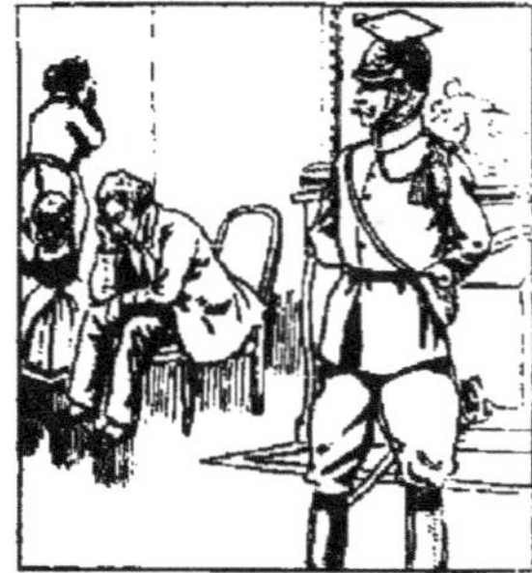

9. — Pendant vingt minutes, vingt siècles !... la malheureuse famille attend, tandis que les obus continuaient à pleuvoir et le régiment boche filait en hâte vers un autre cantonnement.

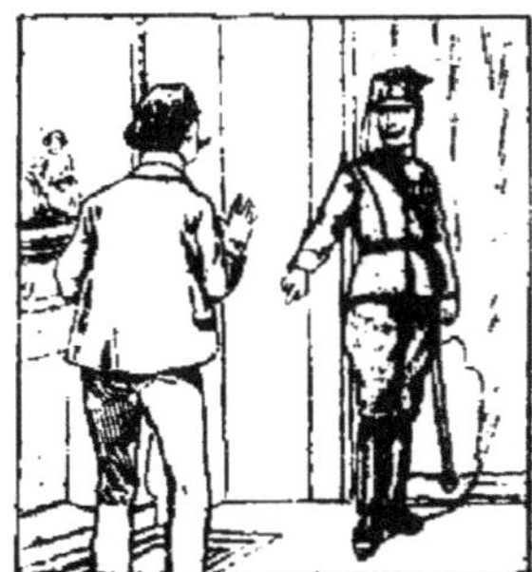

10. — La porte s'ouvre, un capitaine donne un ordre et le lieutenant dit à M. Warnier : « Dites adieu à votre femme et à votre bébé ; nous ne voulons pas les tuer. Vous, les deux jeunes filles et les deux garçons, vous avez cinq minutes pour prier... »

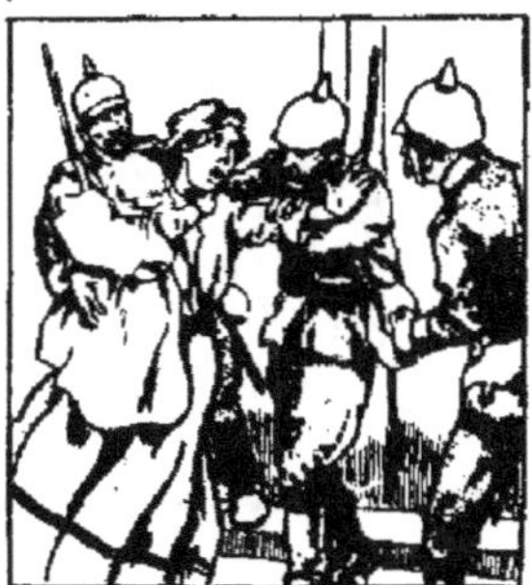

11. — Le lieutenant sort, satisfait et fier, puis quelques soldats boches arrivent qui, de force, traînent hors de la salle la mère, tenant son plus jeune enfant dans ses bras... et ils ne se laissent émouvoir ni par ses supplications, ni par ses larmes.

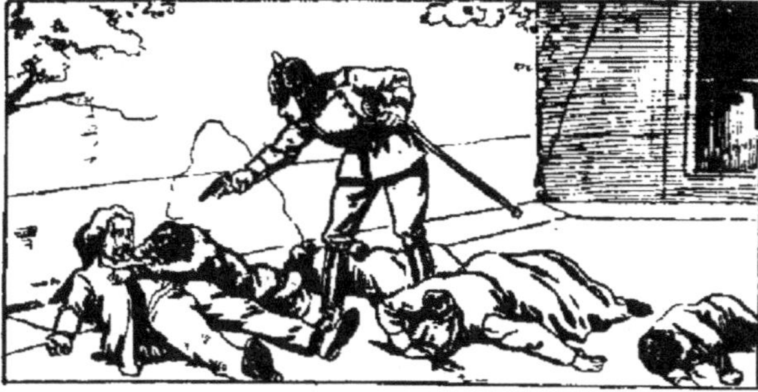

12. — Quant à M. Warnier et à ses quatre enfants, ils sont sauvagement entraînés dans la cour de l'école, attachés au pilier du petit hall et, à la lueur d'un phare électrique, huit brutes de l'empereur des apaches les fusillent. Puis, de crainte que les malheureux n'aient pas été tués par l'effroyable décharge, un officier boche s'approche des cinq victimes et, très calmement, leur donne le coup de grâce... cinq tous de suite il décharge son revolver !

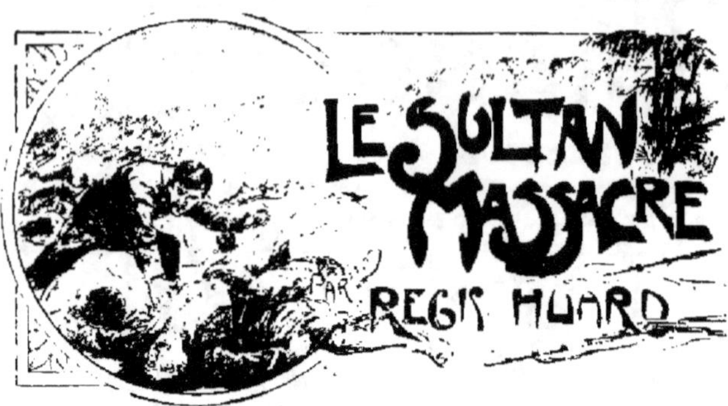

RÉSUMÉ DES CHAPITRES PRÉCÉDENTS

Aux environs du Tchad (Centre africain) en 1900. C'est le premier choc entre les troupes du sultan Rabah et la mission Bretonnet. En avant-garde deux sergents d'infanterie coloniale, Kermarec et Durantin et la petite esclave Marie, pendant la mission Bretonnet en pleine bataille.

CHAPITRE IV

SANG ET MASSACRE (Suite.)

Un moment Kermarec se retourna pour s'assurer que Marie suivait... Oui, mais elle était à l'arrière, courant mal à menus pas et tenant toujours son pagne. Les balles pleuvaient tout autour d'elle et à chaque fois elle baissait la tête...

— Courage, Marie... Courage !... lui cria Kermarec.

Ils arrivaient ; le sommet de la colline n'était plus qu'à 150 mètres à peine et déjà se percevaient les cris et les appels de ceux qu'étonnaient cette arrivée soudaine...

Dans un élan suprême, ils y arrivèrent enfin, les sergents en tête, suivis à quelques mètres des tirailleurs...

Un lieutenant d'infanterie coloniale accourait vers eux, mais Durantin ne lui laissa pas le temps de parler. Il se présenta rapidement ainsi que Kermarec...

— C'est bien, fit le lieutenant. Rassemblez les Baguirmiens que vous trouverez dispersés. Encadrez-les de vos tirailleurs et portez-vous à la gauche du tata...

Il n'y a qu'un seul ordre à donner : briser l'assaut que prépare Rabah...

Le lieutenant salua et reprit le chemin du tata... Pendant que Kermarec rassemblait les Baguirmiens occupés à diverses besognes, Durantin regardait la plaine...

Une partie de l'armée rabbiste tentait, sur sa droite, l'assaut de la colline où se tenait Bretonnet...

Pourquoi diviser ses forces ?...

Durantin comprit... La seconde aile de l'armée de Rabah faisait demi-tour... Reculerait-elle ?... Non... Elle allait tourner les deux collines et les attaquer à revers... Durantin se précipita vers le tata pour avertir le lieutenant de ce mouvement tournant. Mais il avait été vu...

On sonna au rassemblement et toutes les forces disponibles se portèrent sur la face menacée, plongeant sur le double...

Durantin et Kermarec étaient à leur poste, à gauche... Ils voyaient tout ce qui se passait sur l'autre colline... La tête de la colonne de Rabah était presque au sommet...

Un des blancs chancelle et tombe frappé mortellement sans doute, un autre blanc a pris sa place... Celui-ci tombe à son tour, on le couche sur le dos appuyé sur une caisse...

L'armée rabbiste précipite son mouvement d'assaut.

— La danse va commencer, Kermarec !...

— Allons-y, Durantin...

Les commandements se croisèrent sur le front des troupes :

— Feu de salve... à genoux... En joue... Feu !... Feu partout !... Feu à volonté !...

Ce furent le crépitement des balles, les appels, les commandements et les cris, qui s'entendit mal d'un à v... arme...

Déjà, dans la fumée épaisse, les Arabes apparaissaient à l'extrémité du coteau plus loin où commençait la suprême résistance... Mais les hommes en l'approchant, s'arrêtaient tombaient, disparaissaient vers la droite ou s'évanouissaient dans la fumée...

Cependant, il en venait toujours. Ils étaient par groupes de cinq ou six... cherchant à se rallier sous un commandement qui n'aboutissait pas...

Tue donc, Kermarec, il en arrive de ces Arabes...

On ne peut pourtant pas épauler deux fusils à la fois...

— Nous allons avoir un coup de chien. S'ils sont assez courageux pour se masser et tenter un corps à corps, je ne donne pas lourd de notre peau...

Dans la fumée on distinguait maintenant une véritable masse de rabbistes qui s'avançaient de quelques pas pour décharger leur arme et reculaient. Ils allaient de droite à gauche... comme pour chercher une issue, un point faible...

— Regarde, regarde, Kermarec, fit Durantin dans le vacarme. Il en vient de partout !...

En effet, c'est une véritable armée qui oppose aux coups de fusil des blancs un mur de quatre rangs... De cette masse d'hommes ne partent plus que des coups de feu... on devine que les rabbistes préparent le choc qui doit décider de la journée.

La fumée s'est levée un peu et les sergents distinguent tous les moindres détails : les gandourahs de coton bleu, les merkoubs de cuir rouge qui sont comme des bottes, les visages noirs et grimaçants de ces mercenaires grisés par l'odeur de la poudre et fanatisés par les marabouts...

Mais sur notre ligne, un commandement retentit :

— Serrez vos rangs !...

— Oh, oh, fit Durantin, je crois qu'on va partir au-devant d'eux.

Kermarec s'assura que sa cartouchière était bien ouverte et à portée de sa main, puis il se tourna pour chercher quelqu'un des yeux. Il ne vit personne et s'inquiéta près de son compagnon :

— Tu n'as pas vu Marie ?

— Non.

— Pauvre gosse, qu'a-t-elle pu devenir ?

— Elle doit être cachée dans les épines de l'autre côté de la colline. Elle est sûrement à l'abri... on ira la rechercher quand on aura balayé cette racaille...

A ce moment, on vit s'avancer lentement le front rabbiste... Un commandement ébranla la petite colonne française.

— Pas gymnastique... En avant !... arche !

Les clairons sonnèrent l'assaut et les cris poussés par les Sénégalais, le cliquetis d'armes, ce fut la ruée...

De leur côté, les rabbistes hurlaient, criant des injures... Dans la hâte de tuer, on ne songeait même plus à brûler les cartouches... Les tirailleurs, baïonnette au canon, piquaient droit devant eux, trouant des poitrines et des ventres. Quelques-uns se servaient de leur arme comme d'une masse, frappant à tour de bras sur des crânes qui s'ouvraient comme des fruits mûrs... Les rabbistes, cognaient de même, entourant à cinq ou six chacun des nôtres et l'assommaient par derrière, pendant qu'il se débattait...

Kermarec était entouré d'une nuée de grands diables et faisait avec son arme un moulinet terrible...

Durantin, pris à la gorge par deux rabbistes, se démenait comme un loup furieux. Il avait pu dégager sa baïonnette et s'apprêtait à s'en servir comme d'un poignard...

Mais les rangs s'éclaircissaient autour des deux sergents. On ne voyait plus que quelques tirailleurs aux prises avec les Arabes... Au-delà, sur des cadavres, tirailleurs et rabbistes pêle-mêle. Ils étaient souvent cinq, morts ou ne valant guère mieux... Et ces cadavres amoncelés s'étendaient jusqu'au-delà du tata ou au devant... C'était principal du carnage qui se systématisait...

Kermarec faisait toujours le vide, mais il faiblissait. Il devait frapper de tous les côtés à la fois, un cercle de fer, l'assaut des deux tours sur les crânes, le bruit trouant un cercle autour de lui... Deux rabbistes tombèrent assommés par l'arme qui tournait à une vitesse folle, mais il en sortait de partout...

Le Breton hurlait, lançant des injures à ceux qui s'acharnaient, la baïonnette

haute, essayant de lui percer la poitrine, ou accroupis, tâchant de lui couper les jarrets...

Kermarec faiblissait visiblement. Un lascar tomba, puis le moulinet se fit moins rapide, s'interrompit quelques secondes, reprit, mais faible, faible...

Et Kermarec s'écroula sur les cadavres de ceux qu'il avait assommés...

Durantin s'était dégagé et reculé de quelques pas... Dans cet instant de repit, il jeta les yeux autour de lui et s'aperçut qu'il restait seul avec Kermarec... Il vit celui-ci tomber... Déjà vingt rabbistes couraient sur lui. Il comprit que tout était fini, que tenter la moindre résistance c'était se condamner à mort...

Dans un éclair de la pensée, il comprit que son devoir était de sortir de là, rejoindre ses chefs s'ils étaient vivants, de prendre le commandement s'ils étaient morts, de sauver tout ce qu'il pourrait, et de rallier l'Oubangui pour porter la nouvelle de cet effroyable désastre...

Durantin, le Parigot, se rappela les jours de sa jeunesse où il tournait à Belleville... Il étendit les bras, pirouetta sur les talons et s'écroula comme s'il eût été frappé à mort... Les rabbistes accoururent...

— Pourvu, pensa-t-il, que ces bandits n'aient pas la déplorable idée de me donner le coup de grâce !...

CHAPITRE V

UN DUEL SUR LES CADAVRES

Quand Durantin se fut assuré que l'ennemi avait regagné son campement, il se mit

Kermarec battait de ...

debout et regarda autour de lui... La lune allait se lever et déjà une faible lueur se répandait, accrochant un peu de lumière blême sur les restes de l'effroyable carnage...

Il tendit l'oreille. Aucun cri ne venait sauf les cris des blancs appelant à l'aide ou demandant à boire...

— A Kermarec d'abord...

Durantin, le dos courbé, enjambant les tas de moribonds, se dirigea vers la place où était tombé son camarade... Il vit son casque couvert de toile bleue écrasé sous les piétinements et trois pas plus loin, tombé au travers d'un cadavre, le corps du Breton...

Il se pencha sur lui. La face était exsangue, les yeux clos, le corps étendu dans une posture du Breton...

Durantin mit son oreille sur le cœur de son camarade et ne put réprimer un cri de joie...

Il respire... mais où est-il touché ?...

Le sat du rouge sur la veste bleue. Pourvu, déchira la chemise collante du sang coagulé, et palpa doucement la poitrine... C'était là, au sommet du poumon gauche, une petite plaie, le sang coulait du côté du rabbiste...

— Ce n'est pas mortel, pensa Durantin. Si on peut laver la plaie et s'il n'y a pas de complications, ce sera une affaire de quelques semaines...

Comme il regardait Kermarec, il s'aperçut que celui-ci ouvrait les yeux :

— Eh bien, mon vieux, fit doucement Durantin.

— Ça tu vas... ça va...

Kermarec regardait son camarade comme s'il ne le reconnaissait pas. Il essaya de se soulever, mais retomba épuisé...

— Kermarec, mon vieux, tu ne m'entends pas ?

En entendant son nom, le blessé se souleva de nouveau et regarda Durantin... Cette fois, il eut un sourire... et articula quelques mots :

— J'suis fade, hein ?...

— Mais non, vieux... une petite piqûre... quelques jours de repos... mais il faut tâcher moyen de te mettre debout en t'agrippant à mes biceps et de te traîner tant bien que mal...

Avec mille précautions, et malgré la souffrance aiguë du Breton, Durantin réussit à le mettre debout... le soutenant sous les bras, et marchant lentement, il lui fit faire quelques pas, au milieu des cadavres. Kermarec, les yeux à terre, ne put dire qu'un mot :

— Bon Dieu !... tout le monde est donc tué ? Personne pas, et vieux.

Ils arrivèrent à l'extrémité du plateau et commencèrent la descente dans la plaine, de l'autre côté du camp rabbiste... Là, il n'y avait pas de danger immédiat...

La descente fut plus rapide. Kermarec, s'aidant des branches, reprenait courage, voulait marcher seul...

Ils arrivèrent dans la plaine et Durantin fit asseoir son camarade, adossé au tronc d'un ronier...

La lune se levait et sa clarté baignait tout ce coin de la brousse endormie... A cent mètres devant lui, il remarqua un épaississement de frondaisons...

— Ça, pensa-t-il, c'est un marigot... Il alla s'en assurer... c'était bien cela. Il allait revenir sur ses pas quand, à quelques mètres à sa droite, au pied d'un arbuste, il crut remarquer une boule grise qui remuait...

Avec précaution, il s'approcha. Il y avait une grande tache blanche sur cette boule grise, et dans cette tache blanche deux points noirs qui étaient des yeux... Ces yeux regardaient Durantin avec terreur. Le sergent, voyant que l'être humain restait immobile, s'approcha de si près que son visage touchait le sien...

— Marie !...

C'était bien elle, la pauvre gosse Mandjia, à moitié morte de peur... Elle devait être là, depuis le commencement de la bataille, ayant eu l'idée de se mettre à l'abri, mais sans forces pour aller plus loin...

Durantin, d'une petite tape amicale sur la joue, la rassura et tâcha de lui faire comprendre qu'elle n'avait rien à craindre...

— Mbi, mbi (moi)... ni boundjou (blanc)... pas peur... poum-poum fini...

Marie fit un mouvement, se redressa, s'assit sur son séant. C'était pour elle la seule façon de prouver qu'elle était plus rassurée.

En s'aidant de quelques mots sangos appris depuis un mois et surtout du geste, Durantin lui fit comprendre qu'il allait amener le Kermarec, et qu'il fallait en avoir soin.

Le projet immédiat exécuté à point en point. Un quart d'heure après, Kermarec, allongé sur un lit de branchages, la tête sur les genoux de Marie, semblait beaucoup mieux... Durantin déchira un coin de sa ceinture de flanelle, la trempa dans l'eau et commença le lavage de la plaie...

Quand cela fut fait, il remarqua que la veste du blessé était trempée et pleine de sang coagulé...

— Tiens, mon vieux poteau... Je vais te laisser ma veste ; elle est en indienne. Tu auras plus chaud, cette nuit.

Et ce disant, il ôta sa veste et la fouillant :

— Ma pipe, mon poteau... J'enlève, ça sert toujours... Et dans cette poche... Ah ! la lettre écrite en bougnoul, qu'on a trouvée sur le prisonnier... je la laisse dans la poche... Tiens, Marie, mets lui ce longo (vêtement). Et là-dessus, et fût à Kermarec :

— A tout à l'heure. Je vais ramener les copains...

Mais le Breton le rappela.

— Que veux-tu ?...

Durantin, te dire merci... c'est clair, ce que t'as fait là, ce que t'as fait pour moi... comment est-ce que je te rendrai ça ?

— Non, mais des fois ! Je suis tenir une comptabilité. Tu oublies le lion. J'étais ton débiteur. Je paye aujourd'hui : nous sommes quittes.

Durantin remonta sur le plateau. La nuit s'avançait : la rosée commençait à tomber, fine, mais trempant le sol, les vêtements des morts...

(A suivre)   RÉGIS HUARD.

VISITE NOCTURNE

Pour la deuxième fois, le taube vint la nuit sur Mesnil-les-Ambrai. Des quatre bombes qu'il lança, deux tombèrent sur les usines Gaillardette frères, transformées en arsenal. Elles provoquèrent un commencement d'incendie, heureusement maîtrisé avec rapidité; les dégâts ne furent pas notables.

L'adresse du pilote dans le lancement de ses projectiles parut extraordinaire. Les usines Gaillardette comprenaient deux halls importants, mais l'emplacement qu'ils occupaient n'était pas assez considérable pour qu'une bombe, jetée de quinze cents mètres de haut, eût beaucoup de chances de tomber sur eux. De plus, aucune clarté n'avait pu indiquer les usines à l'aviateur; toutes les fenêtres étaient soigneusement tapissées et ne laissaient filtrer aucune lueur révélatrice. D'ailleurs même, aucune lumière ne pouvait lui signaler Mesnil-les-Ambrai, petit bourg de trois cents maisons.

Lors du premier raid sur la ville, la justesse du tir de l'aviateur, dont deux bombes également atteignirent leur but, fut jugée purement accidentelle. On ne pouvait, maintenant encore, attribuer au hasard la même précision constatée pour ce second exploit.

L'aviateur Maurice Charmel, ayant immédiatement pris l'air sur son biplan Farman, ne put rejoindre l'aviateur ennemi qui bénéficiait d'une avance de plusieurs minutes et ne se souciait, sa mission accomplie, que de regagner ses lignes. Au retour, Maurice Charmel fut guidé pour son atterrissage par un puissant projecteur braqué sur le parc d'aviation. Il remarqua que, sans cette aide, il lui aurait été impossible de toucher terre. On ne pouvait rien distinguer de la ville, masse sombre perdue dans la nuit. La difficulté de repérage de l'aviateur allemand n'en était que plus incompréhensible. Comment se dirigeait-il à coup sûr, et comment pouvait-il reconnaître sa cible dans les ténèbres?...

*

Le colonel Huguenin avait la direction militaire des usines Gaillardette qui fabriquaient principalement des munitions. Il avait enjoint aux habitants de Mesnil-les-Ambrai d'éteindre toute lampe après sept heures et chaque soir, précipitamment, la ville semblait se plonger dans les ténèbres. Le colonel Huguenin pensa qu'un des habitants, en intelligence avec l'ennemi, n'observait pas la prescription et gardait, par exemple, une lampe allumée devant sa fenêtre. Un point lumineux, si petit soit-il, peut suffire au repérage. Pourtant, Maurice Charmel en revenant de sa poursuite du taube n'avait pas manqué d'observer la ville. Aucune lueur ne s'y distinguait. Il est vrai que l'espion — si espion il y avait — devait faire disparaître la clarté suspecte aussitôt après le lancement des bombes. Le colonel Huguenin exigea un redoublement de surveillance. A partir de ce jour des patrouilles de soldats parcoururent les rues, surveillèrent chaque nuit les habitants.

Cette précaution ne servit à peu. Le taube vint quatre jours après survoler la ville pour la troisième fois et réussit à laisser tomber trois bombes sur le hangar ouest des usines Gaillardette, détruisant une large partie de la toiture, détériorant une importante quantité de matériel et blessant deux ouvriers.

Il fut établi, par la suite, que le service de surveillance ne s'était pas du tout relâché ce jour-là et qu'il n'avait pourtant pu remarquer aucun signal. Maurice Charmel et un passager avaient encore pris le vol aussitôt, mais n'avaient encore pu combler leur retard et ouvrir efficacement le feu de leur mitrailleuse.

*

C'est alors que le colonel Huguenin pria Maurice Charmel et son collègue, Robert Blanchereau, de tenir l'air sur la ville, à tour de rôle, durant chaque nuit,

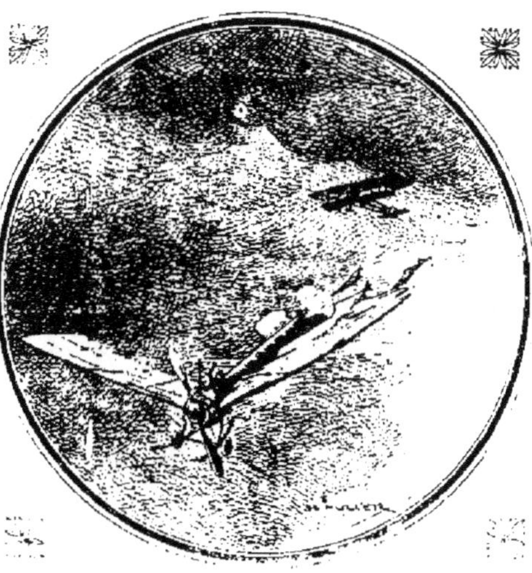

de telle manière qu'un aviateur se trouvât constamment en mesure, prêt à poursuivre convenablement l'appareil ennemi qui s'aventurerait.

Enhardi par ses précédents succès, le taube vint le lendemain même de sa troisième raid tenter un nouvel exploit. Maurice Charmel, dont c'était le tour de garde, tenait l'air depuis une heure lorsqu'il entendit le bruit convenu de leur ennemi. Il se dirigea vers le taube, se basant sur son bruit. L'aviateur allemand avait dû de même entendre le ronflement du moteur du Farman. Il avait rebroussé chemin sans hésitation, ne pensant plus à placer ses projectiles. Maurice Charmel prit résolument sa poursuite, gagnant un peu sur lui, dès qu'il fut à portée suffisante, fit tirer sa mitrailleuse. Les balles crépitèrent. Pas une fois, le pilote allemand ne riposta. Il concentrait toute son énergie pour fuir. Brusquement, semblât-il, cessa de tourner. Le moteur avait dû être atteint. L'avion vacilla un peu, hésitant, puis piqua droit vers le sol où il vint s'écraser avec son pilote tué. Un projecteur se braqua à ce moment sur le Farman, éblouissant Maurice Charmel et une fusillade éclata dirigée contre lui. L'informant qu'il volait sur les lignes ennemies. Il prit de la hauteur et revint vers Mesnil-les-Ambrai que lui signalaient

les rayons d'un projecteur installé à son intention.

Un peu avant d'arriver au parc, Maurice Charmel remarqua une tache lumineuse, petite mais intense, très apparente, dans un coin de la ville. Il descendit en spirale, se rapprochant progressivement, pour se rendre compte, mais la tache s'évanouit soudain avant qu'il ait eu le temps d'en distinguer l'origine. L'observation pourtant pouvait peut-être expliquer le succès des trois premiers raids ennemis.

L'habitant de Mesnil-les-Ambrai qui se livrait à l'espionnage devait attendre le bruit de l'éclatement des bombes pour éteindre son signal. Ce soir-là, il ignorait la mésaventure du taube et attendait l'explosion des projectiles pour dissimuler sa lueur. Le biplan de Maurice Charmel, dans sa descente vers la tache, était venu se placer dans le faisceau lumineux qu'elle dégageait et l'espion, sans être averti sans qu'on pût rien deviner des lieux, avait pu reconnaître un appareil français et faire disparaître à temps le signal. Maurice Charmel pensa aussi que l'espion, ayant convenu d'une heure avec l'aviateur ennemi, n'éclairait son point révélateur qu'au moment de l'arrivée fixée du taube, c'est pourquoi il n'avait rien remarqué durant sa première heure de patrouille aérienne.

*

Le lendemain, Robert Blanchereau et lui montèrent la garde inutilement. Le soir suivant, c'était cette fois lui-même qui planait dans l'espace, quand le bruit d'un nouveau taube en marche se fit entendre. Blanchereau partit à sa rencontre, l'obligeant à faire demi-tour. Il avait prévenu d'un coup de sirène, son collègue Maurice Charmel, qui aussitôt prenait l'air, survolait la ville et, naturellement, retrouvait la même tache lumineuse que l'avant-veille.

Mais il s'était, pour cette nuit, muni d'un projecteur que son passager dirigea vers l'endroit suspect aussitôt reconnu, c'était le jardin bordant les usines Gaillardette!...

*

Le lendemain, dès l'aube, le colonel Huguenin fit faire une perquisition qui donna l'explication cherchée. Dans un coin du jardin, au milieu d'un épais bouquet d'arbres, était un vieux puits profond. Le puits était à sec. On y descendit. Une lampe électrique, de forte puissance, y était installée. La lumière qu'elle pouvait dégager, masquée d'abord par les parois du puits puis par le feuillage touffu du bouquet d'arbres, n'était visible que d'en haut. Ce coin de jardin touchait le mur du hall ouest des usines Gaillardette. L'aviateur allemand n'avait qu'à laisser tomber ses bombes un peu à gauche de la tache lumineuse, pour les placer à peu près sûrement dans le but.

Le propriétaire du jardin — un nommé Pétrain depuis peu dans le pays — était introuvable. Il avait dû immédiatement abandonner la ville au soir même du dernier raid manqué. Robert Blanchereau ne put descendre son adversaire dans la poursuite, mais endommagea l'aéroplane très certainement d'importante façon. Les taubes — évidemment — s'abstinrent désormais de toute incursion sur Mesnil-les-Ambrai.

HENRI MONTPENSIER.

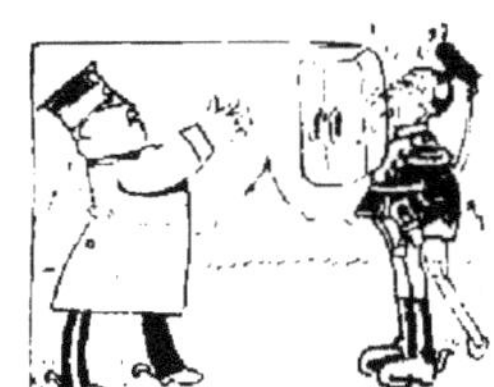
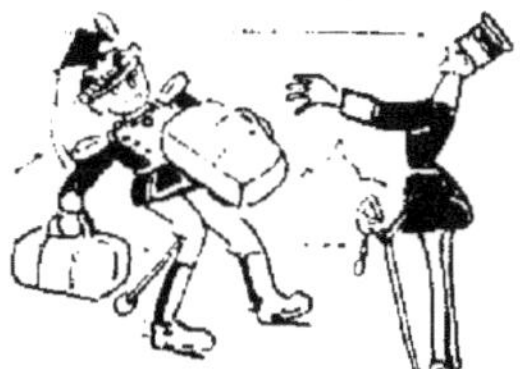
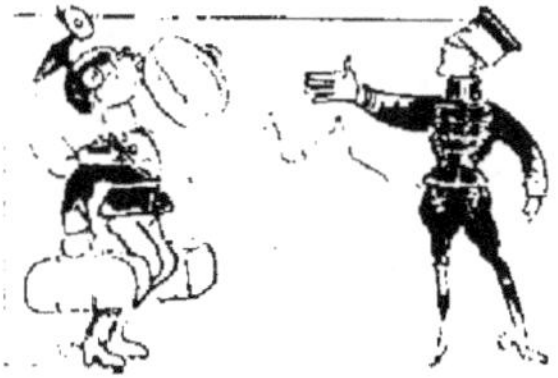
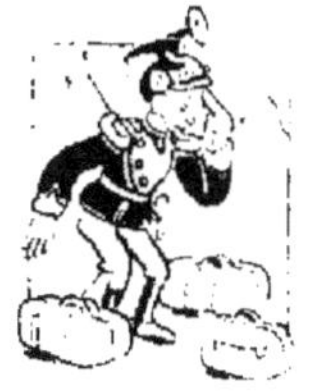
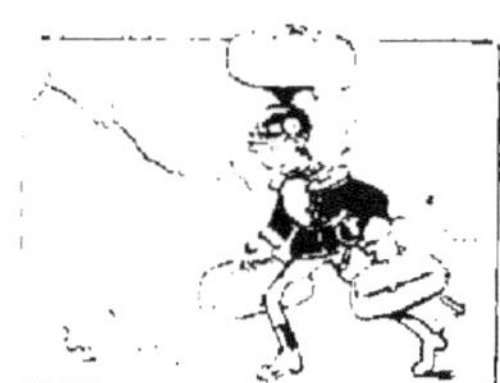

— Porte cette valise à la gare, animal dit à Hans Hylaus le capitaine Graboderm. Le uhlan, ayant fait demi-tour, obéit. Il fut rencontré en chemin par le lieutenant Kornoldorj, de l'infanterie qui s'informa où il allait...

— Dans ce cas porte également ma valise à la gare, répliqua l'officier lorsque sa curiosité fut satisfaite, Hans Hylaus, prit dans chaque main une valise, et allait continuer sa route, lors qu'il se tint interpellé. Il se retourna et vit un officier....

... haussards qui lui faisait signe d'approcher... Hans obéit et lorsqu'il fut à proximité de l'officier, celui-ci lui demanda s'il voulait bien se charger d'une petite valise...

N'ayant pas trois mains Hans tout au dehors lui fait embrasser...

... sur la plate-forme de sa coiffure l'une des valises et de la main droite d'une seconde et la suite de la main gauche, après quoi il se dépêcha de gagner la gare, craignant qu'un quatrième officier portant une nouvelle valise ne vint compliquer encore une situation déjà mal équilibrée!

LA SERBIE ET LE MONTÉNÉGRO CONTRE L'OGRE AUTRICHIEN

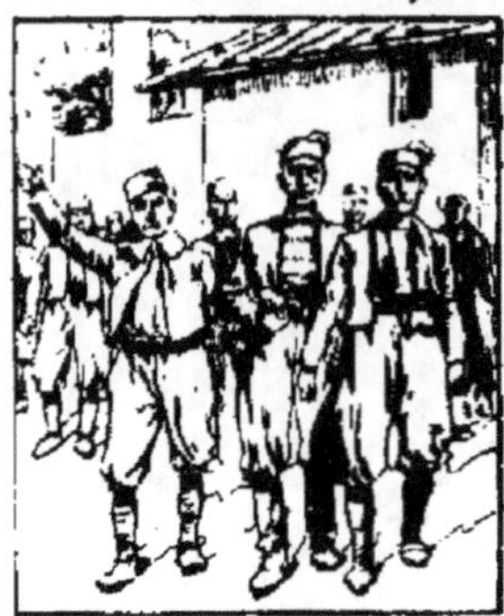

1. — La déclaration de guerre du colosse autrichien à la petite Serbie est accueillie par les Serbes avec enthousiasme. Partout des manifestations s'organisent aux cris de Vive la France ! Vive l'Angleterre et la Russie !... et partout on chante la *Marseillaise* et le *Boje Tsara*, aussi le chant national russe.

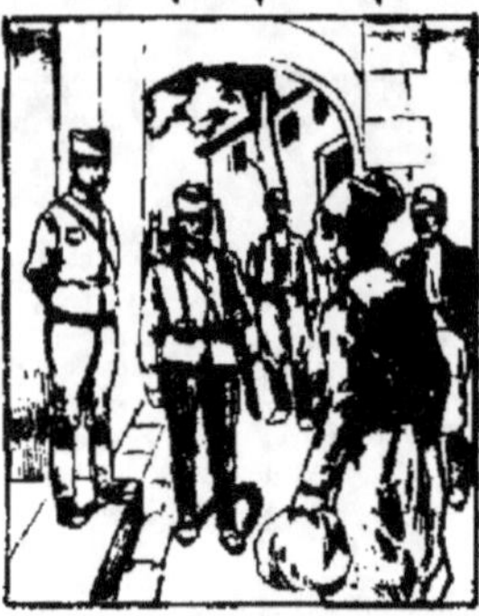

2. — Dans ce pays où tout le monde est soldat dans l'âme, la mobilisation s'effectue en un ordre parfait et tous, jeunes gens et vieillards, répondent à l'appel aux armes avec une joie frénétique.

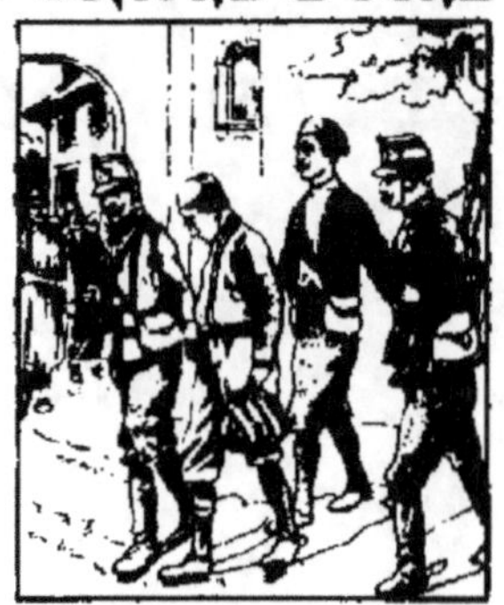

3. — On n'en pourrait dire autant de l'Autriche ! Comme ce grand empire n'est qu'une mosaïque de populations d'origines diverses, courbées sous un joug despotique, celles-ci ne répondent qu'avec répugnance à l'ordre de mobilisation et elles ne marchent que par peur du gendarme.

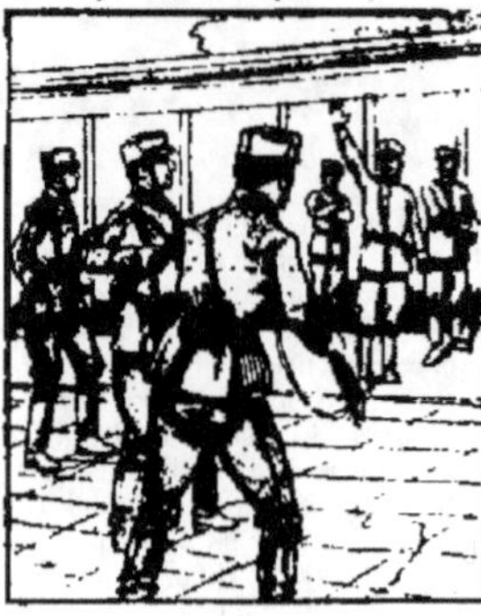

4. — La peur du gendarme ne suffit même pas à toujours les maintenir dans l'obéissance ! A preuve qu'il y a eu des révoltes de soldats d'origine tchèque dans plusieurs villes d'Autriche, entre autres à Prague et à Vienne.

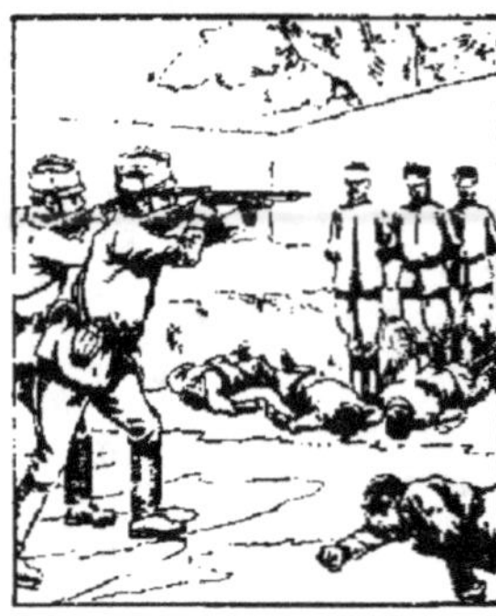

5. — Mais les malheureux régiments qui se mutinèrent aux cris de : A bas Guillaume ! A bas l'Autriche ! Vive la Russie ! payèrent cher leur désobéissance. Ils furent décimés sans pitié et grand fut le nombre des soldats fusillés.

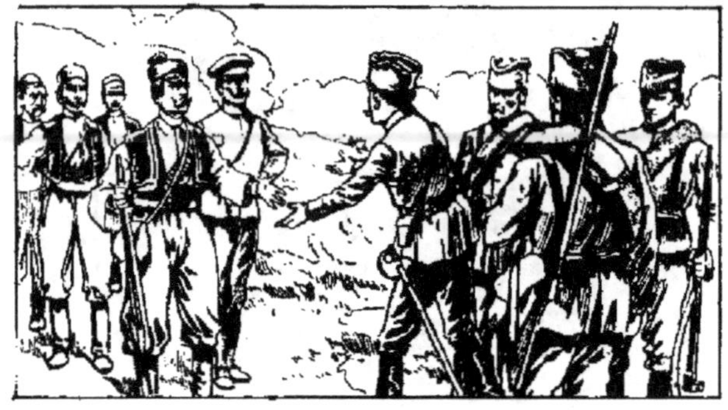

6. — Cet état d'esprit de l'armée autrichienne ne pouvant qu'exalter davantage les Serbes qui, quoique n'étant qu'un tout petit peuple, se préparèrent à défendre avec héroïsme la liberté de leur pays menacé par l'ogre autrichien. Tout de suite leur vint un appui qui, pour n'être pas colossal, n'en était pas moins appréciable : le tout minuscule Monténégro, le pays de la Montagne Noire, vint se ranger bravement aux côtés de la Serbie, en déclarant la guerre à l'ogre autrichien.

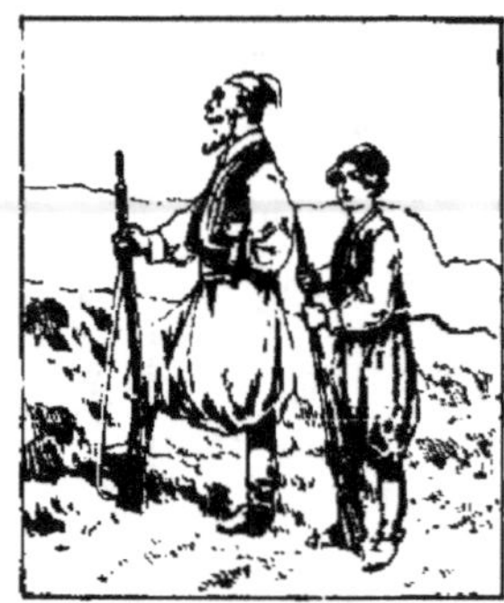

7. — Ils ne sont qu'une poignée, les montagnards du Monténégro, mais ils sont plus indomptables que des lions, leur plus grande joie est de guerroyer et, chez eux, tout le monde est soldat de 17 jusqu'à 60 ans.

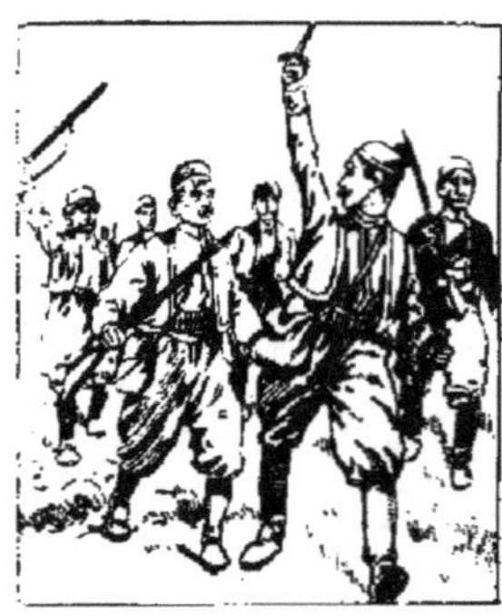

8. — Aussi c'est avec un entrain admirable qu'une première colonne de 4.000 Monténégrins marcha à la frontière, chassa les Autrichiens devant elle, leur prit plusieurs forteresses, entre autres Kessé, Klébouk et occupa les petites villes, à savoir Pacle, Trénovitch et Doudva.

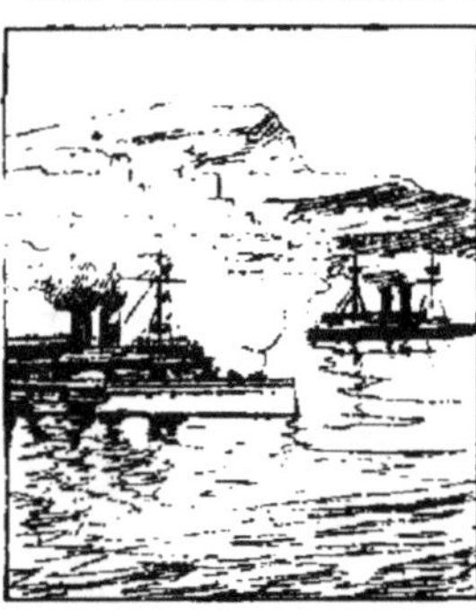

9. — Entre temps, deux vaisseaux de guerre autrichiens prenaient plaisir à bombarder le port monténégrin d'Antivari, action d'éclat d'autant moins méritoire que le Monténégro n'ayant pas de marine de guerre ne pouvait donner la chasse aux bateaux ennemis.

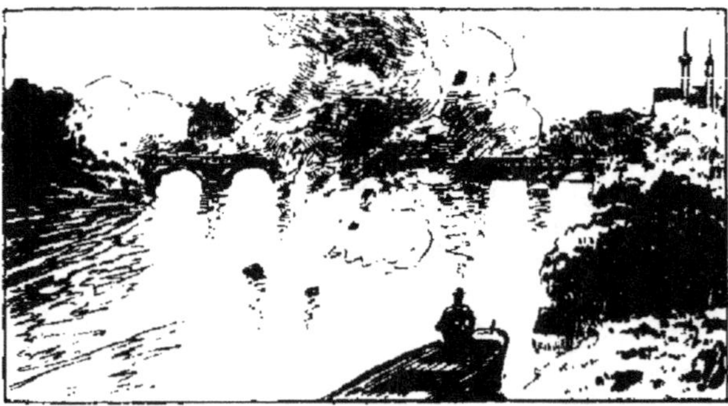

10. — De son côté, la Serbie ne restait pas inactive. Le premier soin de son gouvernement fut de se transférer à Nich et d'évacuer sa capitale, Belgrade, qui, située sur la rive droite du Danube, se trouve sous le feu des canons ennemis, car la rive gauche est territoire autrichien. En même temps, les Serbes faisaient sauter le pont sur le Danube, reliant Belgrade à Semlin, en Autriche. Seulement, l'opération ne réussit qu'à demi : le passage fut rendu impossible aux trains, mais non aux troupes à pied.

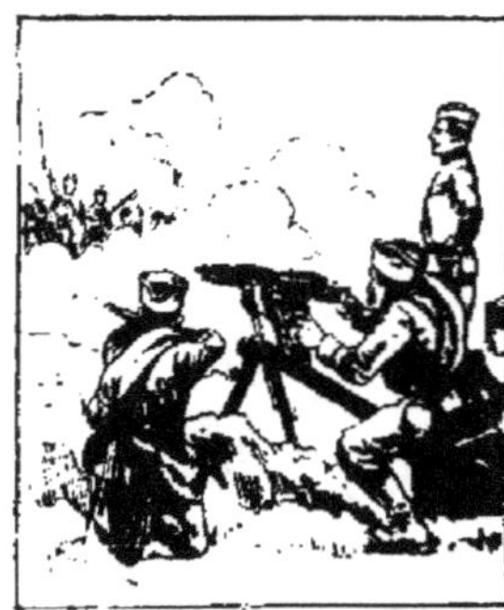

11. — Aussi quelques pelotons de soldats autrichiens s'aventurèrent sur le pont. Mais les Serbes faisaient bonne garde et ils les forcèrent à rebrousser chemin. Alors, ne pouvant passer, les autrichiens s'amusèrent à bombarder Belgrade.

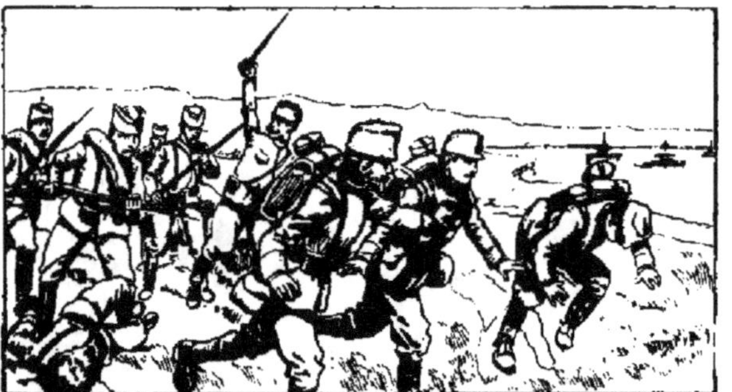

12. — L'armée autrichienne voulait cependant envahir la Serbie ! Elle fit donc d'abord deux tentatives à l'est de Belgrade : la première sur Smederevo, la seconde sur Grachidze. Ni sur un point, ni sur l'autre, elle ne put traverser le Danube et fut repoussée avec des pertes sérieuses. Sur ce, elle essaya l'envahissement à l'ouest, par la traversée de la Save, un affluent du Danube. Là encore elle ne put réussir, malgré que sa tentative fut appuyée par une force imposante de 12 monitors.

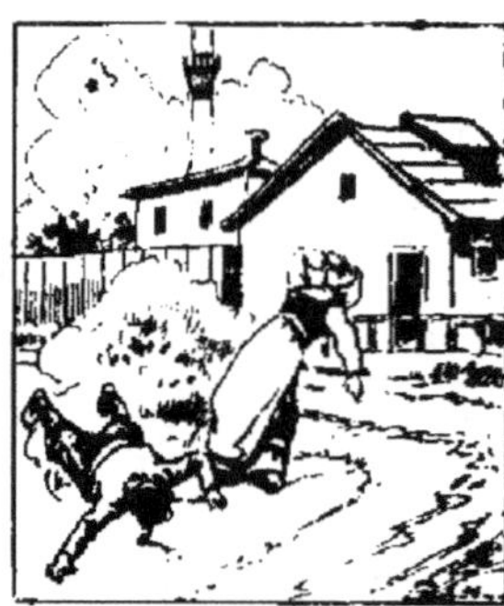

13. — Alors, par dépit de ses insuccès réitérés, l'armée autrichienne s'acharna au bombardement de Belgrade, pendant des jours et des nuits ! Bombardement peu difficile, car Belgrade est une ville ouverte. Les Autrichiens n'eurent donc que le plaisir d'y tuer de paisibles civils...

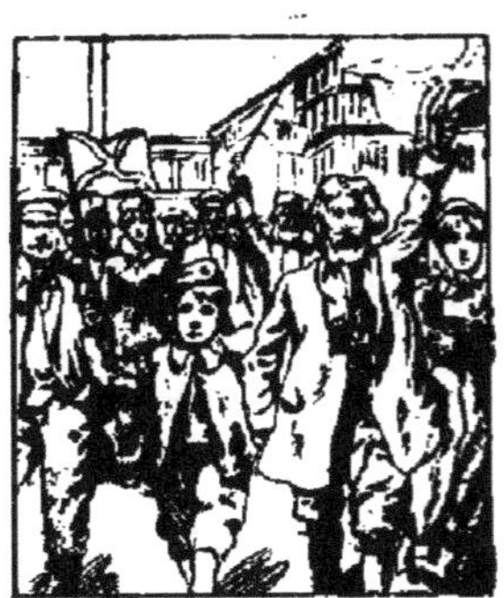

1. — Quand l'empereur des apaches, malgré toutes les propositions pacifiques du Tsar, déclara la guerre à la Russie ce fut, d'un bout à l'autre de l'immense empire, un frémissement général, un enthousiasme grandiose et sans précédent.

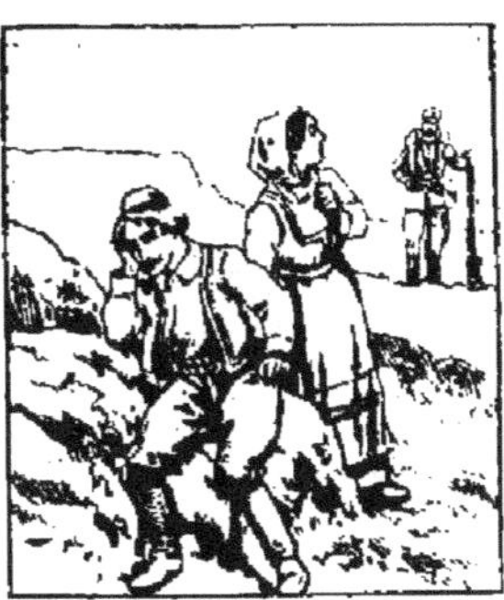

2. — Tous les Russes, boyards et moujiks, accueillirent la guerre avec joie et orgueil, car elle leur apparaissait comme la lutte pour la délivrance des serbes et de tous les peuples d'origine slave que l'Autriche-Hongrie tenait sous le joug.

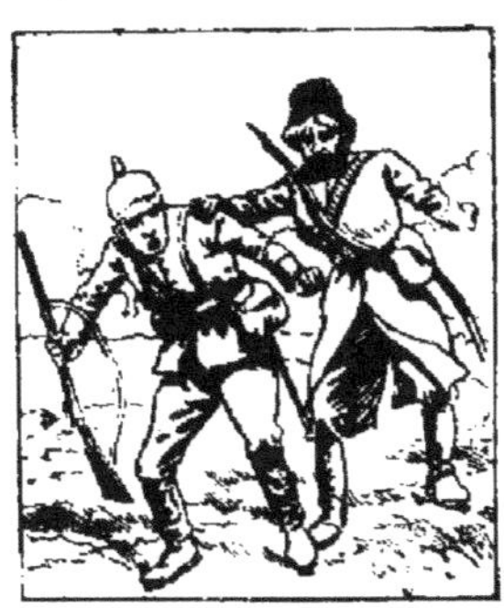

3. — Et puis, on allait chasser les Boches de Russie, ces affreux Boches, arrogants et durs dans, qui s'infiltraient, se tortillaient partout et qui, depuis trop longtemps, travaillaient pour germaniser la grande et sainte Russie.

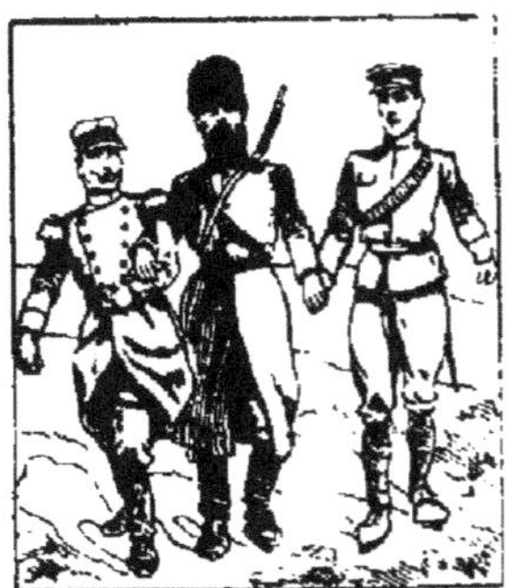

4. — Et dans cette nouvelle croisade contre la pieuvre allemande on marchait la main dans la main avec la noble et fidèle alliée, la France, tant aimée en Russie, ainsi qu'avec la reine des Océans, l'Angleterre.

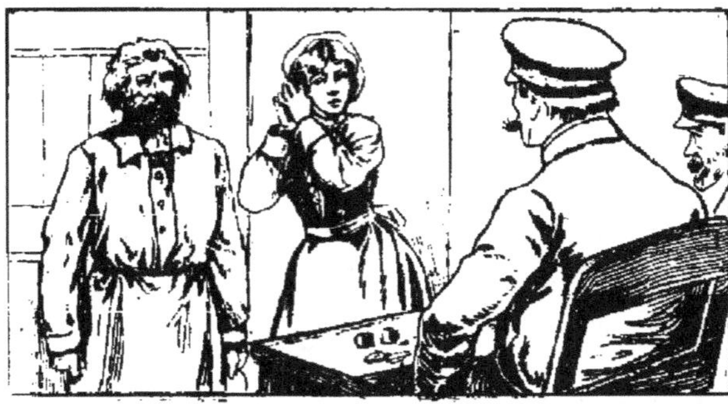

5. — Ce magnifique enthousiasme s'affirma par des souscriptions organisées partout en faveur des soldats. Tout le monde donna ! Les moins fortunés comme les plus riches, au point que quantité de femmes du peuple apportèrent en offrande leurs bijoux, et jusqu'à leurs alliances. Aussi, grâce à ce merveilleux élan patriotique qui animait toute la Russie, la mobilisation de l'innombrable armée du Tsar s'effectua avec une régularité, une méthode splendides et dans le minimum de temps qu'on pouvait espérer.

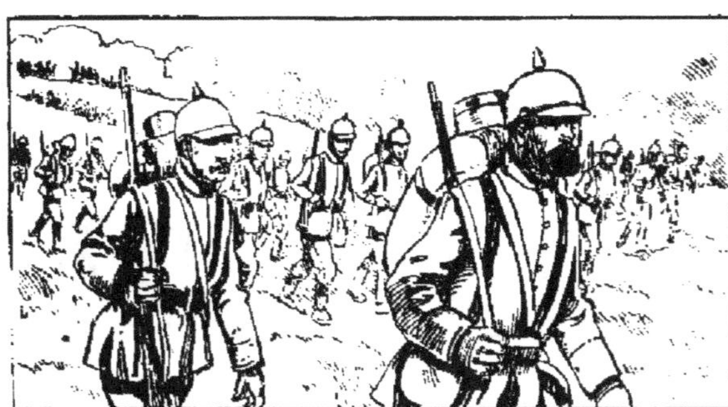

6. — Seulement, les énormes distances à parcourir et aussi l'insuffisance des voies ferrées ne permettaient pas une concentration de l'armée russe assez rapide pour lui permettre d'arriver à la frontière, en force suffisante, avant l'armée boche. C'est pourquoi, après quelques escarmouches au cours desquelles, malgré l'infériorité du nombre, les Russes se défendirent vaillamment, les hordes de l'empereur des apaches entrèrent en Pologne russe et commencèrent par occuper la ville de Kalisch, à quelques verstes de la frontière.

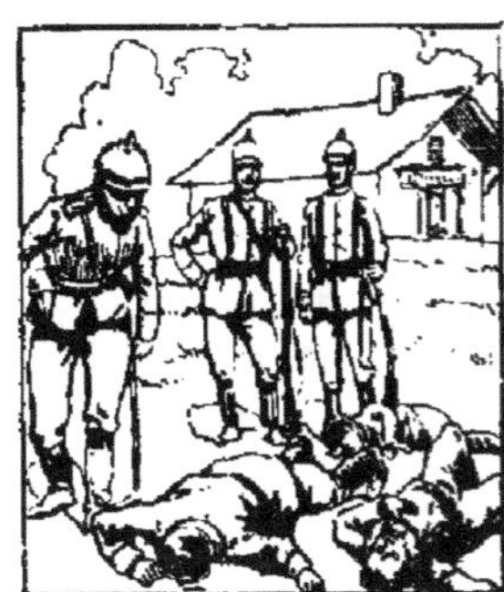

7. — Selon leur coutume, les Boches se comportèrent en pillards et en assassins. D'abord, ils frappèrent la ville d'une contribution de 50.000 roubles, puis, après avoir cambriolé un peu partout, ils fusillèrent le maire et plusieurs fonctionnaires.

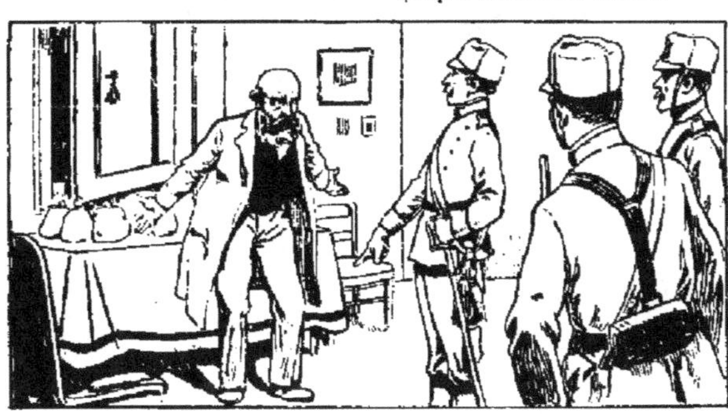

8. — De leur côté, les Autrichiens, profitant de ce que l'armée russe n'était pas encore mobilisée, passaient la frontière et occupaient la petite ville d'Andreef, où ils se livraient à mille atrocités, en dignes alliés des Boches. Leur premier soin fut d'extorquer une forte somme à l'echevin, un vieillard de 70 ans, mais, ayant trouvé insuffisante la somme qu'il leur offrit, ils l'enfermèrent dans sa maison, y mirent le feu et le brûlèrent vivant.

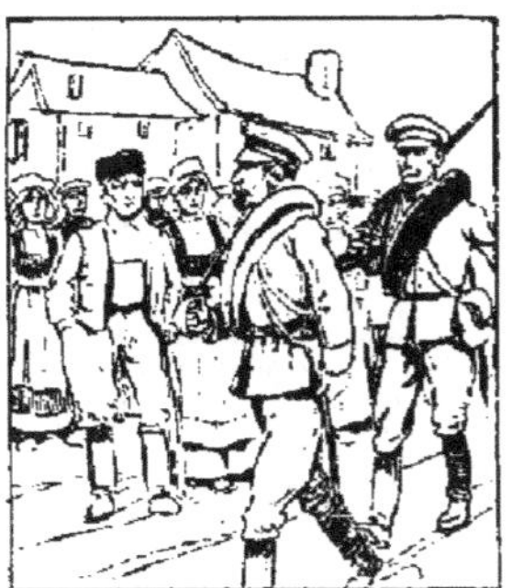

9. — Par contre, sur leur frontière nord, les Russes repoussèrent les Boches qui marchaient sur Kovno et, entrant en Prusse, ils occupèrent d'abord Eydkutnen, puis incendièrent ville après ville et dans les environs de Tilsit, ils mirent les Boches à la raison à maintes reprises.

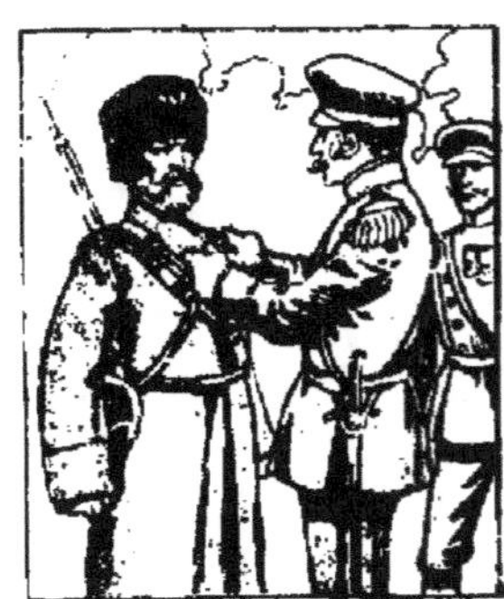

10. — C'est au cours de ces combats que fut décoré de la croix de Saint-Georges, le premier de la grande guerre, le cosaque Khoutchkow, pour avoir à lui seul tué onze Boches, non sans avoir reçu lui-même onze blessures heureusement peu graves.

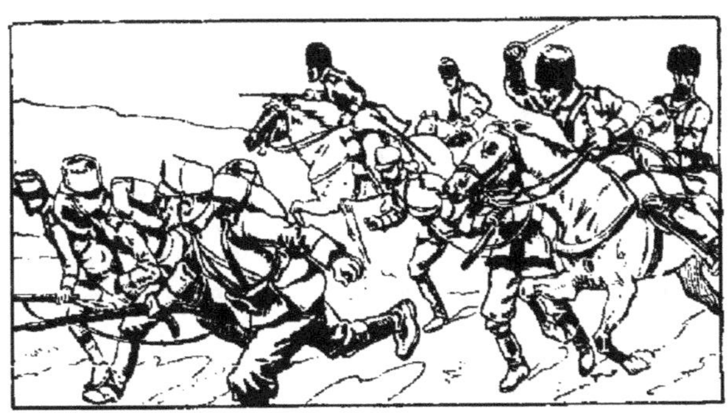

11. — Dans le même temps, sur la frontière sud, les avant-gardes russes refoulaient les Autrichiens à Satanof et, dans la vallée de la rivière Smotrich, ils leur infligeaient des pertes sérieuses et leur faisaient de nombreux prisonniers. A Sokal, autre rencontre défavorable aux Autrichiens, à la suite de laquelle nos alliés entraient en Galicie. Dans ce combat, des soldats de la landsturm autrichienne se distinguèrent par leur empressement à prendre la fuite, jetant leurs armes avant d'avoir tiré un coup de fusil.

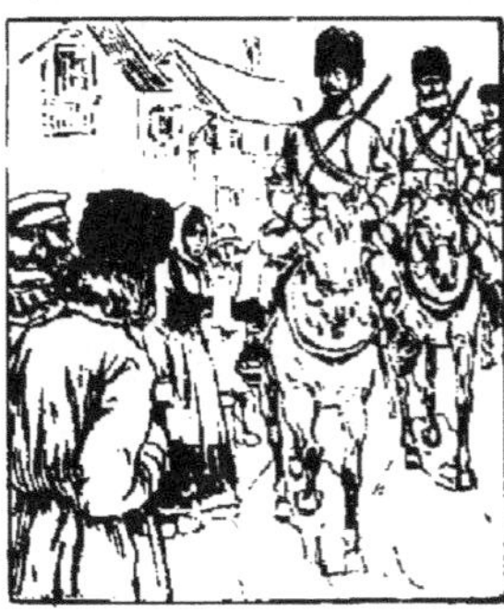

12. — A l'extrême sud, l'avant-garde russe, composée de plusieurs divisions, pénétrait dans la Bukovine, le 15 août, s'avançant vers Czernowitz, sa capitale, aux acclamations de la population ruthène qui les accueillait en libérateurs.

ORTEGA, LE HARDI PARTISAN

Ce soir-là, vers six heures, une foule nombreuse et bruyante se pressait dans la salle principale de l'auberge « El Caballero blanco », l'une des mieux achalandées du faubourg de la ville de Lima, capitale du Pérou.

L'hôtelier, métis colossal, répondant au nom de Sanchez, s'empressait ainsi que ses deux garçons, Pedro et Alphonse, à servir les clients.

Le Pérou était en proie à des troubles.

Huit jours auparavant, le général Diego à la faveur d'un pronunciamento (révolution militaire), avait renversé du pouvoir le général président Agostinez, lequel s'était retiré dans le Sud avec un grand nombre de ses partisans.

Diego et les siens, maîtres de la ville, en avaient profité pour emprisonner tous les citoyens dont l'enthousiasme leur paraissait tiède. La nuit précédente, le nouveau dictateur avait fait arrêter et conduire à la citadelle un homme du nom de Garcia, qui n'était rien moins, disait-on, qu'un émissaire secret d'Agostinez, venu à Lima pour fomenter une sédition.

Au plus fort des discussions qui se poursuivaient, entrèrent dans l'auberge deux hommes. L'un, beau garçon de vingt-cinq à vingt-six ans, portait avec aisance un riche costume d'haciendero. L'autre, de dix ans plus âgé, semblait être son domestique.

Tous deux allèrent s'asseoir dans le coin le plus obscur de la pièce enfumée et comme l'hôtelier Sanchez passait non loin de là, celui qui semblait être le maître l'appela d'un signe.

— Votre seigneurie désire? s'enquit l'autre.

— Deux verres de maté, puis à voix basse, l'étranger murmura :

— Libertad!

Sanchez réprima un tressaillement et répondit :

— Polivar.

Évidemment c'était là un mot d'ordre. Cependant l'étranger questionnait :

— Ils ont emprisonné Garcia à la citadelle, n'est-pas?

— Oui. Mais pourquoi es-tu venu?

— Pour le sauver, parbleu!

— On peut te reconnaître.

— Crois-tu?

— Qui, dans Lima, ne connaît Juan Ortega, le plus célèbre partisan du président Agostinez?

— Rassure-toi, brave Sanchez, ma barbe et ma moustache coupées suffisent à me rendre méconnaissable, puisque toi-même ne m'as pas reconnu.

— C'est vrai, convint l'autre.

— Et puis, poursuivait Juan Ortega qui sous l'ajustement de domestique deviendra notre brave Aamon?

— Personne, en vérité.

— Alors, sois sans crainte et sois nous.

Comme Sanchez s'éloignait, un homme de haute taille et en uniforme militaire entra dans l'auberge en faisant tinter bruyamment son sabre sur le plancher.

— Quel bon vent vous amène, capitaine Silva? s'écria joyeusement Sanchez.

— Ma foi, brave hôtelier, passant devant votre porte avec mon détachement descendu en ville pour un journée destinée à la garnison de la citadelle, j'ai voulu voir si votre tafia était toujours d'aussi bonne qualité?

— Vous avez bien fait, capitaine. C'est avec joie que je salue en vous le bras droit du général Diego, comme hardi qui a arrêté le conspirateur Garcia.

Aamon, en entendant ces mots, avait poussé du coude Juan Ortega.

— Oui, oui, j'entends, souffla celui-ci à voix basse.

Cependant, Sanchez continuait d'accabler de compliments le capitaine, lequel accueillait ces éloges comme une chose à lui due. Quelques secondes plus tard, l'hôtelier l'installait à la même table où déjà se trouvaient les deux partisans d'Agostinez.

— Capitaine, dit alors Juan Ortega, en soulevant courtoisement son feutre, permettez-moi de boire à votre santé et à celle du général Diego.

La conversation engagée de la sorte ne pouvait manquer de se prolonger, surtout avec un homme aussi vain que semblait l'être Silva. Dix minutes plus tard, Juan, Aamon et lui étaient devenus d'excellents amis et le rhum coulant à larges rasades, cimentait la nouvelle connaissance.

Sanchez, qui ne quittait pas de l'œil le groupe, échangeait de temps en temps des regards d'intelligence avec Ortega.

Dans la rue devant l'auberge, les cavaliers du capitaine, entourant une quinzaine de fourragères, ordonnant chargées, commençaient à s'impatienter.

Enfin Silva se leva et, après avoir serré fortement la main de ses nouveaux amis, se dirigea en titubant vers la porte.

— Alors, à demain! cria encore Ortega.

— Oui à demain, promit le capitaine, et il sortit.

Sanchez s'était vivement approché des deux partisans.

— Eh bien! murmurait-il.

— J'ai mon idée, répliqua Juan.

— Qu'as-tu décidé? interrogea l'hôtelier.

— Comme tu l'as sans doute remarqué, dit l'hacienquiero tandis que Silva buvait, Aamon et moi nous avons fait le tablie du contenu de nos gobelets.

— Une fois Silva ivre, il ne nous a pas été difficile

de tirer de lui les renseignements dont nous avions besoin.

— Qu'as-tu appris sur Garcia?

— La cour martiale l'a condamné ce tantôt à la peine de mort. Il sera fusillé demain à la pointe du jour dans les fossés de la citadelle et en attendant, on l'a enfermé dans une des chambres situées au troisième étage de la tour centrale, celle qui porte le numéro 17.

— Diable!

— Il faut donc que nous le sauvions cette nuit.

— Mais comment pénétrer dans la citadelle?

— Tout en faisant bavarder Silva, j'ai conçu un plan...

— Dis voir!

— Non, cela nous ferait perdre un temps précieux. Êtes-vous prêts à m'obéir aveuglément?

— Oui, répondit fermement Aamon.

— J'appartiens corps et âme à la cause d'Agostinez, déclara Sanchez.

— Alors, voici mes ordres, déclara Ortega avec autorité. Toi, Sanchez, envoie ton garçon Pedro me chercher une fourragère pleine de paille. Pendant ce temps, Aamon remontant à cheval, ira chercher les vingt cavaliers qui nous attendent dans la forêt de San-Cristobal, puis tu les conduiras dans le petit bois situé à une portée de fusil au nord de la citadelle. Soyez-y sans faute sur le coup de minuit.

— Que comptes-tu donc faire?

— Ceci est mon secret.

Sur ces mots, les trois compagnons se séparèrent.

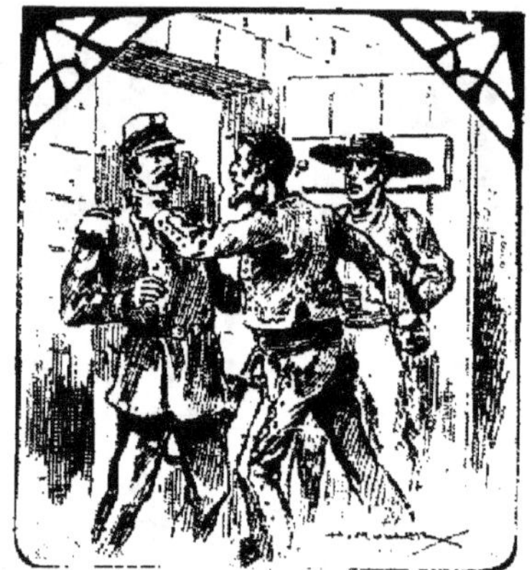

Il faisait presque nuit noire, lorsque la sentinelle de garde à la citadelle aperçut une fourragère attelée de deux chevaux qui gravissait en hâte la côte conduisant au fort.

Quand la voiture fut à portée de la voix, le soldat poussa un retentissant :

— Qui vive!

Le charretier arrêta ses chevaux.

Puis, s'étant approché du soldat, cet homme qui n'était autre que Pedro, le garçon de l'auberge « El Caballero blanco », expliqua à la sentinelle que cette fourragère faisant partie du convoi amené par le capitaine Silva, avait été oubliée à la porte de l'hôtellerie de son maître.

Quelques instants après, le sous-officier commandant le poste mis au courant de l'incident, donna l'ordre de baisser le pont-levis pour faire entrer la voiture.

— Conduisez-la dans la citadelle cour. On la déchargera demain, ajouta-t-il.

Pedro obéit et moins d'un quart d'heure plus tard, il reprenait le chemin par lequel il était venu.

Peu à peu, tout bruit s'éteignit dans le fort, où maintenant chacun dormait. Seule une lumière brillait à l'une des fenêtres de la tour centrale. C'était là que se trouvait Garcia, le condamné, homme de trente-cinq ans environ, à l'air fier, au visage énergique. Longtemps, il demeura absorbé. Enfin, haussant les épaules, il murmura :

— Agostinez et les siens m'abandonnent. Allons, tout est fini, il ne me reste plus qu'à mourir.

A ce moment, onze heures sonnèrent à une horloge voisine. Un éclair déchira le conte sombre des cieux et un formidable coup de tonnerre sembla répondre lugubrement aux vibrations du bronze.

De larges gouttes de pluie ne tardèrent pas à fouetter les vitres de la cellule du prisonnier. Celui-ci, à pas lents, vint s'appuyer son front brûlant, sondant du regard l'obscurité extérieure.

Cependant, dans la grande cour de la citadelle, la fourragère de Pedro formait une masse sombre. Soudain, la paille qui l'emplissait s'agita doucement et une tête d'homme apparut.

C'était Juan Ortega, l'audacieux partisan.

Se dirigeant vers les murailles où l'ombre se faisait plus épaisse, il gagna lestement le pied de la tour centrale.

La lumière brillant dans la chambre de Garcia, le guidait, tel un phare.

Comme le condamné allait quitter sa fenêtre, un caillou, lancé d'en bas, heurta la vitre.

— Qu'est-ce? murmura le prisonnier, et, sans bruit, il fit jouer l'espagnolette.

Un autre caillou vint alors rouler à ses pieds. Une ficelle y était fixée, ainsi qu'un billet conçu en ces termes :

« Mon cher Garcia, tire cette ficelle à laquelle sont attachés une corde à nœuds et un petit paquet où tu trouveras une forte lime et une scie à métaux. Supprime l'un de tes barreaux et viens me rejoindre... Signé : Juan Ortega. »

La lecture de ces lignes fit bondir de joie le cœur du prisonnier. Il se dépêcha de se conformer à l'avis qui s'y trouvait et bientôt il attaquait les barres de fer obstruant la fenêtre.

En bas, dans l'ombre, Juan Ortega, immobile, attendait.

Enfin, la voix étouffée de Garcia lui parvint.

— C'est toi, ami, disait le prisonnier.

— Alors, descends!

Et Ortega raidit le bas de la corde.

La lumière s'éteignit dans la cellule et quelques secondes plus tard, les deux amis se serraient la main en silence.

— Filons vite! commanda à voix basse Juan. Garcia et lui se dirigèrent alors rapidement vers le talus dominant le fossé du fort.

Au-dessus d'eux, le ciel, lavé par l'orage, resplendissait et la lune en son plein épandait à flots sa lumière douce et argentée.

Comme on le pense bien, cette clarté contrariait fort les deux fugitifs. Pour gagner le bord du fossé, il leur fallait traverser un espace découvert où l'on y voyait comme en plein jour.

Parvenus à l'angle des bâtiments et avant d'en quitter l'ombre protectrice, Juan et Garcia s'arrêtèrent pour examiner les alentours.

Soudain, Ortega sent la muraille, à laquelle il est appuyé, céder lentement.

C'est une porte, elle s'ouvre.

Un homme paraît.

Le conspirateur fait un bond en arrière.

— Que faites-vous ici? demande une voix menaçante que Ortega reconnaît pour être celle du capitaine Silva.

Celui-ci aussi l'a reconnu, car il ajoute :

— Rendez-vous, aimable buveur, ou je vais vous brûler la cervelle.

Rapide comme l'éclair, la pensée de Juan lui montre le danger. Silva va tirer, des soldats vont accourir, lui et Garcia seront pris.

Sa main étreint le manche du court poignard qu'il porte à sa ceinture.

Tout à coup, le bruit sourd d'une chute retentit aux oreilles de Garcia.

Garcia, comprenant le péril, vient de sauter à la gorge de Silva.

Celui-ci, surpris, a roulé à terre.

— Viens m'aider à le nouer et à le bâillonner, murmura Garcia.

— S'il va pousser un cri, rapide nous ne peut en profiter un seul.

Par malheur, entonne dans sa gorge, l'étouffe à demi. En un tour de main il est nœuds, et ses adversaires se jettent dans un coin obscur.

— Maintenant, en route! ordonne Garcia du poste où peut avoir entendu le cri d'alarme poussé par cet homme.

Tout courant, les fugitifs escaladèrent le talus.

Et, à l'aide d'une longue corde à nœuds et très solide que Ortega portait roulée autour de lui, ils purent atteindre le bord du fossé, puis rampant le long des pentes gazonnées, ils remontèrent de l'autre côté.

— Enfin, libres! s'écria Garcia en se redressant. A ce moment, une détonation éclata derrière lui et une balle siffla à son oreille.

S'étant retourné, il aperçut une silhouette debout de l'autre côté du fossé.

— Fuyons! s'écria Ortega.

En effet, il fallait se hâter.

Dans le fort, on entendait des bruits indiquant que la garnison, réveillée en sursaut, prenait les armes.

Garcia et Ortega s'élancèrent en avant, salués encore par deux coups de feu, qui, heureusement, ne les atteignirent pas.

Là-bas, vers la poterne du fort, un bruit de chevaux annonçait que la poursuite allait commencer.

Alors Ortega, réunissant ses mains en cornet autour de ses lèvres, poussa par trois fois le cri du jaguar.

A ce signal, une troupe de cavaliers surgit d'un petit bois voisin.

C'étaient Aamon et les siens, exacts au rendez-vous.

Les fugitifs sautèrent en selle et, faisant demi-tour, ils partirent au galop, suivis de leur escorte.

Vers le milieu du jour, après une course effrénée, ils atteignaient le camp du président Agostinez.

C'est ainsi que, grâce au dévouement et à l'audace de Juan Ortega, le hardi partisan, Garcia échappa miraculeusement à la mort.

PAUL DARCY.

LES MALICIEUX KETJES (Suite.)

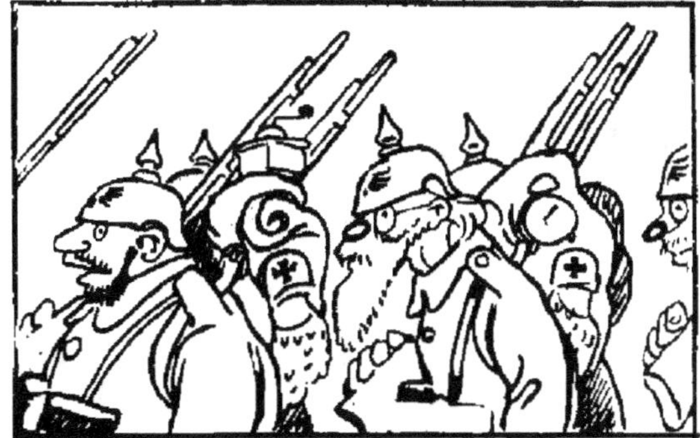

1. — Un dimanche matin, Jef et Karl, ayant vu une compagnie de landturm se dirigeant vers les faubourgs de Bruxelles pour y faire l'exercice, ne trouvèrent rien de mieux que de lui emboîter le pas. Lorsque la compagnie fut arrivée sur le terrain qui avait été choisi pour manœuvrer, l'exercice commença aussitôt. Les deux Ketjes se payaient si ostensiblement la tête des Boches qu'un...

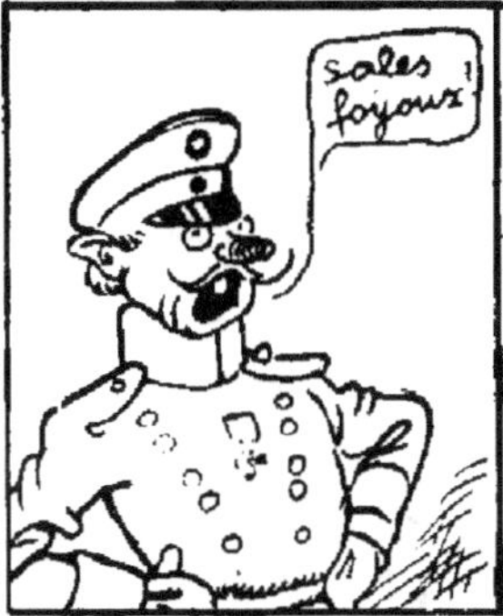

2. — ... des sous-officiers qui les commandaient vociféra : « Sales voyous ! si vous ne déguerpissez pas au plus vite, je vous fais jeter en prison. » Sous l'effet de cette menace, les deux amis s'étaient éloignés, mais il ne devait pas...

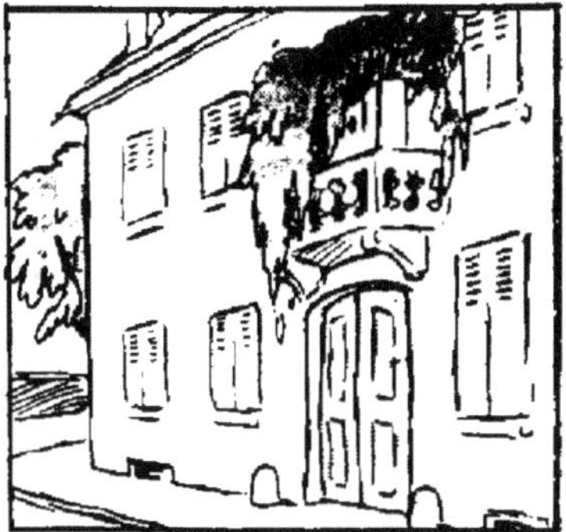

3. — ... aller bien loin. Une maison à un étage, garnie d'un balcon et qui paraissait abandonnée, se trouvait à proximité. Jef et Karl s'y réfugièrent et la visitèrent de fond en comble. Au premier étage, dans une chambre ils remarquèrent un grand sac...

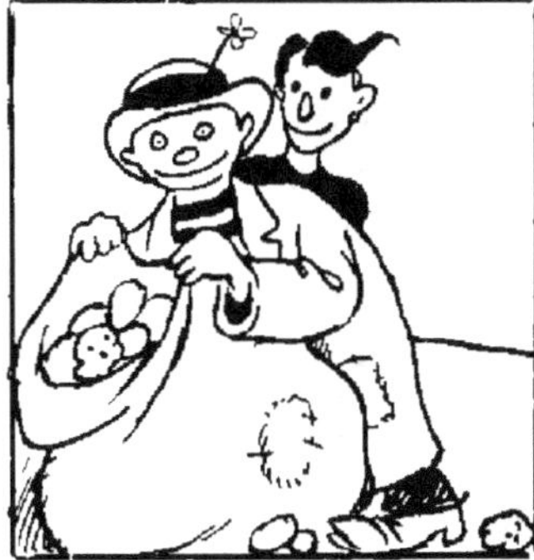

4. — ... rempli de pommes de terre presqu' toutes moisies. Ils cherchaient à quelle farce ils pourraient bien employer ces patates quand la compagnie reçut l'ordre de s'aligner en rang de bataille devant la maison. Jef et Karl, voyant que les...

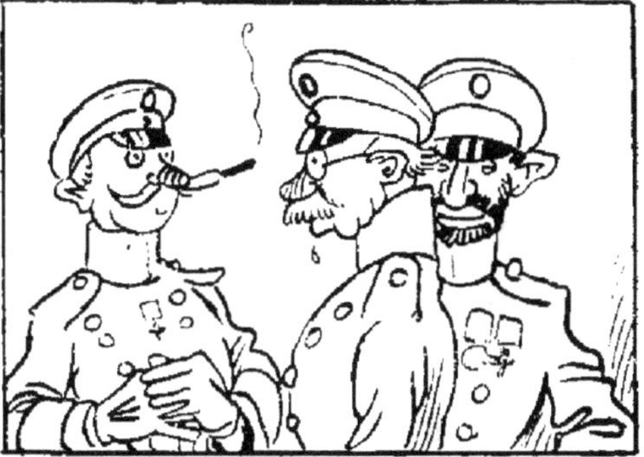

5. — ... sous-officiers occupés à causer entre eux ne s'inquiéteraient pas de leurs hommes et que les Boches, en rangs serrés, tournaient le dos à la maison, inventèrent sur-le-champ un jeu d'adresse. Ce jeu consistait tout simplement à savoir lequel des deux piquerait le plus de patates sur les casques à pointe des Allemands.

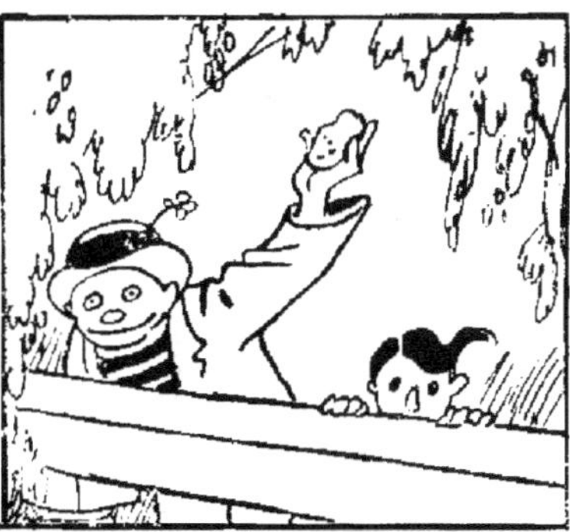

6. — Ceux-ci se demandaient quels pouvaient bien être les audacieux qui se permettaient de les lapider avec des pommes de terre, mais asservis par la discipline germanique, brutale et inflexible, ils restaient figés au port d'arme, sans oser faire un mouvement. Quelques-uns...

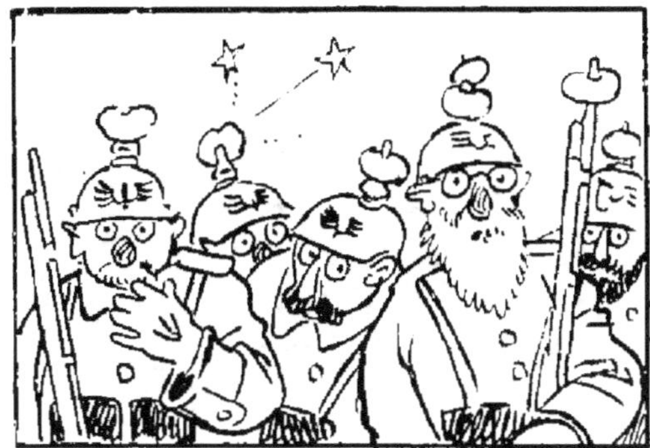

7. — ... s'étaient risqués à tourner la tête, mais Jef et Karl, prévenant leur geste, se cachaient vivement derrière la balustrade en bois du balcon, garnie de feuillage. Beaucoup de casques se trouvaient déjà munis de ces singuliers protège-pointe et les deux ketjes auraient sans doute continué ce jeu jusqu'à épuisement complet des projectiles...

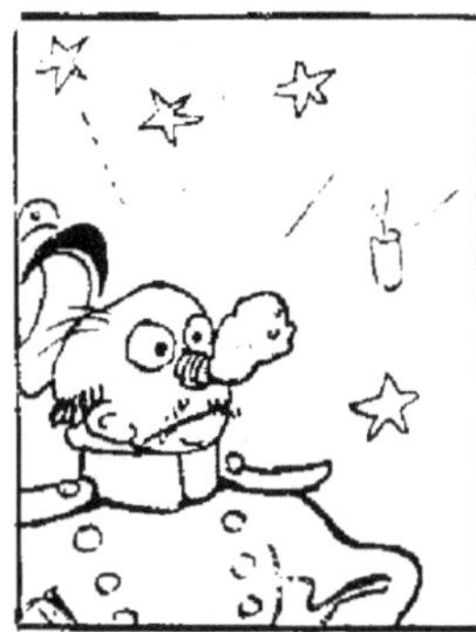

8. — ... est une pomme de terre, trop vigoureusement lancée, n'alla point frapper le sergent en plein visage et ne lui avait occasionné un abondant saignement de nez. Prévoyant les...

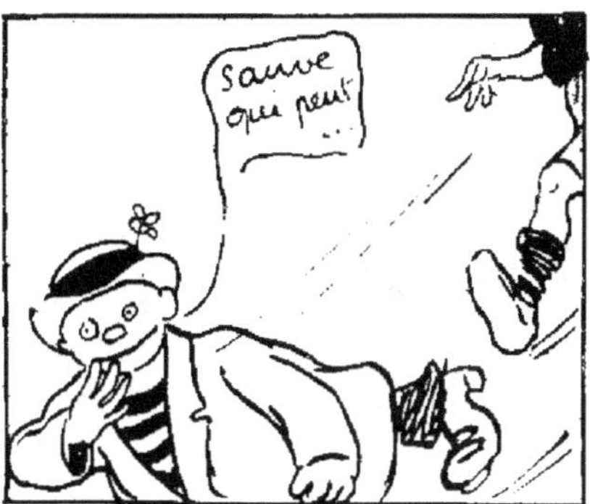

9. — ... conséquences de cette maladresse, Jef et Karl ne s'attardèrent point davantage dans la maison et descendirent quatre à quatre l'escalier, ils se sauvèrent à toutes jambes cependant que les sous-officiers ordonnaient à leurs hommes de cerner la maison et de faire feu sur le premier...

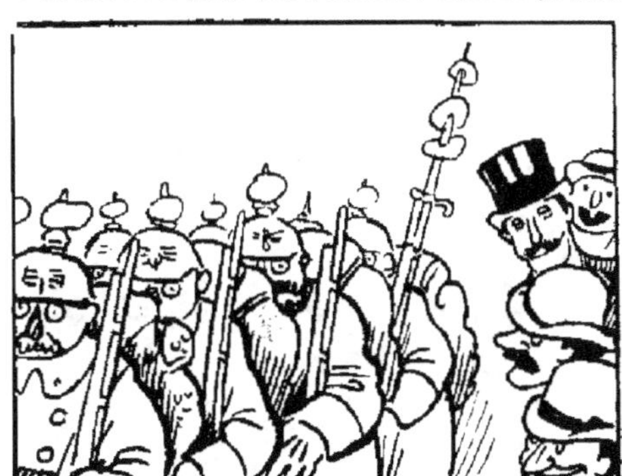

10. — ... qui se montrerait. Dans leur fuite, par des ruelles détournées, les deux amis apprirent aux habitants que les Boches garnissaient la pointe de leurs casques avec des patates. Ceux-ci accoururent en foule sur le terrain de manœuvres pour assister à ce curieux spectacle. Jef et Karl, un peu plus loin, voyant deux Boches de corvée allant au ravitaillement avec une...

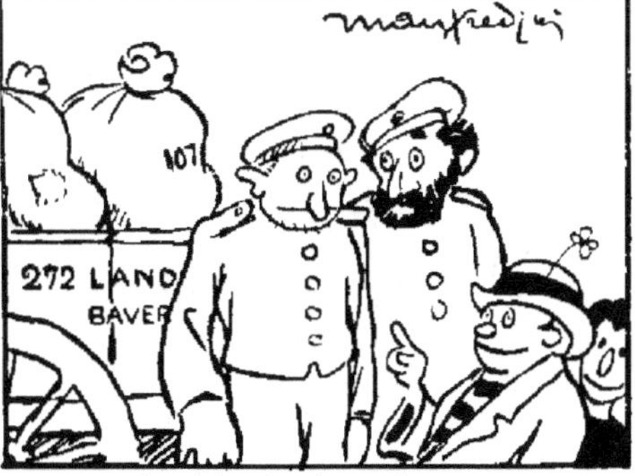

11. — ... voiture à bras, leur dirent : « Pour une fois, savez-vous, il faut vous dépêcher d'aller chercher les pommes de terre que vos kamarades ont ramassées sur le terrain de manœuvre. C'est le kapraine qui nous a chargés de faire cette commission. » Mais en fait de pommes de terre, les deux fantassins récoltèrent une sévère aubade et quatre jours de prison pour avoir ajouté foi à la parole...

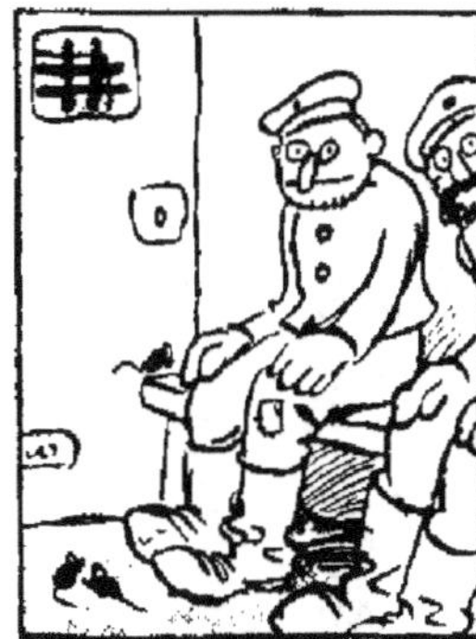

12. — ... de deux gamins bruxellois enchantés d'avoir trouvé cette occasion de tourner les troupes impériales en ridicule pour amuser une population qui ne leur cachait point son hostilité.
(A suivre)

LA RÉSURRECTION DE LA POLOGNE

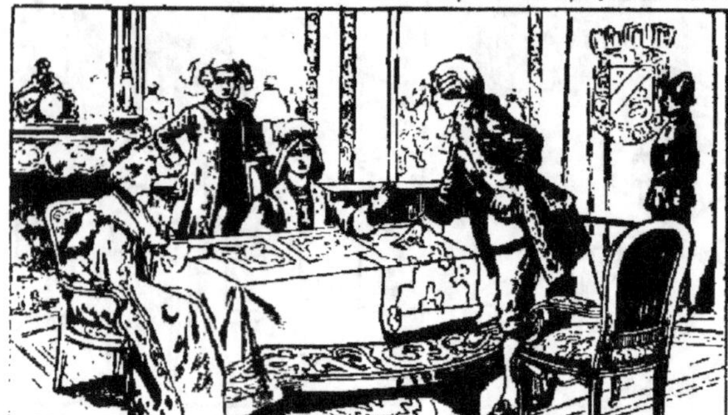

1. — C'est en 1772 que, sur l'initiative du roi de Prusse, Frédéric II, dit le Grand, s'effectua le premier dépeçage de la Pologne : Frédéric II en prit un morceau et Catherine impératrice de Russie et Marie-Thérèse d'Autriche s'en adjugèrent chacune une part. Mais, comme dit le proverbe, « l'appétit vient en mangeant... », or, pour justifier ce proverbe, les trois dépeceurs de la Pologne, trouvant chacun leur part trop petite, s'avisèrent de procéder à un second partage en 1793.

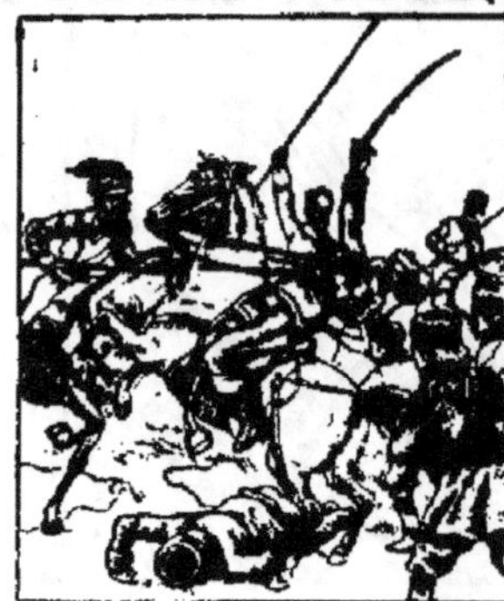

2. — L'année d'après, en 1794, après que le héros de l'indépendance polonaise, Kosciusko, et les hardis compagnons qui avaient pris les armes à son appel, eurent été écrasés par la Prusse et la Russie, il fut procédé à un troisième et définitif partage de la Pologne.

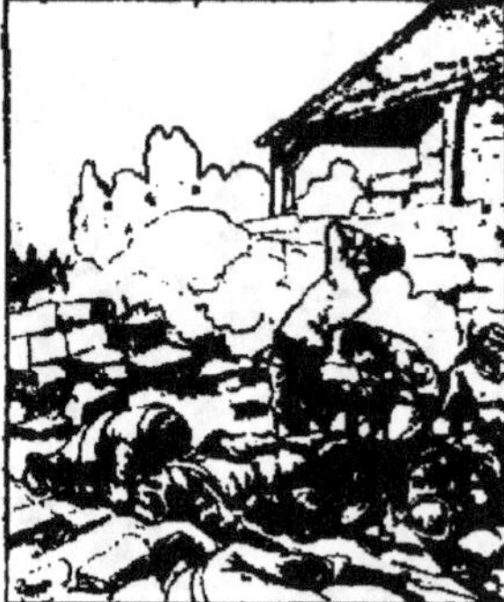

3. — Depuis lors, la Pologne a été écrasée. En 1830, galvanisés par notre révolution de juillet, les Polonais se soulevèrent bien à nouveau, mais, malgré toute leur vaillance, ils ne purent se libérer du joug qui les écrasait.

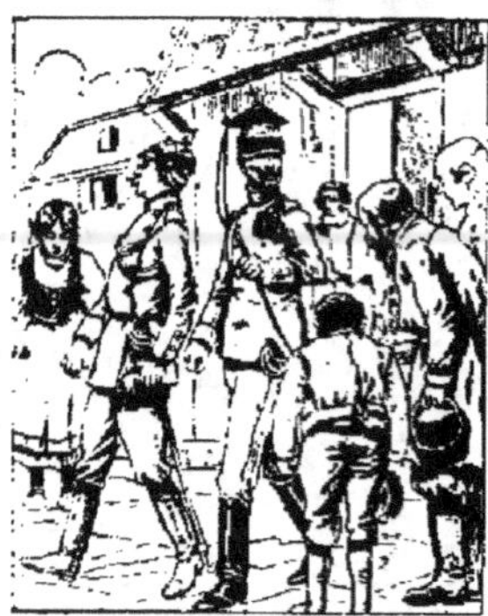

4. — En 1863, les Polonais tentèrent encore une révolte... sans plus de succès que précédemment! Et, depuis lors, autant dans la Pologne autrichienne que dans la Pologne prussienne, la pesante main des oppresseurs se fit durement sentir.

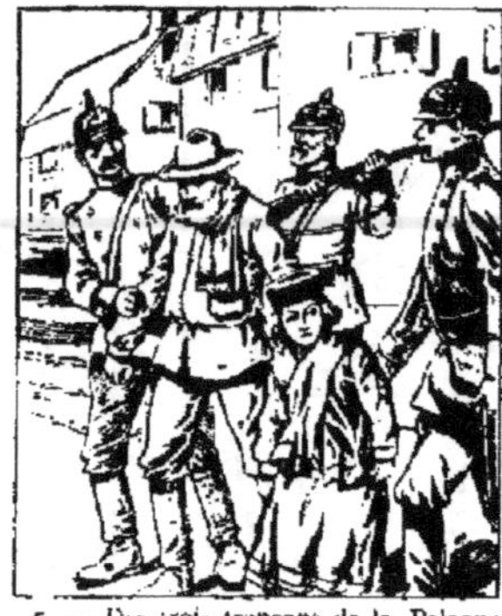

5. — Des trois tronçons de la Pologne, celui devenu prussien a eu grandement à souffrir, car les empereurs boches se sont ingéniés à redoubler de sévérité et de persécutions, sans cependant parvenir à extirper du cœur des Polonais l'amour de leur patrie.

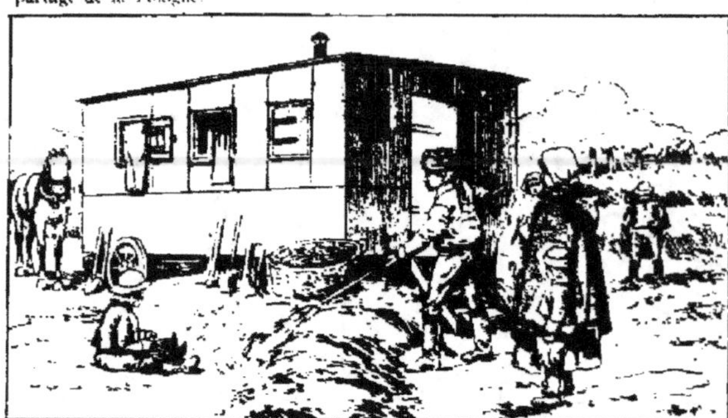

6. — C'est au point que, dans l'espoir de forcer les Polonais à émigrer de leur pays, sur lequel on transplanterait des Boches afin de la germaniser, la loi prussienne leur a interdit de construire des maisons sur leur propre terrain. Pour protester contre cette loi draconienne, et pour esquiver l'interdiction de se bâtir une chaumière, le laboureur polonais Drzymala de Rakoniewice s'est construit une roulotte qu'il a installée sur un de ses champs et dans laquelle il loge avec sa famille.

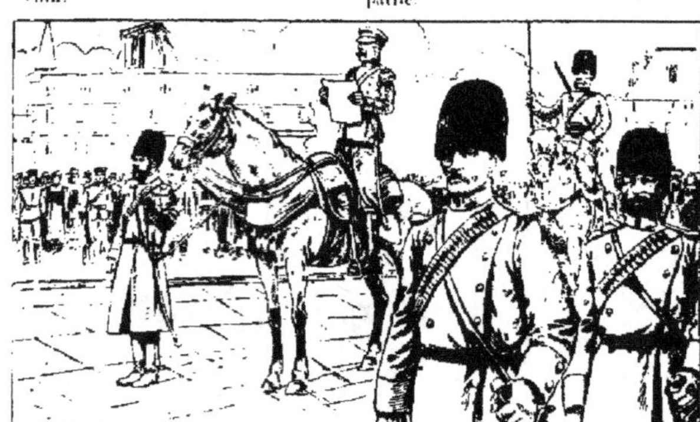

7. — Or, voici que la Pologne, qui paraissait morte à jamais en tant que nation, va ressusciter plus vivante et plus brillante que jamais. Elle va, comme Lazare, soulever la pierre de son tombeau et en sortir resplendissante d'une nouvelle jeunesse. Et cela, grâce au Tsar, qui dès les premiers jours de la guerre, le 15 août, fit publier une proclamation aux Polonais de Russie, d'Autriche et d'Allemagne pour leur annoncer qu'il faisait cause leur cause et qu'il allait refaire une nation des tronçons de la Pologne meurtrie.

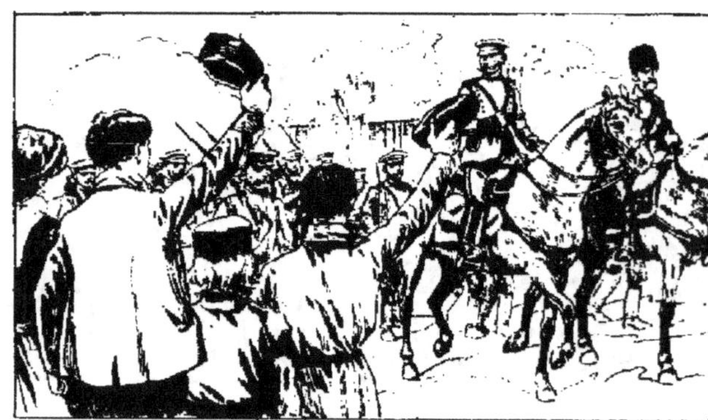

8. — « Il y a un siècle et demi, leur a-t-il dit, la Pologne fut déchirée en morceaux, mais son âme ne mourut pas! L'heure de sa résurrection a sonné! Les troupes russes sont en marche pour vous apporter la bonne nouvelle! La Pologne va renaître! Libre dans sa religion, dans sa langue et dans son autonomie. Le cœur ouvert et la main fraternellement tendue, la Grande Russie vient à votre rencontre... »

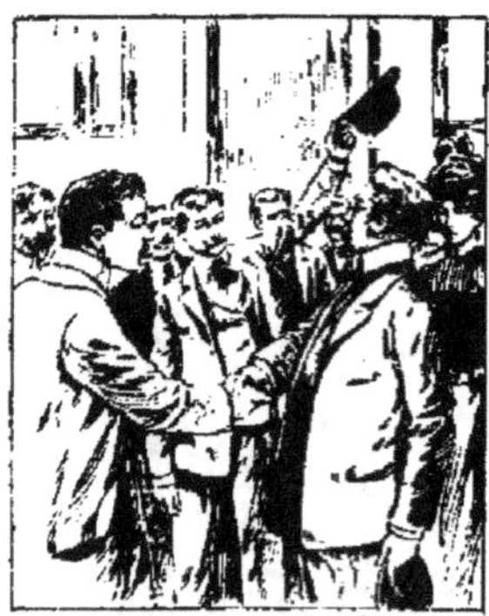

9. — Cette proclamation éclata comme un coup de tonnerre sur l'Europe. Les Polonais exilés — et ils sont nombreux... en France... [illegible]

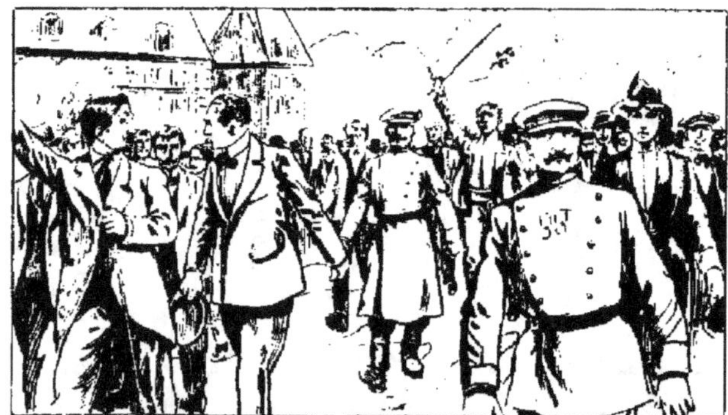

10. — Mais, ils ne se sont pas contentés de faire des vœux platoniques! Ils paient de leur personne! En France, quantité de réfugiés polonais se sont enrôlés dans nos armées et, aux États-Unis et au Canada, c'est par milliers et milliers que les volontaires s'embarquent pour aller combattre en Russie. En Russie, pour que les Polonais se sentent déjà une nation, on crée des régiments polonais qui seront vêtus de l'uniforme de la vieille armée polonaise, arborant le drapeau... avec au milieu l'aigle de la Pologne.

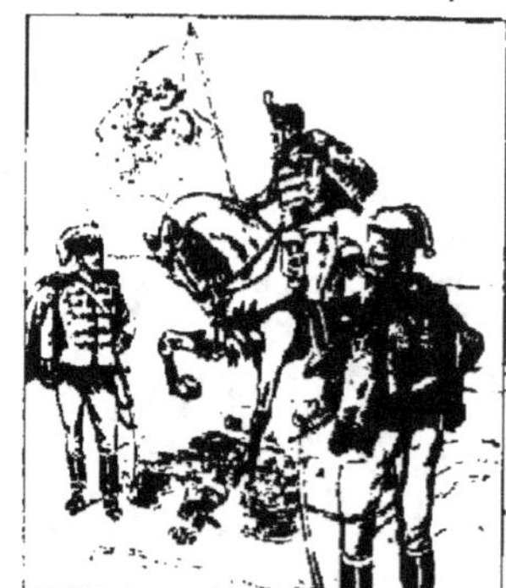

11. — Aussi, l'espoir gonfle les cœurs... ses descendants de Kosciusko... d'entre eux n'a oublié la prédiction de Bismarck : quand l'aigle... [illegible]

Numéro 7. — 25 Avril 1915.   10 Centimes.   TOUS LES DIMANCHES

ABONNEMENTS
Seine, Seine-et-Oise.. 6 fr.
Départements .... 7 fr.
Étranger .... 9 fr.

ADMINISTRATION
3, rue de Rocroy
PARIS (X°)

LA JEUNE FRANCE
HISTOIRE ILLUSTRÉE DE LA GUERRE 1914-1915

LA FRANCE ET L'ANGLETERRE VIENNENT AU SECOURS DE LA BELGIQUE

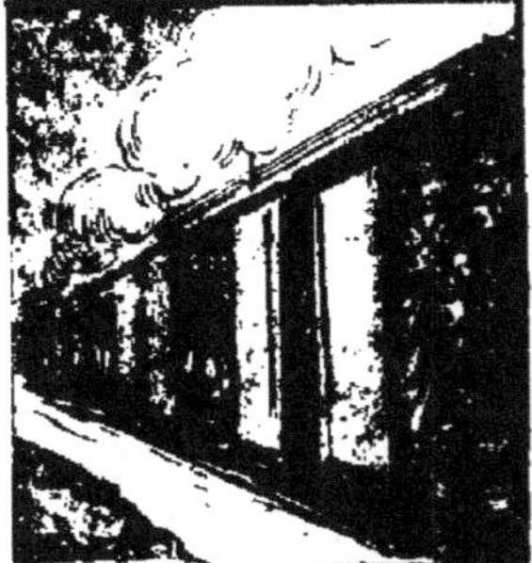

1. — La France, nation de loyauté confiante dans les traités, avait massé ses armées uniquement à l'Est. Or, quand le crime contre la Belgique fut accompli elle dut protéger sa frontière nord, c'est pourquoi le général Joffre expédia, de suite, des trains vers la Belgique.

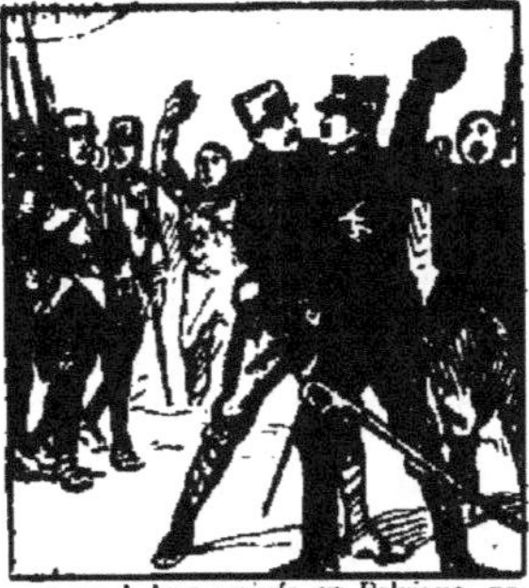

2. — A leur arrivée en Belgique, nos poilus furent accueillis avec enthousiasme et lorsque se fit leur réunion avec l'armée belge, les officiers se donnèrent mutuellement l'accolade tandis que les braves soldats du roi Albert entonnaient la Marseillaise.

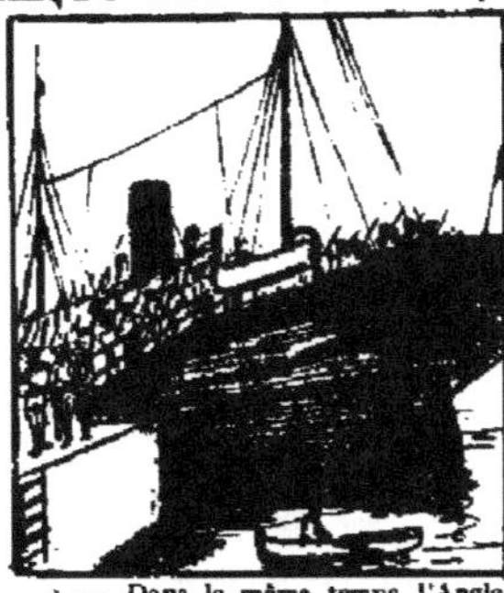

3. — Dans le même temps, l'Angleterre, que la mauvaise foi et la scélératesse de l'empereur des Apaches avaient indigné, débarquait des troupes à Zeebrugge, pour coopérer avec l'armée belge et l'armée française à la défense de l'héroïque Belgique.

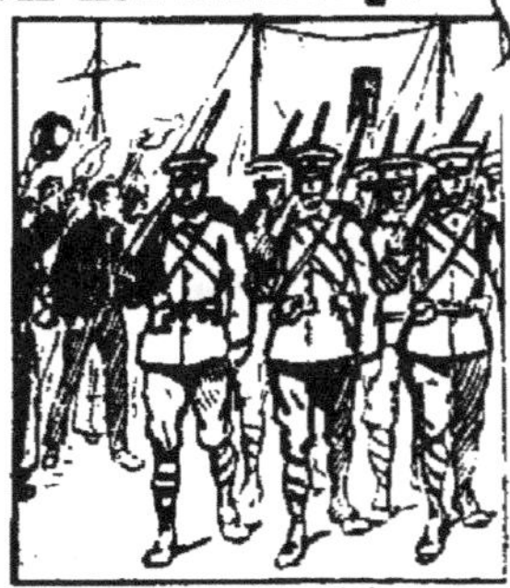

4. — Les Tommys anglais furent aussi chaleureusement accueillis que nos soldats. A leur débarquement les belges massés par milliers sur le port les acclamaient, et chantaient en chœur la Brabançonne et fredonnaient quelques bribes du God save the King.

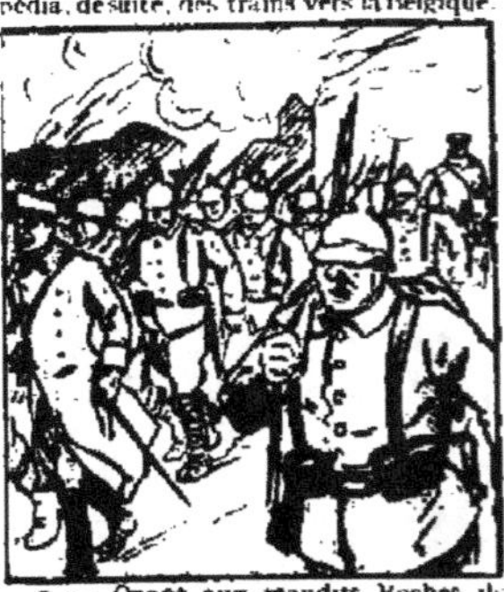

5. — Quant aux maudits Boches, ils ne perdaient pas de temps. Exaspérés par la résistance imprévue de Liège, ils ruaient à travers la Belgique en contournant l'indomptable cité, au nord vers Tongres et au sud vers Huy.

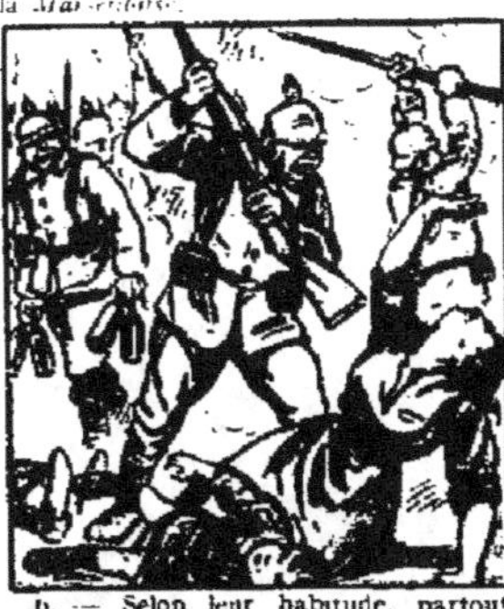

6. — Selon leur habitude, partout où passaient les bandits de l'empereur des Apaches ils pillaient, ravageaient, incendiaient et assassinaient... ainsi au village de Warsage ils fusillèrent douze habitants devant toute la population, réunie par ordre sur la place communale.

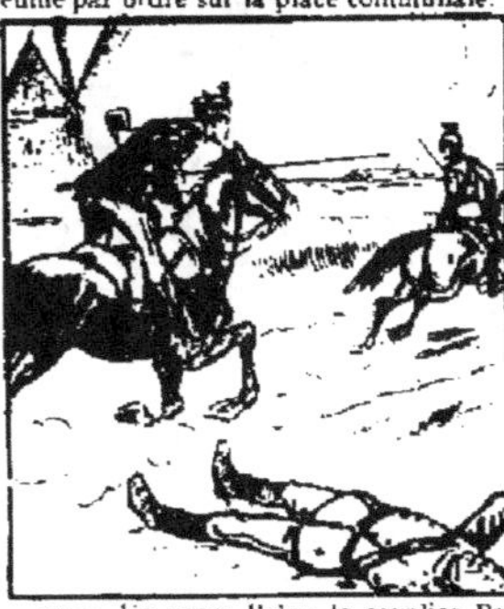

7. — Outre ces atrocités, les patrouilles boches avaient la traîtrise d'imiter les sonneries de clairon de l'armée belge, afin de pouvoir, grâce à ce subterfuge de scélérats, s'approcher sans risque des avant-postes belges.

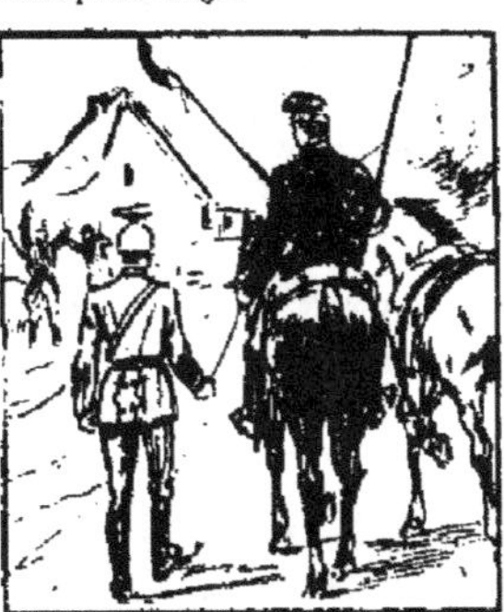

11. — Intimidés par une telle audace, souvent les Boches se rendaient... de sorte que, en quelques jours, le lancier Bogaerts fit quatorze prisonniers qu'il ramena un par un et il tua trois ennemis, sans même recevoir une égratignure.

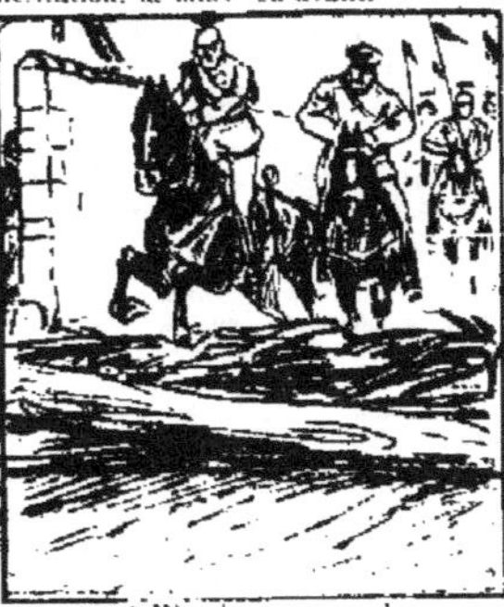

8. — Par exemple, ils ne se faisaient jamais remarquer par un excès de courage, car chaque fois que des patrouilles de uhlans se trouvèrent en face de patrouilles belges, à moins qu'ils ne fussent au moins trois contre un, les Boches tournaient bride vivement

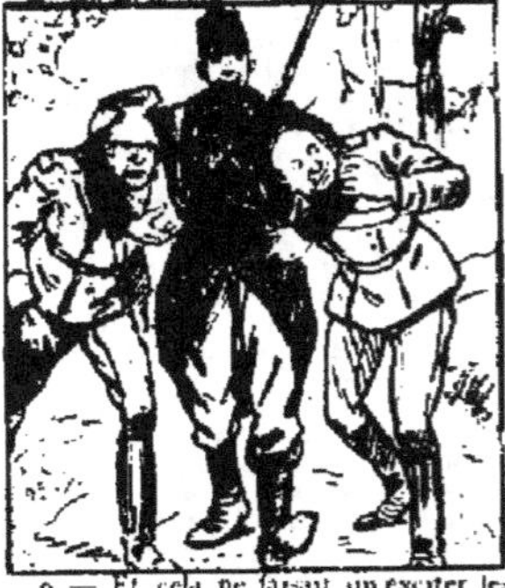

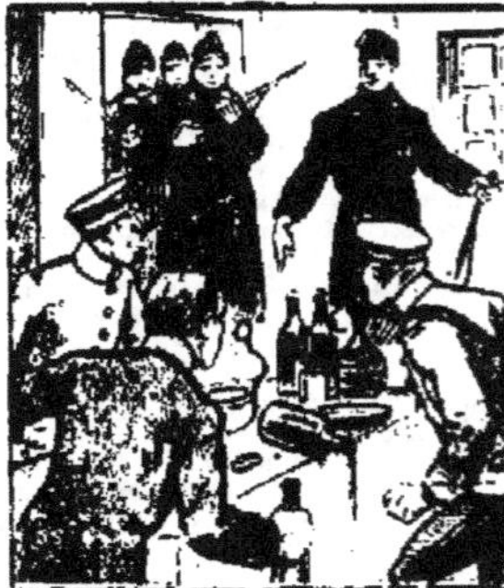

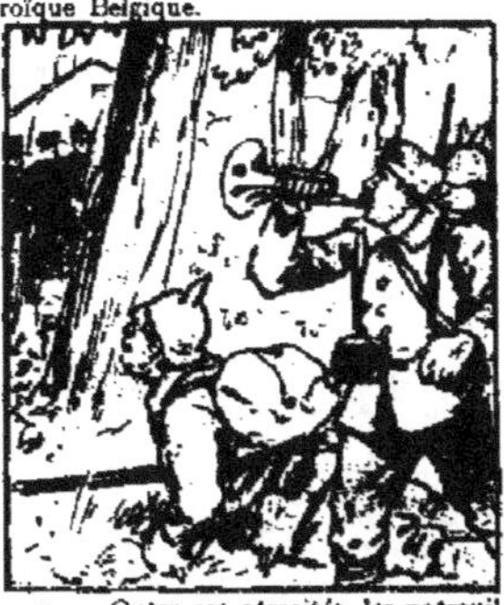

9. — Et cela ne faisait qu'exciter les soldats belges qui se piquaient à qui oserait les plus belles prouesses. Ainsi, l'un d'eux ramena seul deux uhlans prisonniers et pour les remorquer facilement, il leur serrait la tête sous chacun de ses bras.

10. — Un autre Belge, le cavalier Bogaerts du 3e lanciers, s'en allait toujours seul patrouiller à l'aventure, avec une téméraire intrépidité et, quand il voyait des uhlans, il fonçait dessus, sans hésitation, la lance en avant.

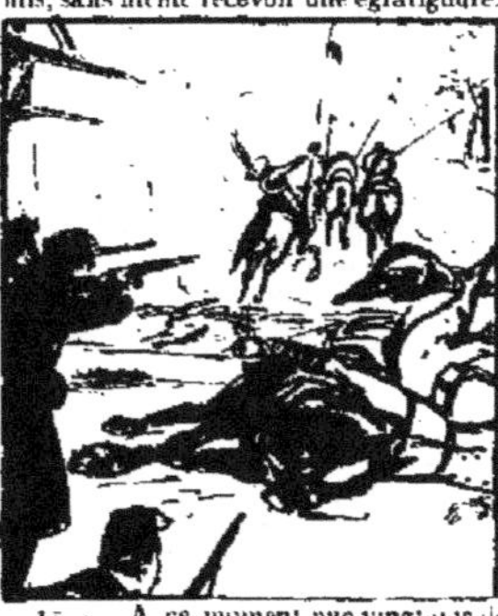

12. — Non loin de Tirlemont, un gendarme belge surprit trois uhlans descendus de cheval, il les somma impérieusement de se rendre, ce que firent les trois Boches et, sans hésiter, ils jetèrent à terre leurs armes et leurs cartouches.

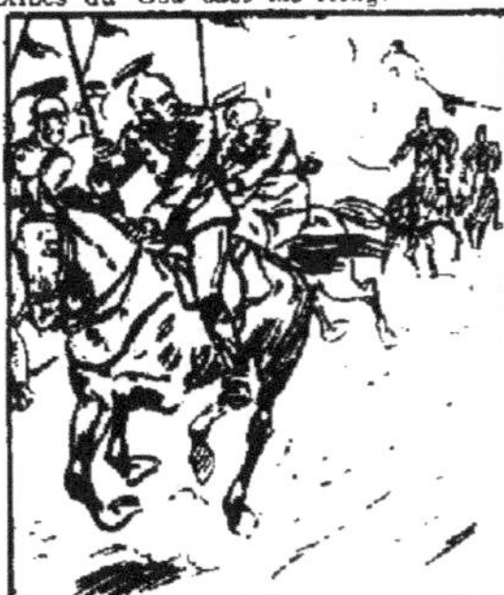

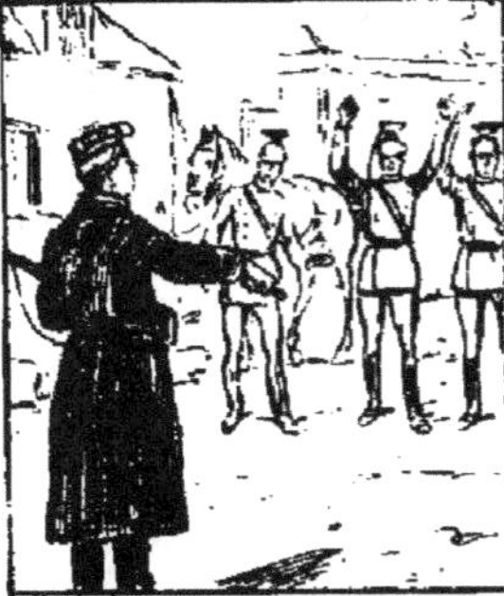

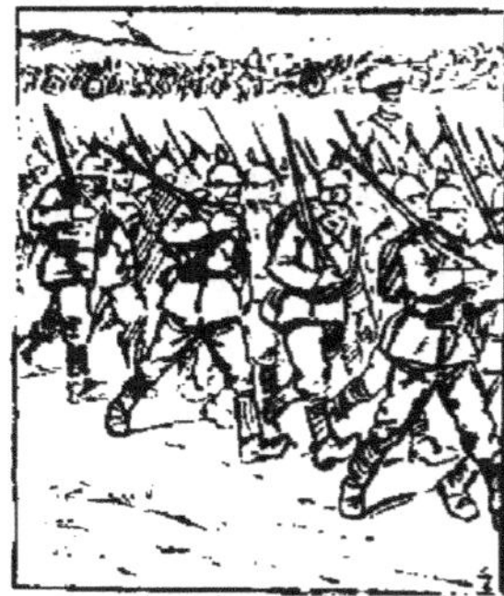

13. — A Wandre, près de Landen, trois officiers boches étaient attablés, mangeant et buvant à qui mieux lorsque quatre fantassins belges viennent troubler la fête et leur ordonnent de se rendre, ce que font les officiers boches, sans même esquisser un geste de défense.

14. — A Wandre, encore, deux escadrons de uhlans arrivèrent devant une barricade établie en travers du chemin. Les deux officiers qui se trouvaient à leur tête sautèrent par-dessus la barricade, mais leurs soldats, en masse, n'osèrent en faire autant et s'arrêtèrent.

15. — A ce moment une vingtaine d'assassins belges ouvrirent un feu nourri sur les boches et les uhlans prirent la fuite, abandonnant sans scrupule leurs deux officiers, qui, sommés de se rendre, s'exécutèrent sans trop se faire prier.

16. — Cependant, malgré ces belliques faits d'armes... et cent autres de même acabit !... l'armée boche qui était innombrable, continuait à inonder la Belgique non sans éprouver de grandes difficultés, car les braves Belges défendirent leur territoire pied à pied.

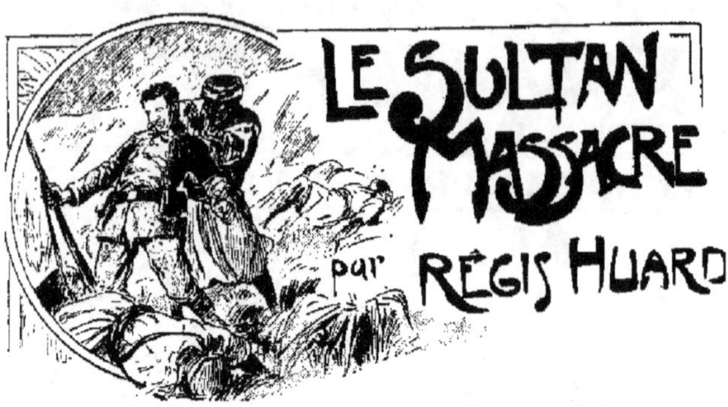

RÉSUMÉ DES CHAPITRES PRÉCÉDENTS

Aux territoires du Tchad (Centre Africain) en 1900. Le premier choc entre l'armée du sultan Rabah et la mission française Bretonnet a eu lieu sur le plateau de Togbao.

La lutte a été terrible : l'armée de Rabah a subi des pertes terribles. La mission Bretonnet est entièrement massacrée. Seul a survécu, grâce à sa présence d'esprit, le sergent d'infanterie coloniale Durantin... Il va tenter de sauver ceux de ses camarades qui ont pu survivre.

CHAPITRE V

UN DUEL SUR DES CADAVRES *(Suite)*

Il se mit à frissonner et crut bon de se vêtir, car faute de veste, il n'avait sur les épaules que le filet à mailles très larges comme on en porte aux colonies...

Il s'avança près des cadavres et avisa un des tirailleurs couché dans le dernier sommeil. Celui-ci avait encore derrière lui, attaché à la ceinture, le *barda* réglementaire : une gamelle, quelques hardes, les papiers officiels...

Il détacha la courroie qui maintenait le tout, dégagea la veste de molleton qui servait d'enveloppe et l'endossa... Un bien-être le ragaillardit. La nuit s'avançait, très froide, sur ces hauteurs.

— Et maintenant, à l'œuvre !

Durantin commença sa funèbre besogne, s'approchant de chaque homme couché à terre, palpant des mains et des fronts glacés... Il vit les huit tirailleurs qui leur servaient d'escorte, tous morts. Mamadou Traoré gisait le crâne ouvert, vidé... Il remua le tas de moribonds dans l'espoir de retrouver Whisky et Soda, qu'il avait vus au début du combat, à la droite de sa petite section. Il ne les retrouva plus...

En continuant sa route, le sergent vit le cadavre d'un blanc. A ses galons dorés en pointe, à la bombe de métal qui ornait son casque, il reconnut le maréchal des logis d'artillerie Martin dont il avait entendu parler comme d'un loyal et brave compagnon. Il était mort aussi, couché sur des tirailleurs glacés... Plus loin, ce fut un autre blanc, un lieutenant, celui qui commandait le plateau et les avait reçus... Un autre blanc encore, un civil celui-là, qui accompagnait la mission Bretonnet... Tous morts sur des morts qui étaient nos serviteurs noirs ou des rabhistes...

Durantin frissonna. Ce plateau n'était plus qu'une nécropole. C'était lugubre dans cette nuit silencieuse, sous la lune bleue qui accusait des ombres et dressait sur le ciel les quatre poteaux noircis du tata incendié...

Le sergent songea que sur l'autre colline où pendant le combat, Bretonnet s'était constamment tenu avec le lieutenant Durand Autier et les canonniers, il y avait peut-être des vivants...

Le danger était grand, car les avant-postes de l'armée de Rabah se trouvaient installés au pied même de la colline. On les devinait, rien qu'aux feux qui faisaient comme des trous plus clairs dans le noir... qu'importe, c'était le devoir et le sergent n'y faillirait point.

Le dos aux cadavres, il regardait la plaine où la tragédie funeste à nos armes s'était déroulée !... Soudain, il se sentit pris à la gorge, à deux mains... Par derrière un homme avait bondi et le tenait étranglé, essayant de faire plier les jarrets pour l'étendre à terre...

Des deux mains, Durantin tenta d'écarter celles de l'agresseur. Il réussit à desserrer l'étreinte, à faire un demi-tour sur lui-même. Il y réussit en entourant l'assaillant de ses bras, à la ceinture. Alors, il vit son visage que la lune frappait en plein.

Cet homme, c'était le prisonnier de la veille, le porteur du papier, l'envoyé de Senoussi.

C'était Hassein !...

Les deux adversaires restèrent dans cette position quelques minutes... Durantin songea qu'il devait se remettre debout, sauter sur le premier fusil qu'il trouverait à terre et s'en servir comme d'une arme de défense. Dans cette pensée, il bondit en arrière, lâchant pour une minute Hassein couché sur les cadavres.

En cherchant à se dégager, le jeune homme buta contre des cadavres et tomba suivi de Durantin qui n'avait pas lâché son étreinte...

Et sur les cadavres, le duel, atroce... commença.

A un mouvement d'Hassein, Durantin comprit qu'il voulait dégager le couteau que tout arabe porte à l'avant-bras gauche, dans une gaine, maintenue à plat contre le bras par un bracelet de cuir...

Toute son énergie, toute sa force, Durantin l'employait à maintenir les bras d'Hassein pour l'empêcher de saisir cette arme.

Mais le jeune homme avait deviné l'intention du sergent. D'un bond il fut debout et sauta de nouveau à la gorge du blanc... Le tenant de la main gauche, il dégagea rapidement son couteau de bras.

Et froidement il le plongea dans le dos de Durantin... Celui-ci vit tout tourner autour de lui, un flot de liquide chaud et mousseux lui vint aux lèvres. Il suffoqua, tournoya et s'abattit sur le dos...

Hassein, avidement, se jeta sur lui, déboutonna rapidement la veste de molleton et plongea la main dans les poches intérieures...

Une malédiction lui échappa... Il fouilla encore, cherchant dans les poches extérieures du vêtement, dans celles du pantalon entre la main et le gilet...

Rien !... la précieuse lettre avait disparu !

Hassein eut un cri de rage, montra le poing au sergent étendu, inanimé, et partit comme un fou, descendant vers la plaine, vers le camp de Rabah !

CHAPITRE VI

EN FRÔLANT LA MORT

Dès la pointe du jour, la vie reprit au camp de Rabah.

Des patrouilles composées des meilleurs ascars partaient vers les deux collines pour s'assurer qu'aucun retour offensif n'était à craindre. Quand elles revinrent, des corvées de bazinguers partirent pour chercher les blessés et enterrer les morts... Tâche lugubre et longue qui devait occuper toute la journée.

Aussitôt Rabah fit convoquer tous les zhâbits et tous les *fakis* (secrétaires)... Les premiers pour faire leurs rapports de détail sur les événements de la veille; les seconds pour noter les faits importants, établir les comptes des pertes et des dépenses en munitions, et consigner les nouveaux ordres du Maître.

Le conseil se réunit. Par rang d'âge, chaque zhâbit donna les détails qu'il connaissait sur les opérations de son birek...

Rabah paraissait sombre... Il était trop fin, trop soldat dans l'âme pour se dissimuler la portée de son succès. Ce n'était pas une victoire, c'était un massacre...

Il n'était pas rassuré d'ailleurs, convaincu que le gros de la troupe des blancs avait reculé laissant l'avant-garde se faire massacrer pour assurer la retraite...

Au moment où le conseil allait finir, le ouakil de service entra et rendit compte des renseignements apportés par les patrouilles...

— Tous les infidèles sont morts, sauf un blanc, blessé dans le dos, évanoui, gravement blessé. On l'a transporté ici...

Le ouakil allait se retirer. Il se ravisa :

— De plus, un émissaire de Senoussi arrivé cette nuit demande à être introduit pour communication urgente...

Rabah ricana :

— Ma réponse est toute prête... Fais-le venir...

Quelques minutes après, le jeune homme était là, un peu intimidé, droit devant Rabah.

Celui-ci le toisa d'un coup d'œil et l'interrogea lui-même :

— Qui es-tu?

— Un envoyé de Senoussi, ton ami...

Rabah ricana :

— Mon ami !... Un lâche, un Musulman parjure... Et qui me prouve que tu es son émissaire?

— Une lettre !

— Où est-elle?

— J'ai été fait prisonnier par une troupe de blancs... On me l'a prise...

— Mensonge puéril !...

— Je le jure...

— Ne jure rien... D'ailleurs la lettre m'importait peu... Que veut-il ce traître de Senoussi?...

Te prévenir de l'arrivée du blanc, de la venue d'autres blancs armés sur l'Oubangui.

Rabah ricana de nouveau.

— Ah! me prévenir. Quand tout est fini... Il t'a donné l'ordre, n'est-ce pas, de gagner du temps, de suivre le combat afin d'en connaître les résultats. Si le chien de Français était vaincu, c'était à lui que tu devais faire soumission... Mais Rabah est vainqueur et c'est à lui que tu dois faire croire...

Hassein protesta d'un geste, mais Rabah criait maintenant :

— Mensonges que tout cela; fourberies ! Senoussi est un traître et il le saura comment je les punis!... Hassein voulut parler. Rabah l'arrêta d'un geste :

— Inutile. Je suis renseigné et je suis décidé. Si les pourceaux n'étaient pas sur l'Oubangui dans l'espoir chimérique de

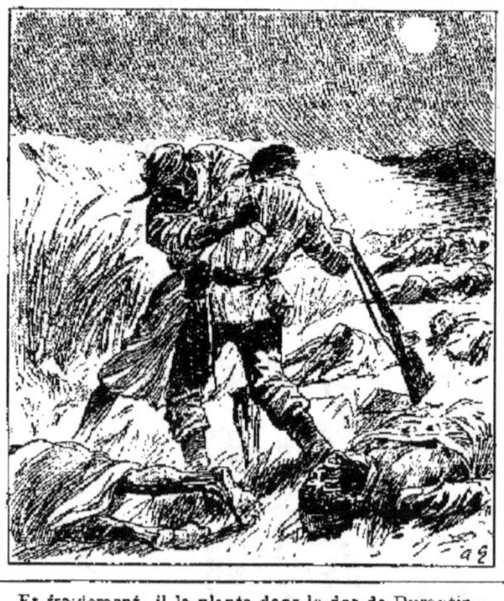

Et, froidement, il le planta dans le dos de Durantin...

s'attaquer à ma puissance, j'irai moi-même écraser ton maître et ajouter le Kouti à mon empire. Mais ce jour viendra. En attendant, Senoussi saura comment je le prends avec lui...

Et sur un simple geste de Rabah, deux bazinguers saisirent Hassein :

— Emmenez cet homme, commanda Rabah et gardez-le à vue... Bientôt, il connaîtra ma décision...

Les deux bazinguers emmenèrent Hassein dans une tente à l'une des extrémités du camp... Ils le laissèrent seul, mais l'un d'eux resta près de la tente, assis et le fusil chargé entre les jambes...

La journée fut longue pour Hassein. Deux ou trois fois un bazinguer vint s'assurer qu'il n'avait besoin de rien et cela avec un tel accent de sympathie, qu'Hassein ne put s'empêcher de le questionner.

— Je suis, dit l'homme de la tribu des Védérés, du Kouti... J'ai été pris dans une razzia de Rabah, tout enfant... Je suis content de te voir, parce que tu viens de mon pays, bien que je ne m'en souvienne guère...

— Comment t'appelles-tu?...

— Yagoué...

— Eh bien, Yagoué, moi aussi je suis content de te voir, je ne sais pourquoi... Tu m'as l'air d'un brave garçon, et que fais-tu ici?...

— Je suis aux distributions de rations, mais j'ai des loisirs et mes entrées partout... je suis de la bannière d'Ahmed-Faki, mais il est très bon pour moi...

La nuit arriva et Hassein s'allongea sur la natte qui devait lui servir de lit... Mais tant de pensées l'agitèrent qu'il ne put s'endormir.

Vers le milieu de la nuit, il entendit du bruit et prêta l'oreille... des pas s'approchèrent de la tente.

Yagoué rentra suivi d'une ombre... Oui une ombre enveloppée dans un long pagne dont un des pans ramenés, tombait sur la tête.

Yagoué s'approcha doucement d'Hassein et l'appela à voix basse. Le jeune homme demanda ce qu'il voulait.

Yagoué s'approcha, un doigt sur les lèvres, et lui glissa doucement à l'oreille :

— Quelqu'un est là qui veut te voir et te parler. Mais prends garde et parle bas... Il y va de notre tête à tous deux. C'est... c'est Hadjia, la fille de Senoussi. Elle a su que tu venais du Kouti et veut te parler de son pays et de son père...

L'ombre toujours enveloppée s'avança, vint tout près d'Hassein et s'assit sur un coin de la natte.

La lumière montait, baignant la tente d'une clarté pâle.

Hassein regarda la jeune femme dans l'espoir de découvrir quelque chose de son visage. Mais il ne vit rien, rien que deux yeux superbes qui brillaient dans la pénombre.

Yagoué fit un pas en arrière.

— Je vous laisse... Dans une heure, Hadjia, je reviendrai te chercher...

Et Yagoué se retira à pas lents, un doigt sur les lèvres.

Hassein et Hadjia le regardèrent disparaître dans l'ombre... La jeune fille parla la première :

— Tu viens de Kouti? Tu as vu mon père?

Hassein parla tout bas ce qu'il savait de la santé, du bon état des affaires, des projets de Senoussi.

— Et ma mère, Arthegazy?

Hassein hésita quelques secondes, assez pour qu'Hadjia comprit.

Elle eut un soupir et un sanglot mourut dans sa gorge, quand Hassein lui dit :

— Elle est morte à la dernière saison des pluies. C'était écrit. Allah l'a voulu...

— Elle a souffert?...

— Peu... Elle fut des premières victimes d'une épidémie de variole qui décima tout le pays.

Hadjia soupira et quelques minutes resta recueillie.

Elle-même rompit le silence lourd qui pesait. Dix interrogations lui vinrent aux lèvres. Elle voulait entendre parler de son père dont elle se souvenait à peine, de ce maigre pays de Kouti où elle était née, des projets de ceux qu'elle considérait à peine comme les siens, mais qui retenaient quelquefois sa pensée.

Mais il pensa à ce qu'il était lui : un inconnu obscur, soldat en mission.

Et précisément cette mission tournait si mal que sa vie elle-même était en danger.

Demain, peut-être, il ne serait plus, sacrifié par la vengeance d'un guerrier tout puissant, ivre de ressentiment.

Et elle, Hadjia, quoique les affaires de son père fussent en mauvais état à la cour de Rabah, sa personne était sacrée. Fille de cheikh, habituée de la cour de Dikoa, elle avait droit à des égards princiers, son père fût-il hors la loi et déclaré traître à la cause musulmane.

Peut-être Rabah avait-il des vues sur elle. Il était trop fin, trop diplomate pour ne pas utiliser Hadjia, senoussienne de naissance, mais rabhiste d'adoption. Peut-être se réservait-il simplement de détrôner Senoussi, de lui substituer sa fille mariée à l'un de ses parents ou de ses zhâbits préférés.

La pensée d'Hassein revenait toujours vers elle, quand il la regardait, attentive à sa parole, cachant de peine son émotion de revivre un peu de sa prime jeunesse et de son pays natal, c'était pour lui le rappel de sa jeunesse, un regret de l'avenir qui s'annonçait si mal, de la vie qu'un geste de Rabah pourrait faucher.

Hassein eut voulu prolonger cette heure douce. La jeune femme écoutait l'émissaire senoussien, elle buvait par instant ses paroles. Elle songeait que tout chez lui décelait le mâle courage et la fierté de l'homme supérieurement trempé.

(A suivre.)

RÉGIS HUARD.

UNE VICTOIRE ALLEMANDE

Ce soir-là, on était bien triste dans la grande cave de la maison occupée par la famille Langlois. Il y avait là une douzaine de personnes de tous les âges, depuis le vieux monsieur Langlois, un grand vieillard de quatre-vingts ans, qui ne pouvait marcher qu'en s'aidant d'une canne, jusqu'au fils de Mme Borel, la mercière d'à côté, un bébé de six semaines.

Pour la troisième fois depuis un mois qu'ils occupaient la petite ville de F..., les Allemands avaient chassé les habitants de leurs demeures afin de les piller et d'y faire bombance plus à l'aise. Les malheureux, réfugiés dans la cave depuis quarante-huit heures et n'ayant pas la moindre victuaille, écoutaient les hurlements de joie que poussaient les vainqueurs.

— J'ai faim, maman, oh! j'ai bien faim! murmura Lucette, une petite fille de six ans.

Pour toute réponse, Mme Langlois attira son enfant contre elle. Cependant, dans un coin, Jean et Lucien Langlois causaient tout bas avec leur ami Maurice Borel.

C'étaient trois solides garçons de treize à quatorze ans.

— Ça ne peut pas durer, disait Jean, tout le monde ici a faim. C'est à nous de nous débrouiller.

— Comment? demanda Maurice.

— C'est bien simple... As-tu ton clairon?

— Parbleu! riposta Maurice en montrant l'instrument qu'il affectionnait tout particulièrement et dont il ne se séparait que rarement.

— Alors, parfait! On va sortir d'ici et gagner le jardin. Ça, c'est difficile. Après, tu iras te cacher dans les osiers de la rivière et tu sonneras la charge en tournant le pavillon de ton clairon du côté de la ferme de Mailly. Il y a là, de l'autre côté du vallon, un écho qui, sûrement, mettra les Boches dedans. Sonne pendant cinq minutes, puis jette ton clairon dans l'eau et reviens ici sans te faire pincer. Le reste me regarde.

— Entendu! fit Maurice, qui qu'il n'eut pas très bien compris le but de cette manœuvre.

L'instant d'après, tous trois se glissaient hors de la cave sans être remarqués.

L'escalier débouchant dans le vestibule de la maison. Dans la salle à manger voisine, les Allemands devaient faire bombance, car on entendait un grand bruit de verres et d'assiettes.

« On va vous servir un digestif soigné, » murmura Jean.

Sans bruit, ses compagnons et lui ouvrirent la porte donnant sur le jardin. La nuit était sombre, pas une étoile ne brillait. Les hardis compagnons s'enfoncèrent dans l'obscurité, et l'instant d'après Maurice franchissait la haie de clôture, sautait sur le sol du sentier conduisant à la rivière.

De toutes les maisons voisines s'élevaient des

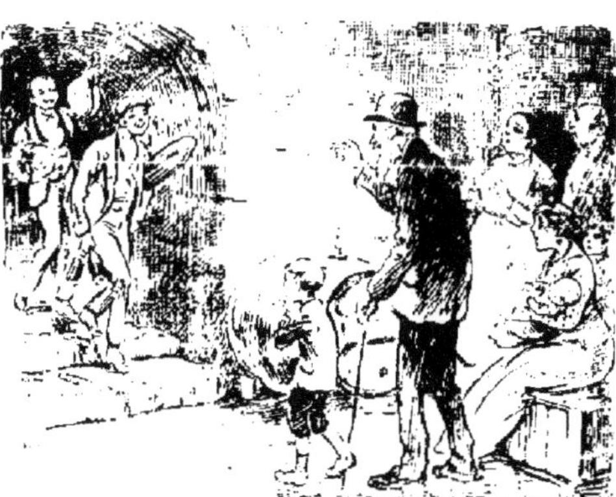

Vous êtes de braves et hardis garçons! Venez m'embrasser!

cris et des chants gutturaux. À cette heure, la compagnie allemande qui occupait F..., festoyait, depuis le capitaine jusqu'au dernier des soldats!

Jean et Lucien, tapis au pied de la haie, entendirent les pas légers de Maurice qui s'éloignait rapidement, son clairon sous le bras. Le cœur leur battait bien un peu. Leur audacieuse tentative allait-elle réussir?

Quelques minutes s'écoulèrent, qui leur parurent interminables et, soudain, une sonnerie rapide, endiablée, éclata, dominant les chants avinés des Allemands.

— Y a la goutte à boire là-haut! On eût dit qu'une demi-douzaine de clairons sonnaient à la fois sur la côte de la ferme de Mailly hors de la ville.

Presque aussitôt des coups de feu éclatèrent dans toutes les directions. Les sentinelles ennemies, trompées par l'écho, tiraient au hasard, en se repliant sur les grand'gardes.

Instantanément, les chants cessèrent. De toutes parts, les Allemands couraient aux armes et comme la sonnerie cessait enfin, Jean et Lucien entendirent des pas cadencés montant de la grand'rue.

Croyant à une attaque de la part des Français, la compagnie ennemie courait au faubourg afin de le défendre.

— Et maintenant, dépêchons-nous! s'écria gaiement Jean en s'élançant vers la maison. Sur la table de la salle à manger, où nul Prussien n'était demeuré, des victuailles de toutes sortes s'entassaient.

Rapidement, les deux frères raflèrent un jambon, un morceau de rosbif, du pain et quelques bouteilles, puis ils se précipitèrent dans la cave.

Là, l'alarme était grand, car maintenant une fusillade enragée arrivait du faubourg. En quelques mots, les jeunes gens expliquèrent ce dont il s'agissait, et Maurice qui arrivait, tout souriant, se joignit à eux.

— Vous êtes de braves et hardis garçons! Venez m'embrasser! s'exclama joyeusement le vieux M. Langlois dont les yeux pétillèrent de malice.

— Avec plaisir, grand-père, mais dépêchons-nous de faire honneur à nos provisions.

Ce ne fut pas long.

Les malheureux réfugiés mouraient littéralement de faim.

À l'aube, les troupes allemandes, lasses d'attendre une attaque qui ne se produisait pas, regagnaient leur cantonnement.

À part lui, M. Langlois craignait que l'ennemi ne se vengeât terriblement de cette farce. Fort heureusement, il n'en fut rien, les officiers allemands étant trop vaniteux pour avouer qu'ils avaient été mystifiés et, durant les jours qui suivirent, les habitants, qui étaient enfin rentrés chez eux, purent les entendre raconter comment ils avaient repoussé les Français en leur infligeant de grandes pertes.

Jean et Lucien et Maurice savent à quoi s'en tenir sur cette victoire et ils ne peuvent y songer sans rire de bon cœur.

PAUL DARCY.

LE CLAIRON

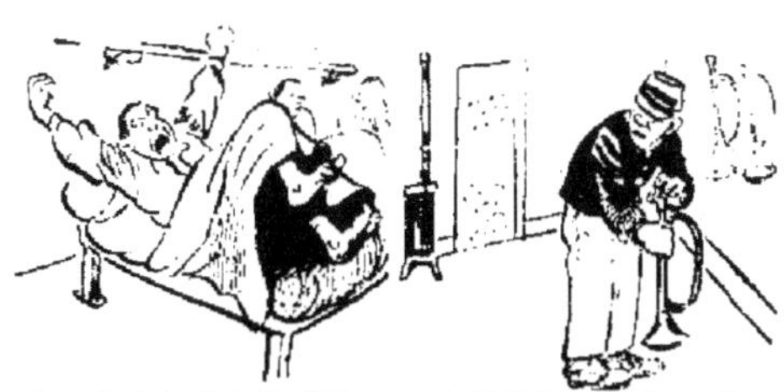
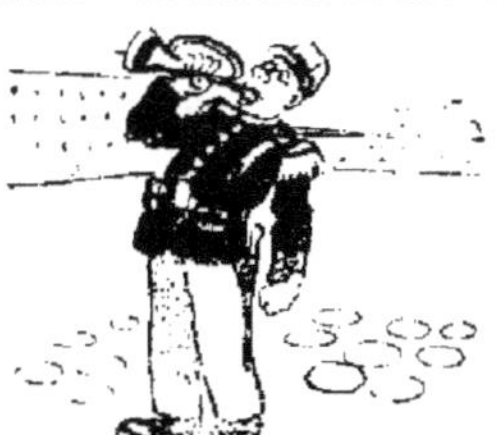
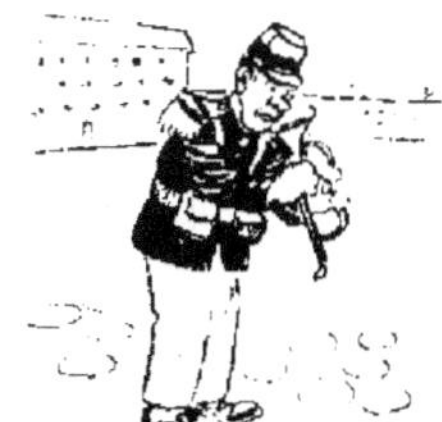
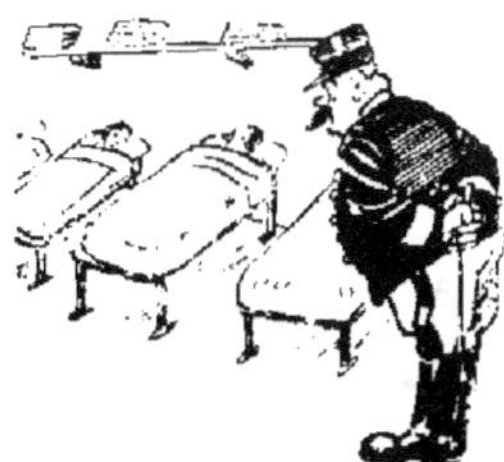

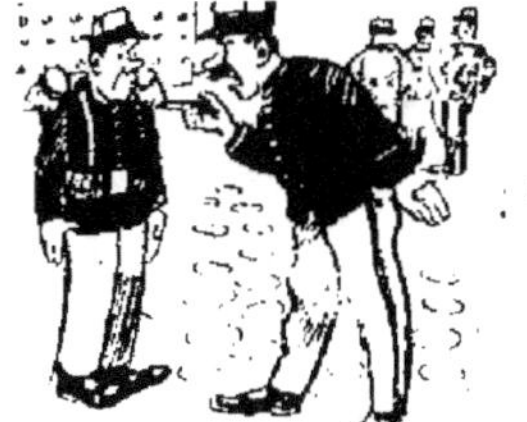
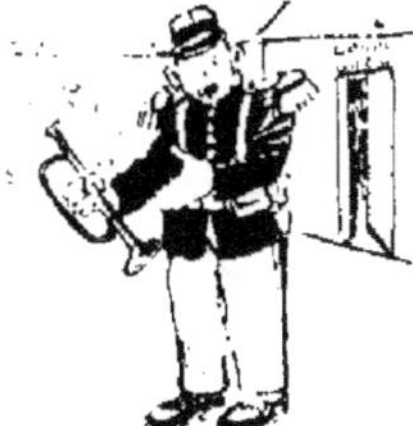
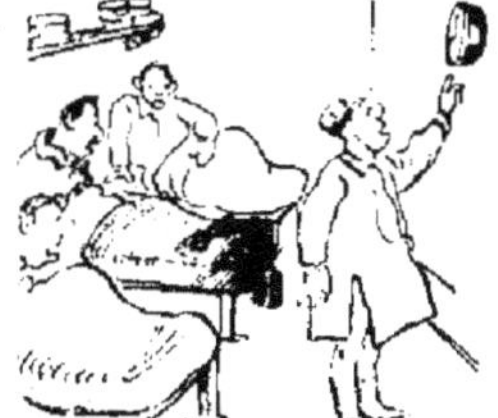
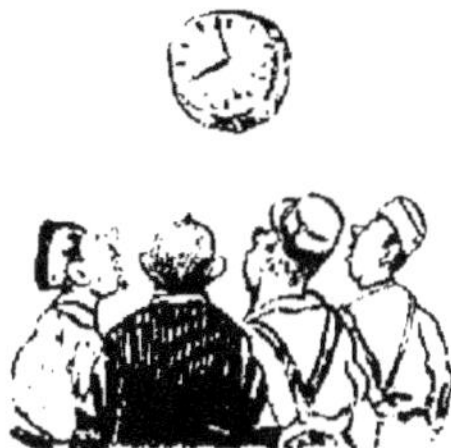
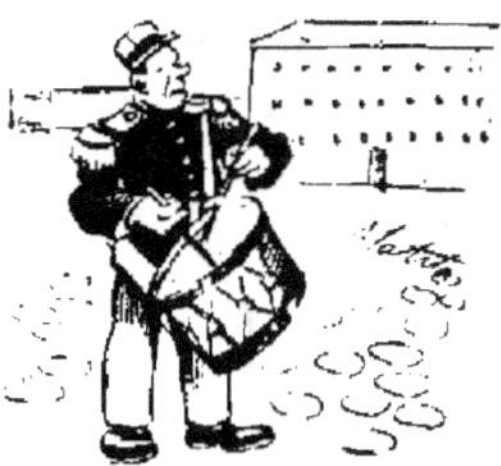

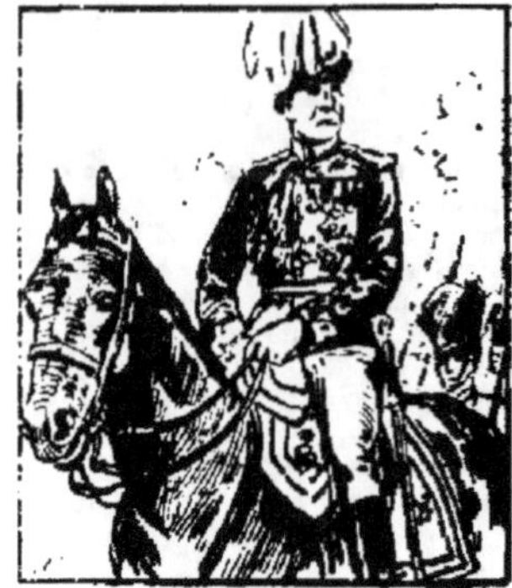

1. — Le général French (dont le nom, en anglais, signifie *Français*) commande en chef l'armée anglaise débarquée sur le continent pour combattre, de concert avec nos soldats, les hordes de l'empereur des Apaches.

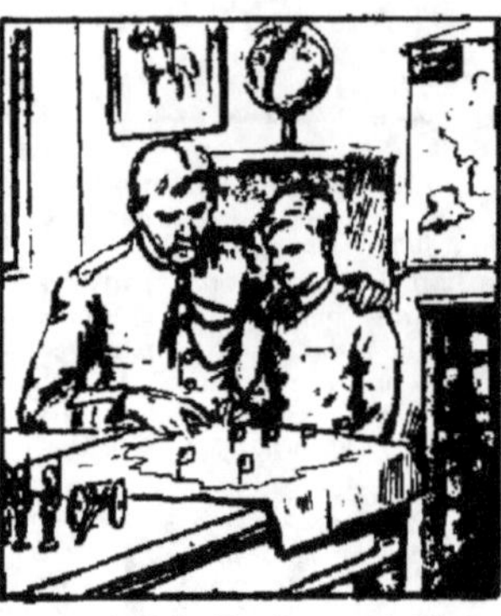

2. — Sir John French est né à Ripple, dans le comté de Kent, le 28 septembre 1852; son père était un brave et loyal soldat qui, voulant faire de son fils un soldat lui inculqua l'amour de la carrière militaire.

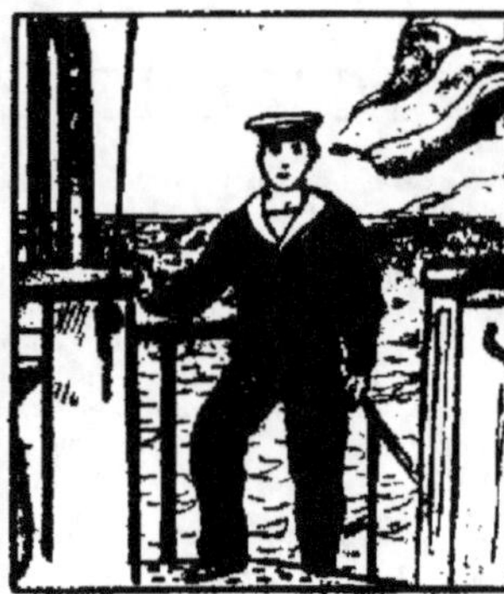

3. — A si bonne école, la vocation du jeune French se manifesta de bonne heure, car dès l'âge de quatorze ans, il s'embarquait comme cadet sur le *Britannia*.

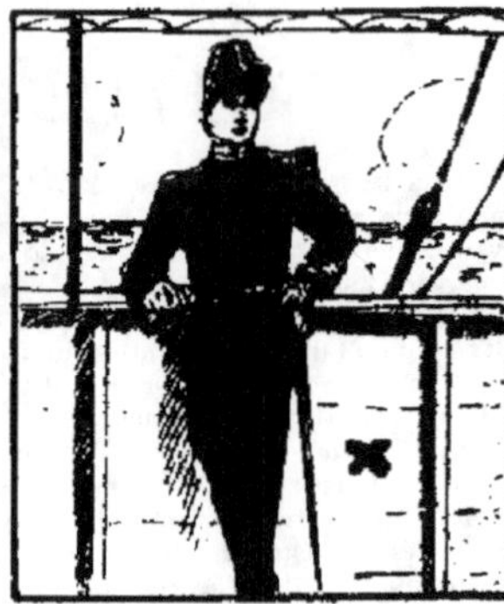

4. — Il fit preuve de tant d'application et d'ardeur qu'au bout de quatre ans il gagnait ses galons de *midshipman*. Il avait alors à peine dix-huit ans et il resta *midshipman* jusqu'en 1874.

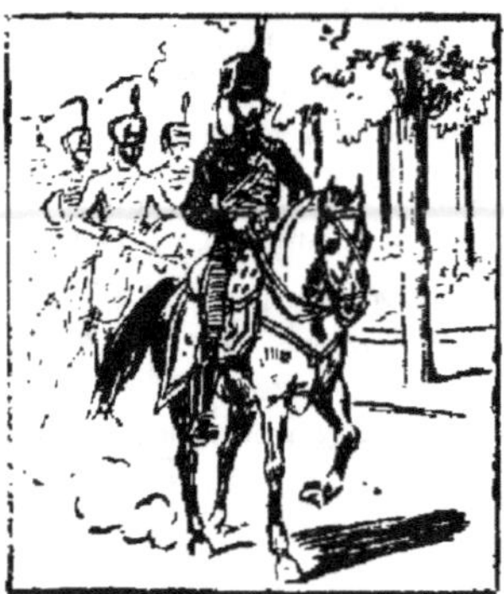

5. — Mais, à cette époque, il rendit ses galons et abandonna la navigation... mais pas le métier militaire! En effet, à peine redevenu libre, il contracta un engagement dans l'armée de terre et entra au 8e hussards.

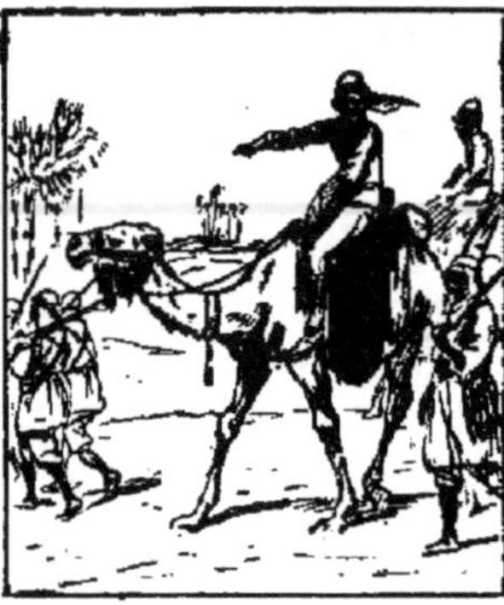

6. — Peu après, de ce régiment, il passait au 19e hussards. Il fit de 1884 à 1885 la campagne du Soudan, au cours de laquelle il se distingua par son héroïque bravoure.

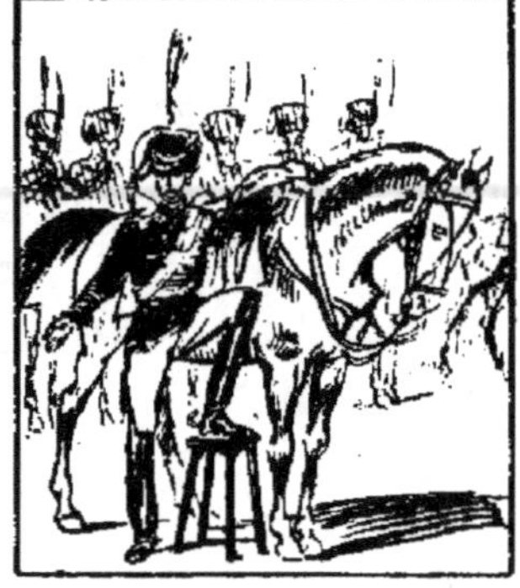

7. — Il se distingua même si bien qu'en 1889, sir John French était nommé colonel de son régiment qu'il commanda brillamment jusqu'en 1893.

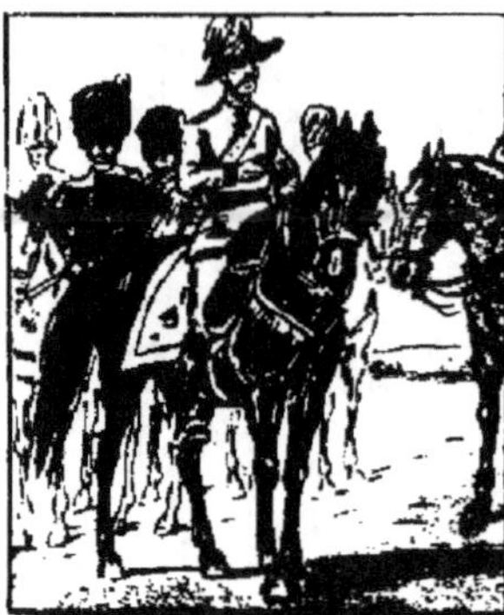

8. — A cette époque, un nouvel avancement vint récompenser ses grandes capacités militaires; il fut promu adjudant général de cavalerie.

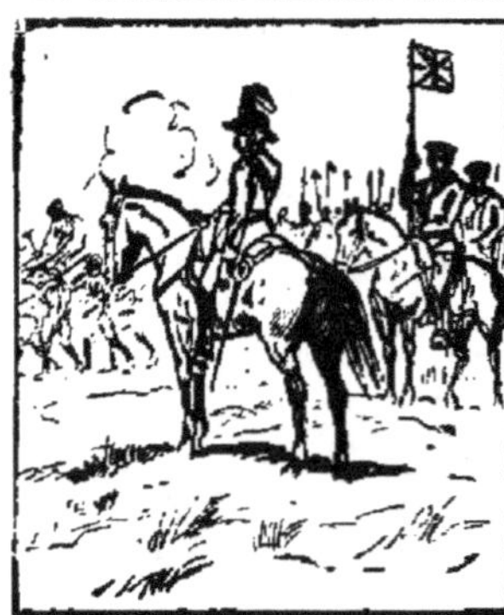

9. — En 1897, le vaillant militaire gravissait encore un échelon : grâce à ses qualités de tacticien et surtout d'entraîneur d'hommes, il était nommé général de brigade.

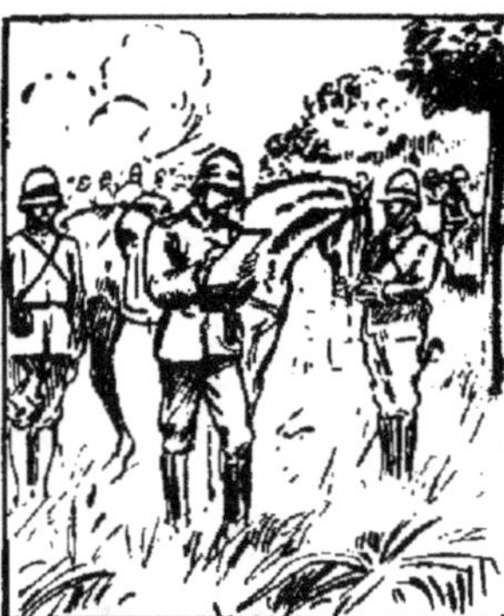

10. — En 1899, il était appelé à un poste éminent; il était nommé major général et recevait le commandement de la division de cavalerie du Natal.

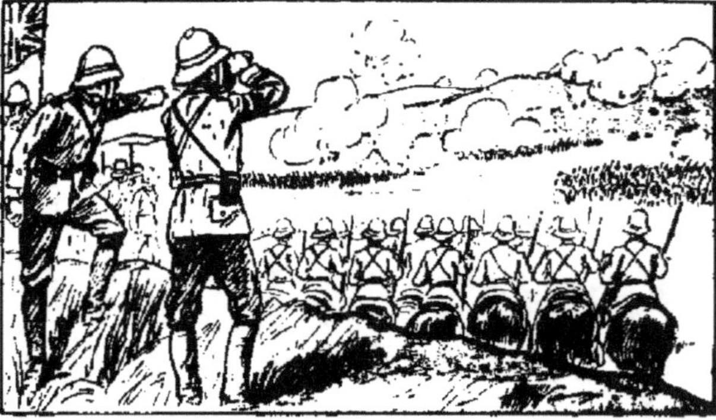

11. — Pendant la guerre sud-africaine, qui éclata peu après, le général French fit preuve, non seulement de son brillant courage, mais aussi des précieuses qualités qui font le général en chef.

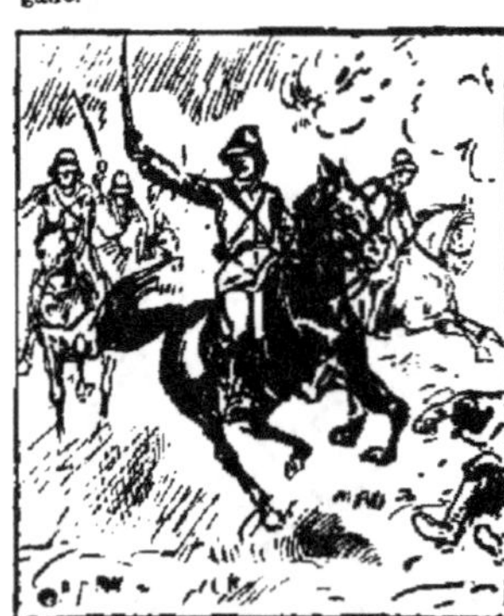

12. — Dans les batailles de Riedfontaine de Lombardo-Kop, il commanda avec une vigueur et une admirable habileté la cavalerie du général sir C. White.

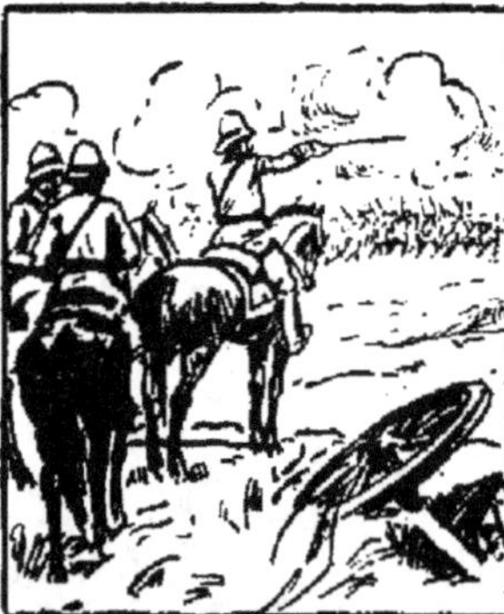

13. — Promu lieutenant général en 1900, il commanda la division de cavalerie de l'Afrique du Sud et il dirigea les opérations des troupes qui eurent la gloire de débloquer **Kimberley**.

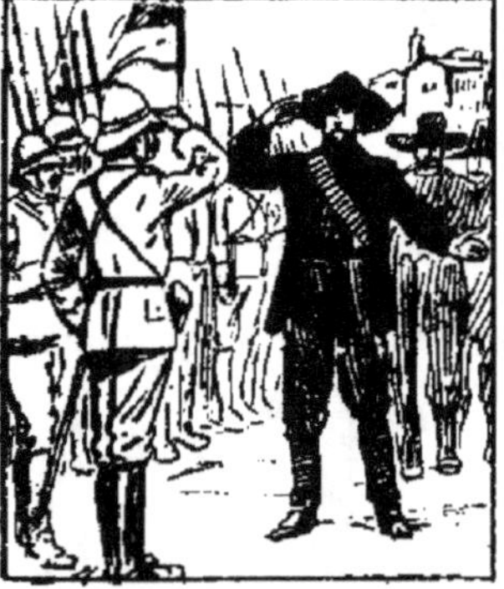

14. — Peu après, toujours à la tête de sa division de cavalerie, il coopéra aux belles opérations qui se terminèrent par la prise de Bloemfontein et de Pretoria.

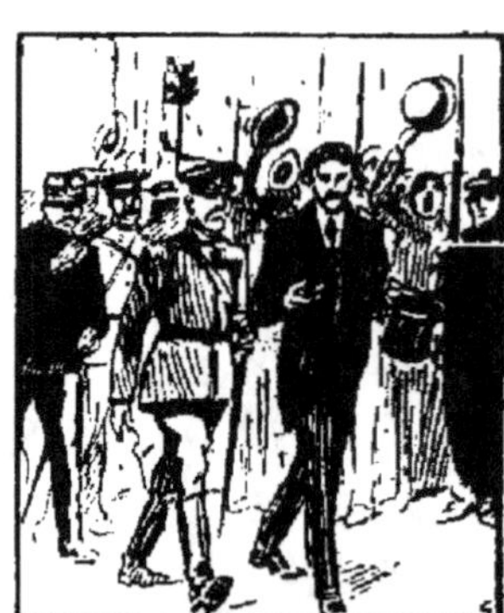

15. — Telle est la vie toute d'héroïsme du vaillant soldat à qui, le 15 août 1914, le peuple de Paris eut la joie de faire une ovation triomphale, avant qu'il n'aille se rendre son armée renée sur les Boches.

EN BELGIQUE : LES COMBATS DE HAELEN

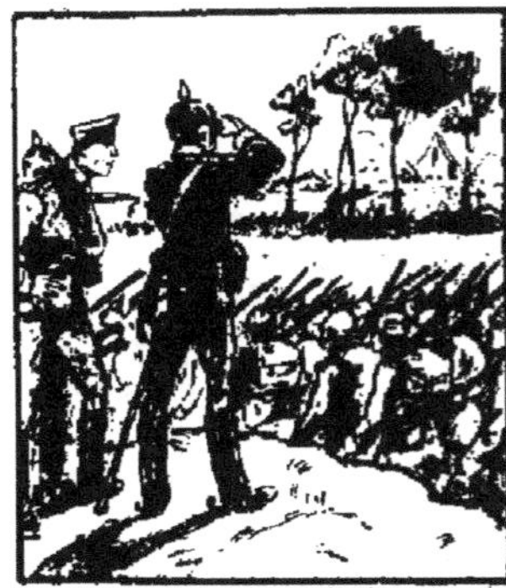

1. — Le 11 août, l'armée boche qui avait contourné au nord de Liège, approcha de Haelen où de violents combats s'engagèrent entre 5.000 Boches, tant de cavalerie que d'artillerie et d'infanterie, et une division belge soutenue par une brigade mixte, formant un total bien inférieur en nombre.

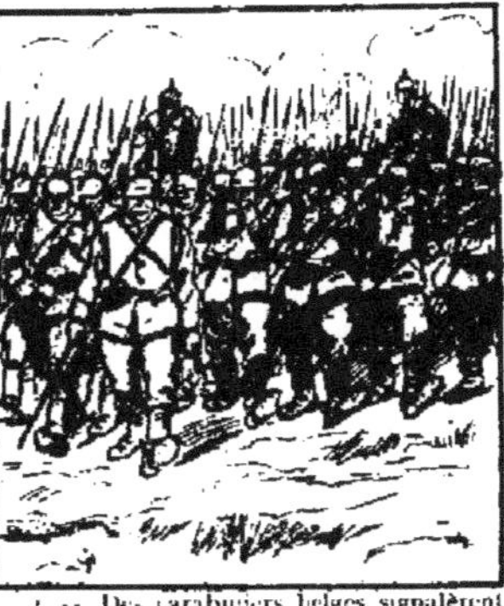

2. — Des carabiniers belges signalèrent l'approche des Boches qui s'avançaient en masses compactes et qui, dans leur infatuation boche, croyaient bien qu'aucune résistance n'endiguerait leur flot et qu'ils n'avaient qu'à se montrer pour passer.

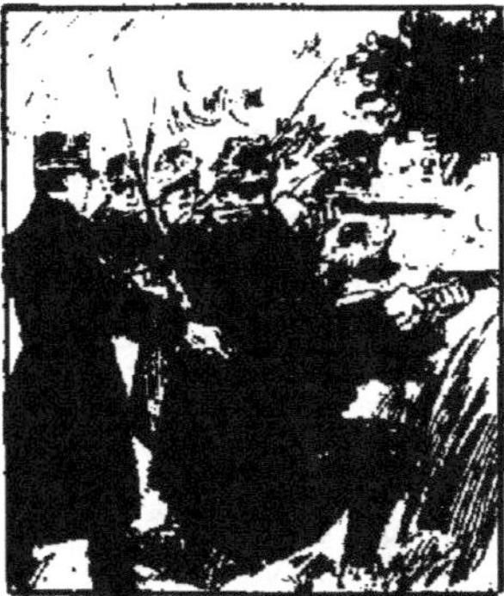

3. — De suite, les poilus belges prirent place dans leurs tranchées, leurs shakos entourés d'une couronne de paille, afin de dissimuler plus aisément leur présence... puis, dès que les Boches furent à bonne portée, ils furent salués par une vive fusillade.

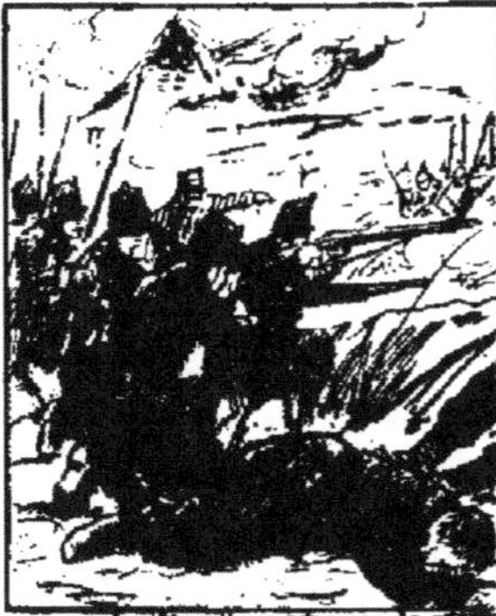

4. — La bataille commença le matin s'étendant de Herck-la-ville Haelen jusqu'à Helbeck et elle dura jusqu'au soir, sans une heure de répit et c'est avec un acharnement inlassable que les Boches tentèrent de briser la résistance des Belges.

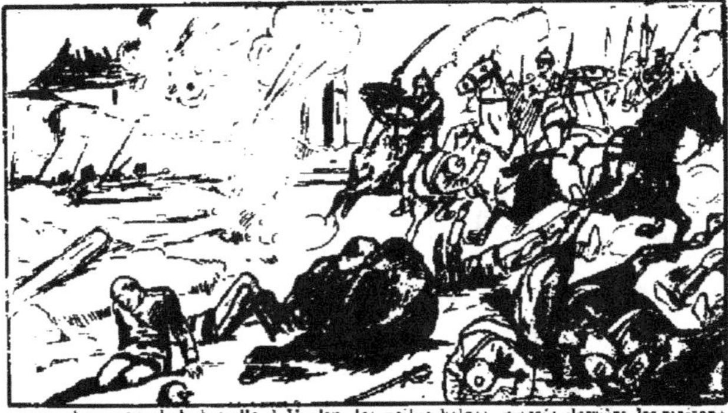

5. — Au centre de la bataille, à Haelen, les poilus belges, massés derrière les maisons et des abris improvisés, soutinrent héroïquement, sans lâcher un pouce de terrain, les assauts réitérés de la cavalerie boche. Elle revint maintes fois à la charge, mais toujours en vain! A chaque tentative pour rompre le front belge, les cavaliers boches désarçonnés roulaient à terre comme des pantins et leurs chevaux affolés s'enfuyaient à l'aventure.

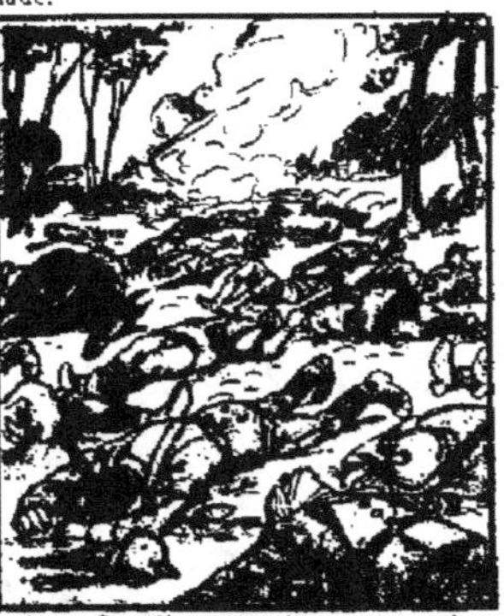

6. — Sur d'autres points, entre autres à D'est-Haelen et à Zellich, la lutte fut rudement chaude. Mais, ici encore, les poilus belges refoulèrent les Boches, leur infligeant des pertes si sérieuses qu'en un endroit, sur une distance de 50 mètres, s'amoncelaient 200 cadavres de Boches.

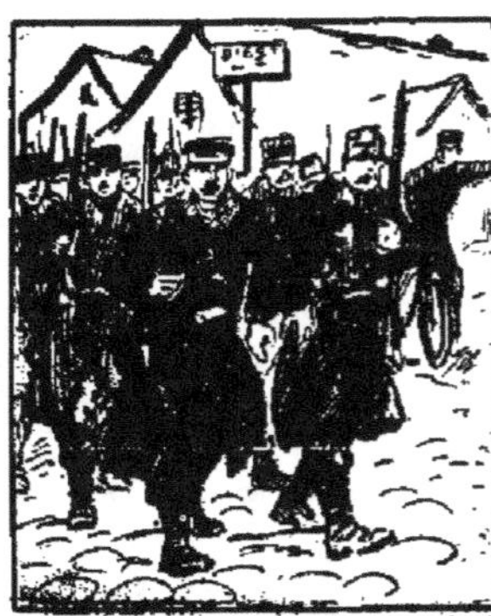

7. — A un moment donné, une partie de l'aile gauche belge ayant fléchi sous le nombre, des renforts furent demandés à Diest. Ils arrivèrent en grande hâte et, bientôt, grâce à leur secours, la situation fut rétablie et, pas plus là qu'ailleurs, les Boches ne purent passer.

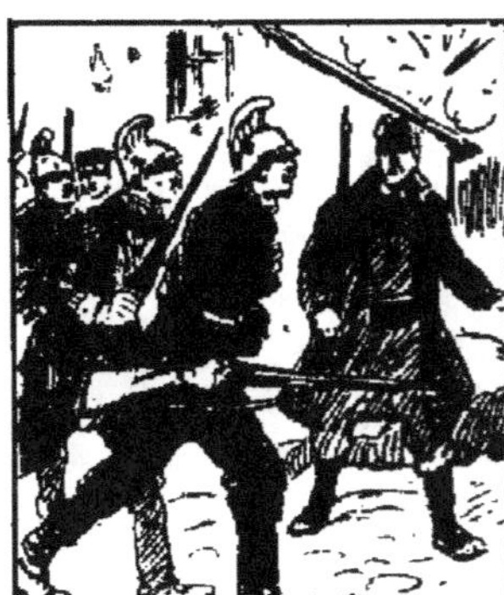

8. — Parmi ces renforts se trouvaient les pompiers de Diest. Ils avaient demandé avec insistance d'être envoyés au feu, non par pour l'éteindre, cette fois, mais pour l'activer!... et ils se comportèrent vaillamment, étant toujours au poste le plus périlleux.

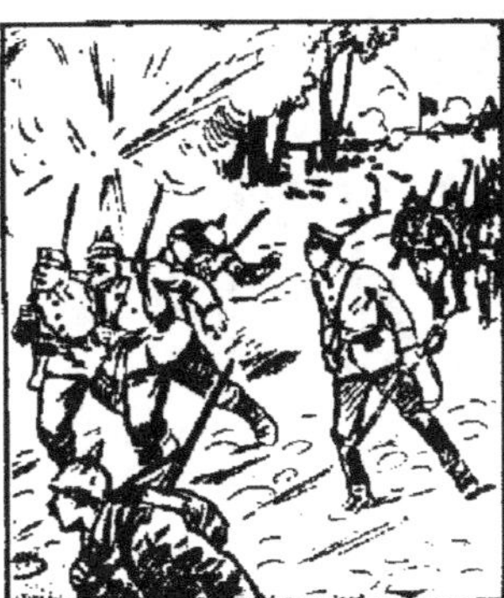

9. — Au crépuscule, les Boches durent s'avouer battus. Ils se replièrent donc sur Tongres, laissant sur le carreau, tant tués que blessés; 3.000 des leurs, sur 5.000, tandis que les pertes des Belges étaient minimes, peu de tués et quelques centaines de blessés.

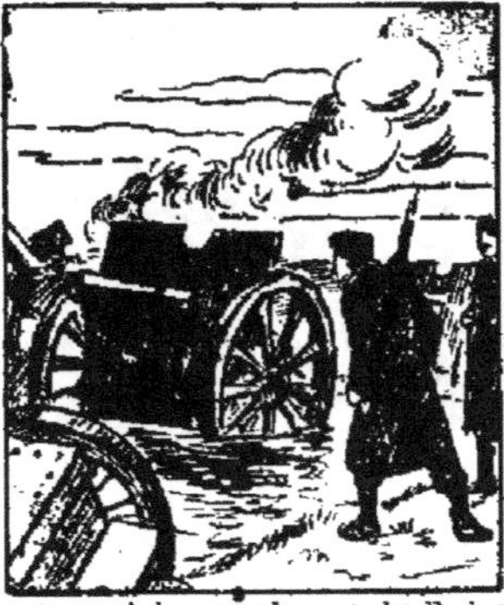

10. — A leur grand regret, les Boches durent abandonner leurs canons, enlisés dans les marais de Schu len Zeelhen et d'où, malgré l'effort Kolossal des nombreux chevaux qu'ils attelèrent après, il leur fut impossible de les dépêtrer.

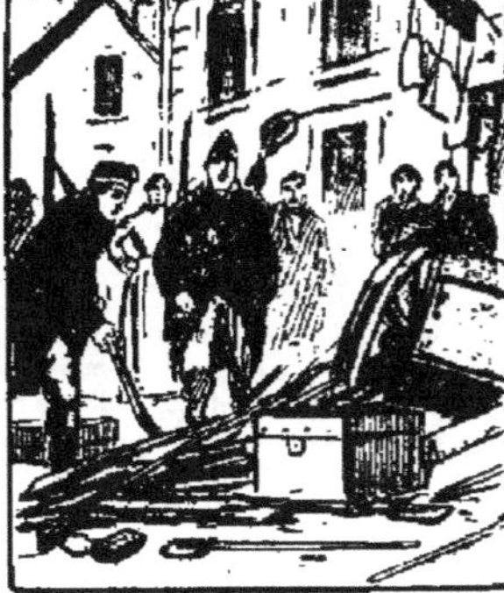

11. — Ils abandonnèrent aussi un butin considérable, voitures d'approvisionnement et de munitions, fusils en quantité, etc que les braves Belges réunirent et entassèrent devant la maison communale de Diest, aux acclamations populaires.

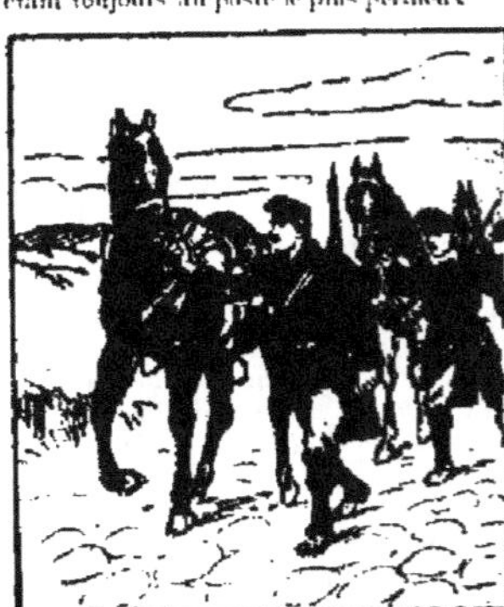

12. — En outre, les Belges ramenèrent triomphalement un grand nombre de chevaux boches qu'ils trouvèrent errant à droite et à gauche et qui, désormais, au lieu de servir à l'œuvre criminelle de l'empereur des Apaches, allaient collaborer à la défense de la patrie envahie.

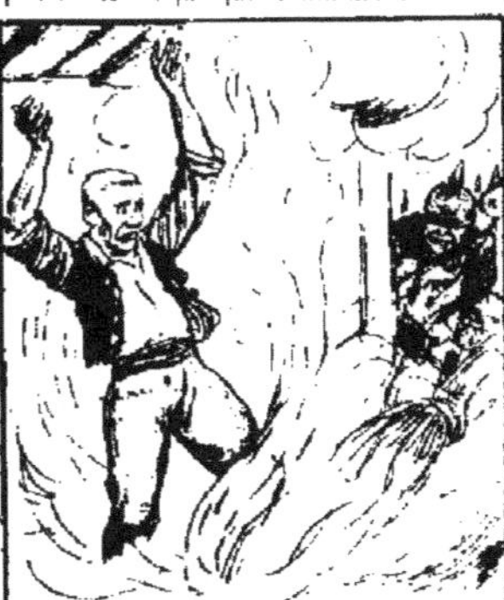

13. — Mais, quoique luttant en retraite, les Boches n'oublièrent pas de commettre des horreurs et de se livrer à leurs dévastations coutumières, avec d'autant plus de rage qu'ils venaient d'être rossés. Ainsi à Over-Hespen, ils brûlèrent vivant un terrier d'[illegible] teinte.

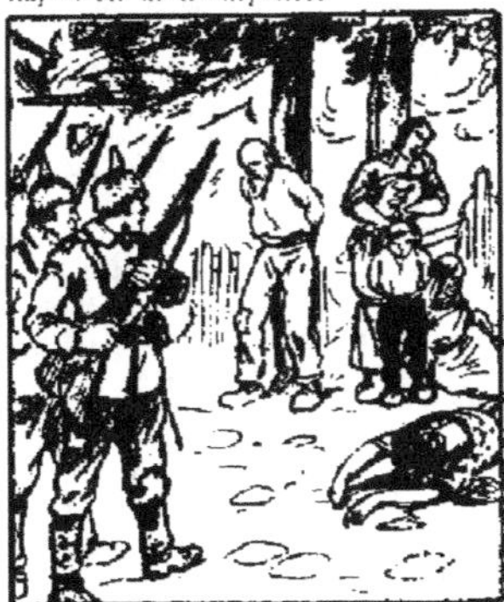

14. — Ailleurs, à Zellien, à Rue-Siège par exemple, non contents d'incendier le villages et d'assassiner les [illegible] qu'ils venaient à leur approche, ils eurent la cruauté d'attacher des malheureuses personnes aux arbres pour les fusiller en toute tranquillité.

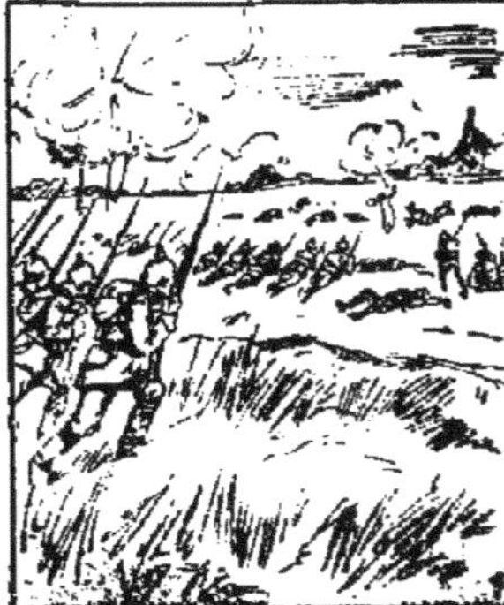

15. — Le lendemain de cette magistrale volée, les Boches essuyèrent une nouvelle offensive. Une colonne allemande s'avança sur Diest, mais elle fut si chaleureusement accueillie qu'elle ne persista pas et, comme la veille, elle battit prestement en retraite.

PILE OU FACE

La prise de la redoutable place de Tortose par l'armée française dite d'Aragon, le 28 juin 1811, après l'un des assauts les plus terribles dont l'histoire fasse mention, avait valu au général Suchet, le bâton de maréchal. C'était justice, et même justice tardive, car bien qu'il ne soit pas aussi célèbre que tel autre, cet officier fut l'un des plus remarquables lieutenants de Napoléon, unissant aux plus brillantes et solides qualités militaires, celles non moins appréciables d'un administrateur hors ligne et d'un homme d'une intégrité sans tache.

Après qu'il eut mené à bien cette difficile opération, Suchet reçut de l'empereur l'ordre de marcher sur la riche ville de Valence, à la conquête de laquelle Napoléon tenait particulièrement. Mais comme l'armée d'Aragon ne disposait pas d'effectifs suffisants, toutes les troupes du nord de l'Espagne durent lui envoyer des contingents; le général Reille détacha dans ce but deux des divisions à l'aide desquelles il maintenait la Navarre, et Marmont fournit une division d'infanterie et une de cavalerie sous les ordres de Montbrun.

Ces renforts étaient d'autant plus urgents que Suchet qui, sans les attendre, avait marché sur Sagonte, allait avoir affaire à forte partie. Le général espagnol Blake accourait à la tête d'un corps de plus de 30.000 hommes, auxquels les Français n'en pouvaient opposer que 10.000. C'est pourquoi le maréchal résolut d'expédier des courriers à Marmont et à Reille pour leur demander de hâter le départ de leurs détachements.

Dans le royaume de Valence, jusqu'alors peu visité par nos troupes, les guerillas foisonnaient, sillonnant de toutes parts la campagne, disparaissant lorsqu'elles étaient poursuivies, se réunissant pour tomber sur les convois ou les faibles troupes. Pour circuler sans trop de péril dans une région pareillement infestée, il eût fallu plusieurs centaines d'hommes avec du canon. Or, sous la menace de l'arrivée de Blake, Suchet ne pouvait songer à se dégarnir ainsi : il décida donc de confier la mission de prévenir Marmont et Reille à huit groupes de deux hommes seulement, estimant fort judicieusement que deux soldats, hardis et prudents, connaissant un peu la contrée qu'ils parcourent, ont plus de chances d'arriver au but qu'un groupe de quarante ou cinquante hommes, trop insignifiant pour se défendre efficacement, trop important pour passer inaperçu.

L'un des groupes, fourni celui-là par un régiment de dragons, se composait d'un officier, le capitaine Monclaron, et d'un sous-officier, le maréchal des logis Durbin; tous deux des durs-à-cuire, dignes de prendre rang parmi les immortels grognards, insensibles à la fatigue, insoucieux du danger, rompus à toutes les nécessités du métier des armes; avec cela, cavaliers intrépides et ne craignant personne, le sabre à la main. Ils accueillirent comme il se peut simple l'ordre de se mettre en route pour franchir soixante lieues à travers une province soulevée, où, à part de rares postes isolés, ils ne rencontreraient guère que des ennemis, et des ennemis qui ne faisaient point de quartier. Un matin, ils montèrent à cheval après que le chef d'état-major leur eut tracé leur itinéraire avec l'autorisation expresse de le modifier selon les circonstances. Quelques heures plus tard, ils trottaient botte à botte dans la montagne, et chaque foulée de leurs robustes montures les éloignait un peu plus de leurs frères d'armes, les rapprochait un peu plus avant au cœur du péril.

Bien entendu, ils ne devaient emprunter que des chemins détournés, évitant les agglomérations, fuyant les lieux habités comme ils eussent fui la peste. En quatre jours, cinq au plus, sauf incidents, ils pouvaient être à destination; durant ce temps, ils s'arrangeraient pour vivre avec les provisions qu'ils emportaient et leurs bêtes se contenteraient de brouter l'herbe des prairies. Ils allaient, grisés de ce péril, grisés aussi de leur éclatante liberté et ne pensant à l'ennemi qui peut être les épiait de l'une de ses inviolables cachettes que pour envier les camarades qui, durant leur absence, avaient chance de lui tailler des croupières. Le premier jour s'acheva sans incident, ils passèrent la nuit dans un bois.

Le second jour, ils s'engagèrent dans une chaîne de montagnes extrêmement abrupte, où les sentiers rares, étroits et raides, ne leur permettaient guère de rester sur leurs selles, qu'en effet ils se virent bientôt contraints d'abandonner pour tenir leurs animaux par la bride et les guider aux passages difficiles; ils maudirent la montagne et se résignèrent à se transmuer en de modestes fantassins.

Sur le coup de midi, Durbin s'étant arrêté pour explorer les alentours eut soudain une sourde exclamation, et du doigt, sans mot dire, il désigna à son compagnon un point au-dessus d'eux, dans la vallée. Le capitaine fit seulement :

— Ah!... Eh bien! marchons!

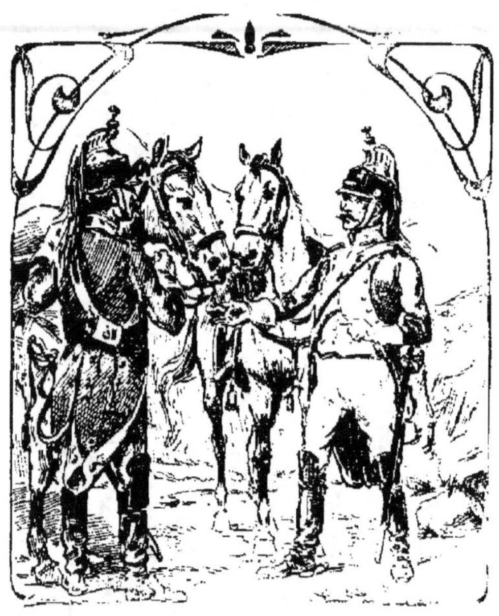

L'officier tira un écu qu'il montra à son subordonné

Ils reprirent donc leur pénible ascension, accélérant l'allure autant que possible. De temps à autre, ils se retournaient, mais ils n'apercevaient plus rien. Cette quiétude ne dura pas. De nouveau Durbin, qui avait la vue très perçante, attira l'attention de l'officier qui, cette fois, mâcha un juron, ajoutant :

— Ils nous ont vus, c'est sûr, et ils ont pris un chemin de traverse. Du reste, ils vont plus vite que nous, forcément, à cause des chevaux qui ne font que nous retarder.

— Si nous les abandonnions? proposa le maréchal des logis.

— Tu n'y penses pas! Une fois cette chaîne franchie, nous déboucherons dans la plaine, et là, comment nous passerions-nous de nos montures?

— C'est vrai, mon capitaine. Pourtant...

— Marchons !

Ils continuèrent d'avancer, jetant derrière eux des regards sombres où se reflétaient la colère et le dépit. Car il n'y avait pas de doute, une bande de guerilleros, forte au moins d'une cinquantaine d'hommes, était à leurs trousses, et rapidement les gagnait de vitesse; avec leurs espadrilles, et légèrement équipés, les Espagnols allaient plus vite que les dragons empêtrés de leurs grosses bottes éperonnées et, par leurs chevaux dont le pied hésitait sur le sol instable. Bientôt les partisans ne furent plus qu'à un quart d'heure à peine et déjà les deux Français entendaient leurs cris farouches, leurs menaces, leurs injures. Le capitaine Monclaron s'arrêta.

— Inutile d'aller plus loin, déclara-t-il; avant une demi-heure, ils seront sur nos talons. Nous n'avons pas le choix entre les résolutions : il faut que l'un de nous deux reste ici pour retenir la bande, tandis que l'autre filera; sur un sentier aussi étroit, un homme seul, bon tireur, prudent, peut immobiliser ces brigands une bonne heure.

— A moins qu'il ait la malchance de recevoir dès le début un pruneau de douze à la livre dans la cervelle ou ailleurs.

— Evidemment... Mais si l'on attachait de l'importance à ces choses-là... Reste à savoir qui de nous deux restera ici.

— Moi, mon capitaine.

— Pourquoi toi?

— Parce que vous vous débrouillerez bien mieux que moi lorsque...

— Tais-toi. Tu dis des bêtises.

L'officier plongea la main dans sa poche et en tira un écu, qu'il montra à son subordonné.

— Le perdant restera, dit-il. Pile ou face?

— Pile.

La pièce vola en l'air et retomba avec un bruit argentin. Tous deux se penchèrent.

— C'est pile, constata Monclaron, tu as gagné. Dépêche-toi de filer pendant que je prends mes dernières dispositions. Tu me laisseras ton mousqueton, il me sera plus utile qu'à toi... avec de la poudre et des balles, bien entendu... Et puis, emmène mon cheval, à quoi me servirait-il? Ne t'occupe pas de lui : il te suivra; s'il roule dans le ravin, tant pis pour lui, et s'il arrive au bout sain et sauf, tu auras ainsi une monture de rechange. Tu te souviens de l'itinéraire?... Bien; et des termes de la dépêche?... Très bien. Maintenant adieu, et bon voyage. Disparais, tu n'es pas ici pour t'amuser !

Ils se serrèrent la main, très calmes. La mort planait sur l'un d'eux, sûrement, peut-être sur l'autre; mais quoi? la mort... ne la bravaient-ils pas tous les jours? Et, comme l'avait dit le capitaine, *si l'on attachait de l'importance à ces choses-là*... Durbin s'éloigna aussi promptement que le lui permettait le terrain, les deux chevaux derrière lui. Avant de dépasser le premier tournant, il salua d'un « Vive l'Empereur! » l'homme qu'il ne devait plus revoir.

On n'a jamais connu exactement les détails du combat qui suivit. Tout ce que l'on sait par des journaux, c'est que le capitaine Monclaron avait eu le temps de se construire une espèce de rempart avec des blocs de rocher, entre lesquels il avait habilement ménagé des meurtrières. Abrité derrière ces fortifications improvisées, il tint ses adversaires en échec pendant plus d'une heure et demie, en tua six, en blessa onze. Et il est très possible qu'ils ne fussent pas venus à bout de sa résistance et que, finalement, ils eussent battu en retraite, si le pronostic pessimiste du maréchal des logis ne se fût vérifié; une balle, se glissant à travers un interstice, vint frapper le capitaine en plein front. Nous préférons ne pas insister sur les odieuses insultes que les Espagnols exaspérés infligèrent ensuite à la dépouille de ce héros obscur.

Son sacrifice, d'autant plus sublime qu'il était pleinement conscient et raisonné, ne demeura pas du moins sans résultat, car le maréchal des logis Durbin parvint heureusement auprès du général Reille, et le premier de tous les courriers. Les renforts se mirent en chemin aussitôt, au reçu de la pressante dépêche de Suchet. Ainsi, par sa mort même, Monclaron coopéra à la brillante victoire d'Albuféra et à la prise de Valence, succès que l'armée d'Aragon n'eût probablement pu remporter si elle ne s'était pas, en temps opportun, augmentée des contingents réclamés.

G. CROQUET.

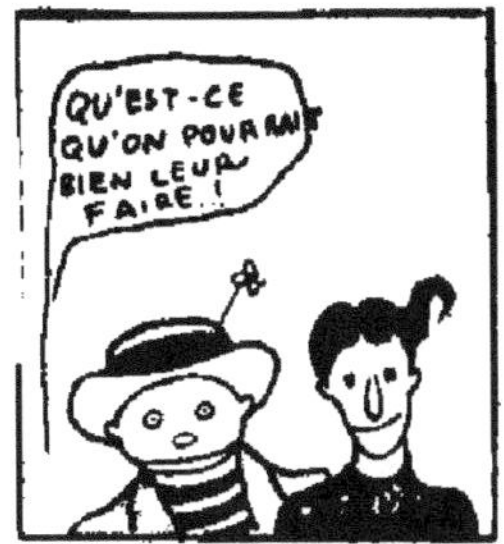

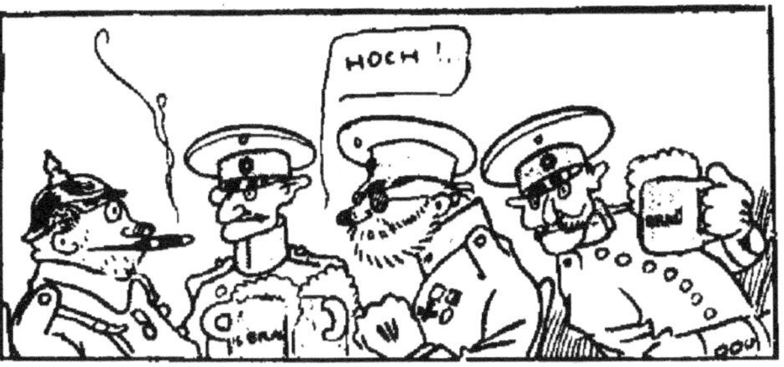

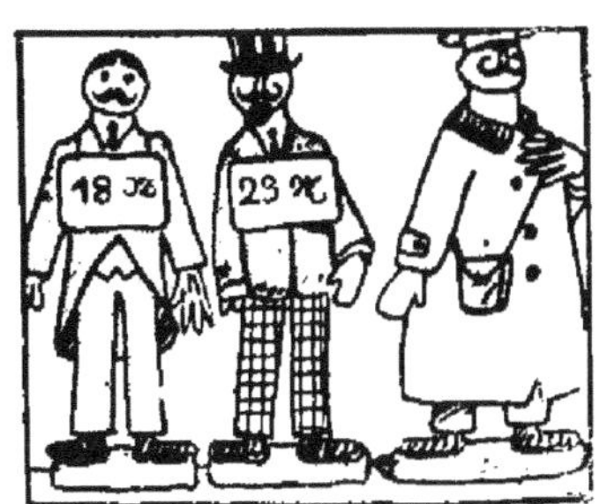

1. — Karl et Jef étaient bien ennuyés. Il y avait deux grands jours qu'ils ne s'étaient offert le plaisir de faire des niches aux Boches et cet divertissement leur manquait. Les deux amis se promenaient un...

2. — ...après midi par la ville quand leur attention fut attirée par le grand tapage que des officiers menaient dans une des principales brasseries de Bruxelles. Ces joyeuses et bruyantes manifestations des envahisseurs déplurent aux deux petits patriotes qui cherchèrent aussitôt par quel bon tour ils pourraient se venger. Un peu plus haut que la brasserie, un Allemand immigré tenait un grand magasin de vêtements civils et militaires. Des mannequins habillés d'uniformes...

3. — ...étaient alignés sur le trottoir devant sa boutique. Après s'être rapidement concertés, Jef et Karl se dirigèrent de ce côté et attendirent patiemment le moment où leur action serait au point avec un client pour mettre leur projet à exécution. Cette...

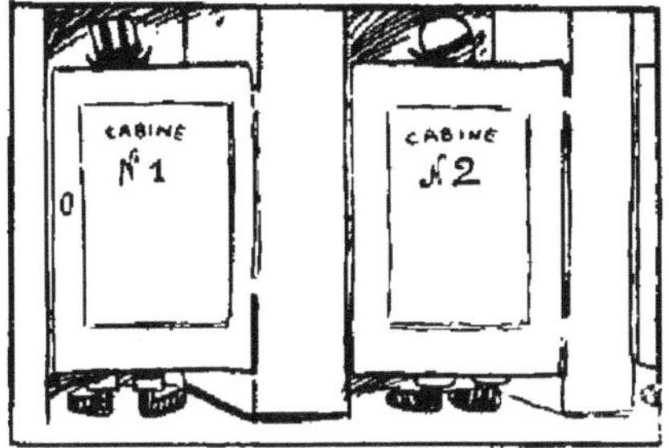

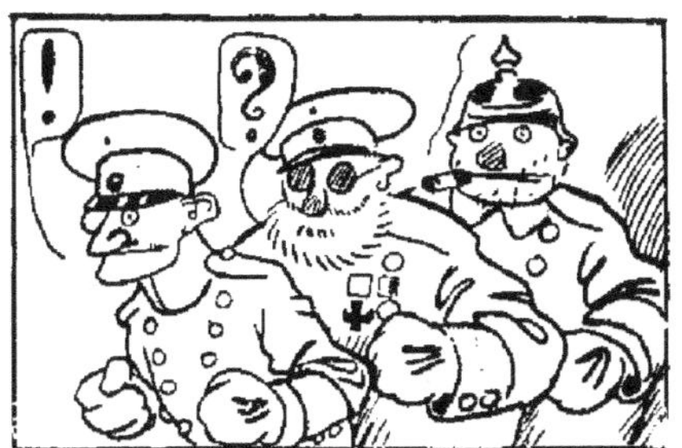

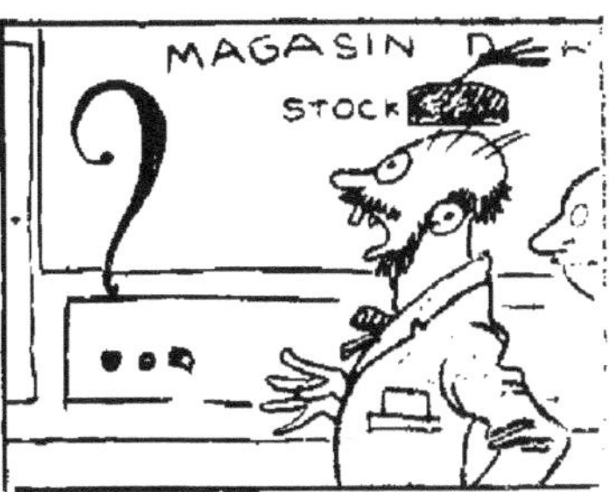

4. — ...occasion s'étant présentée, les deux amis s'emparèrent de trois mannequins et s'empressèrent d'aller les porter dans un kiosque comportant trois cabines téléphoniques. Les cabines de ce poste provisoire situé en face de la brasserie, étaient fermées par des demi-portes permettant de voir la tête et le bas des jambes des occupants. Entre deux tournées de chopes, les officiers boches...

5. — ...se rappelèrent soudain qu'ils avaient à donner des ordres à leurs postes respectifs. Ils quittèrent momentanément l'établissement et, devisant joyeusement, se dirigèrent cigare ou pipe aux lèvres, vers le kiosque en question. Voyant qu'il était occupé par des civils, ils ne dissimulèrent point leur mauvaise humeur et l'un d'eux, plus impatient, les invita impérieusement à quitter la place. Ceux auxquels ils s'adressaient ne paraissaient...

6. — ...pas vouloir céder et, ne les voyant pas revenir, ils commençaient à la trouver mauvaise. Sur ces entrefaites, le patron du magasin d'habillement était sorti de sa boutique pour montrer à son client les uniformes dont ses mannequins étaient vêtus, et s'aperçut que trois de ceux-ci avaient disparu. Il se répandit aussitôt en furieuses imprécations...

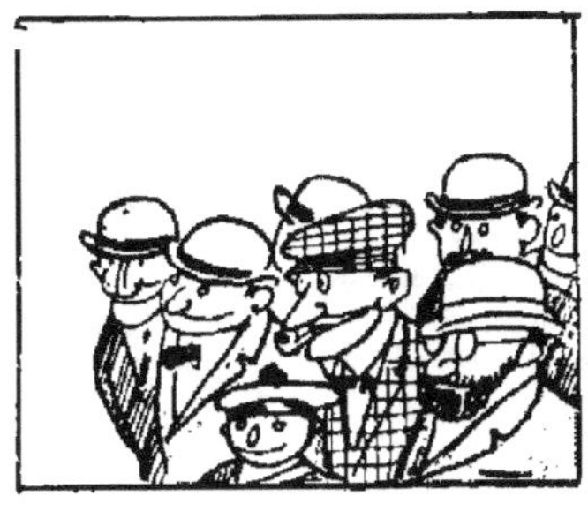

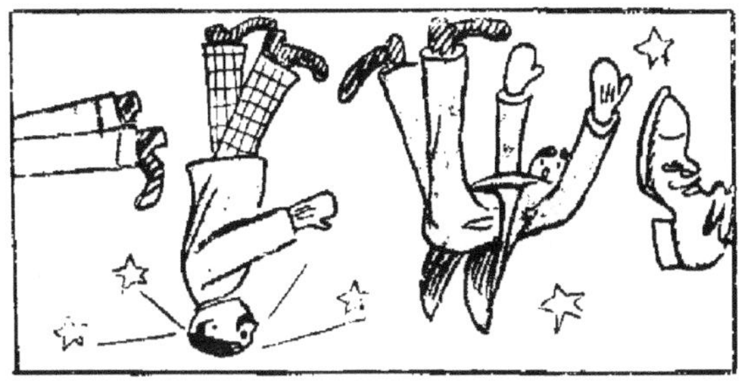

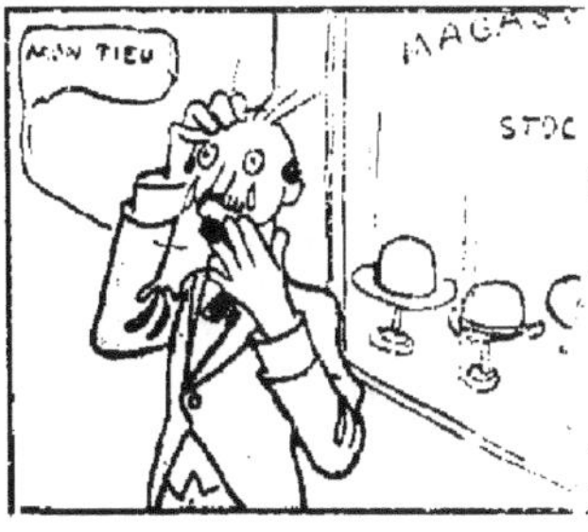

7. — ...contre les malfaiteurs qui avaient eu l'audace de le dévaliser en plein jour. Quant aux officiers allemands, stupéfaits de voir que les occupants des trois cabines téléphoniques menaçaient de s'y éterniser, ils se décidèrent à intervenir pour la plus grande joie des...

8. — ...badauds qui s'attroupaient aux alentours. Lorsque les officiers s'aperçurent que de simples mannequins, placés là par quelque mystificateur, étaient la cause de leur longue attente, ils donnèrent libre cours à leur fureur et se vengèrent sur eux de leur méprise, en les précipitant à coups de pied dans le ruisseau. Le patron du magasin, qui de loin avait vu les officiers traiter ses mannequins comme...

9. — ...s'ils avaient eu affaire à de véritables prisonniers français ou belges et qui vint pour faire de timides observations sur cette thèse, furent très mal reçues. Tournant subitement leur colère contre leur commissaire, ils tombèrent dessus à coups de...

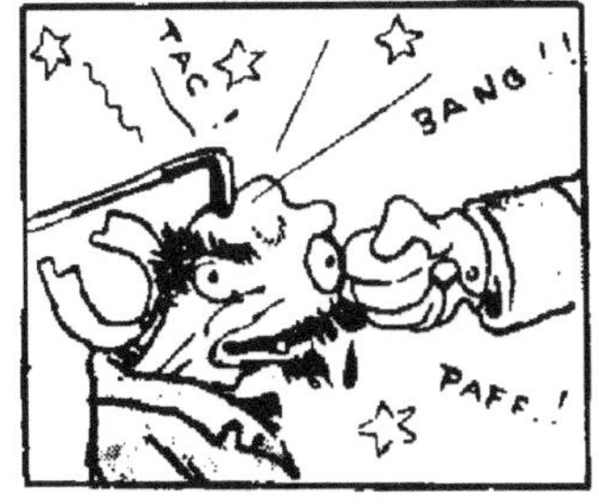

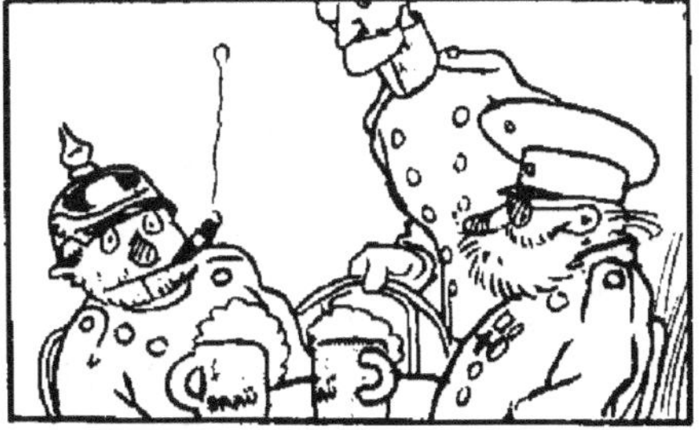

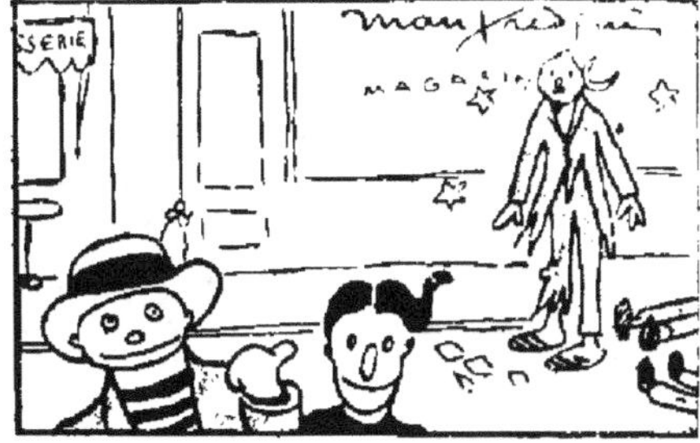

10. — ...poing, lui cinglèrent le visage de coups de cravache, et non contents de l'avoir rossé d'importance, à grands coups de botte dans le bas du dos, ils l'envoyèrent rejoindre ses mannequins dans le ruisseau. Karl et Jef qui, un peu à l'écart...

11. — ...assistaient à cette scène, s'en donnaient à cœur joie. Tandis que les officiers regagnaient la brasserie pour y fumer et chanter en ingurgitant de nouvelles chopes de bière, les deux ketjes regardaient le patron boche du magasin, battu et mécontent, qui rentrait dans sa boutique avec ses trois mannequins en pitoyable état et, pour l'exaspérer...

12. — ...ne manquaient point de lui demander : « Pour une fois, sais-tu, monsieur, tu dois être content... Les affaires reprennent... » Puis, sans attendre sa réponse, ils s'esquivèrent pour aller comploter plus loin la nouvelle farce que nous les verrons mettre à exécution, au grand déplaisir des Boches, dans le prochain chapitre.

EN BELGIQUE : LA BATAILLE DE DINANT

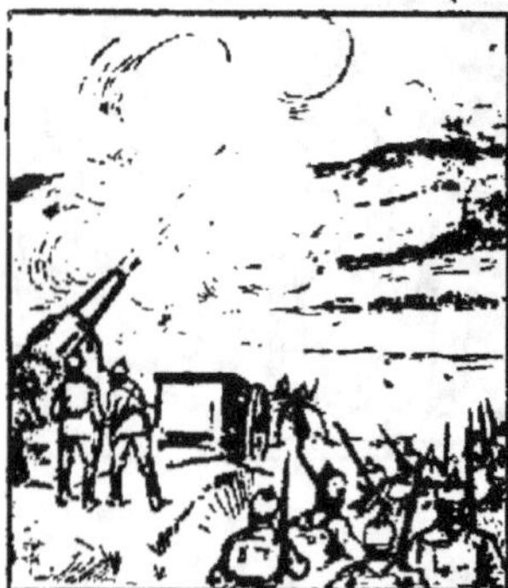

1. — ... roche qui avait contourné les forts de Liège au sud arriva devant Namur, mais au lieu de s'arrêter pour emporter cette ville d'assaut elle se borna à laisser à des forces suffisantes pour bombarder ses forts et continua sa marche.

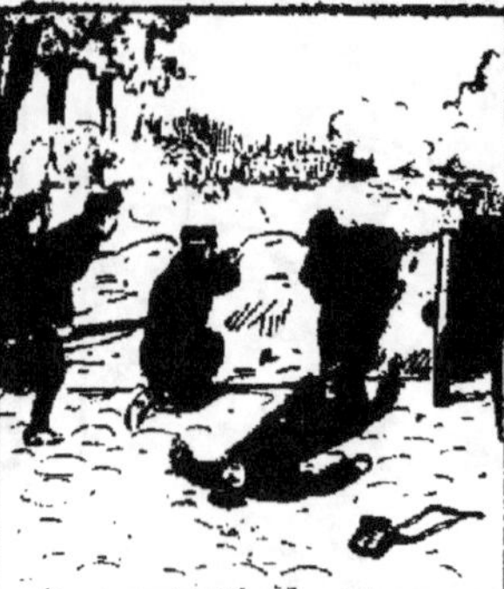

2. — Un flot de Boches passa au nord de Namur, allant vers Gembloux où étaient campés les avant-postes belges qui infligèrent aux troupes du Kaiser des pertes sérieuses et les obligèrent à ralentir leur ruée à travers la Belgique.

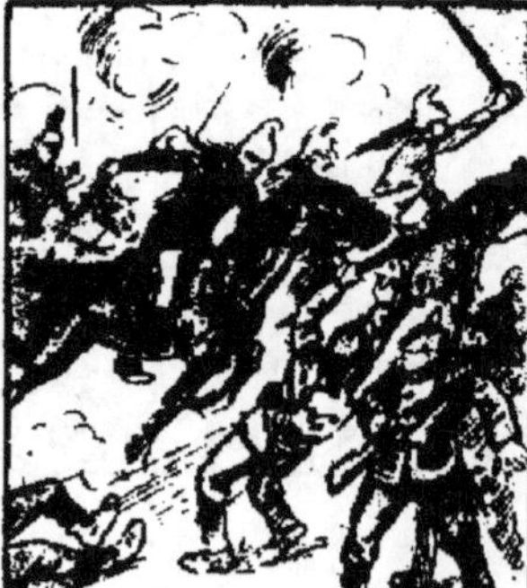

3. — Au sud de Namur, un autre flot de Boches s'avançait vers Dinant et venait buter dans l'armée française installée dans ces parages. Le premier contact entre nos poilus... les Boches s'effectua à Florenville où les dragons les reçurent à grands coups de sabre.

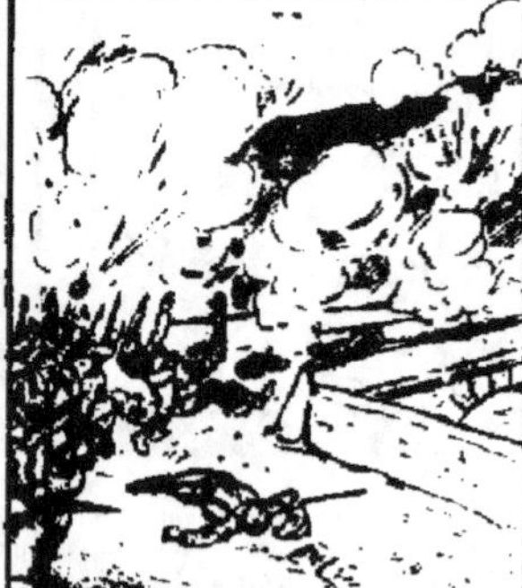

4. — Mais c'est au 15 août, à Dinant et aux environs, que s'engagea une sérieuse bataille entre les Boches qui voulaient passer la Meuse, et nos braves poilus. Une première tentative des Boches échoua au pont de Bouvignes.

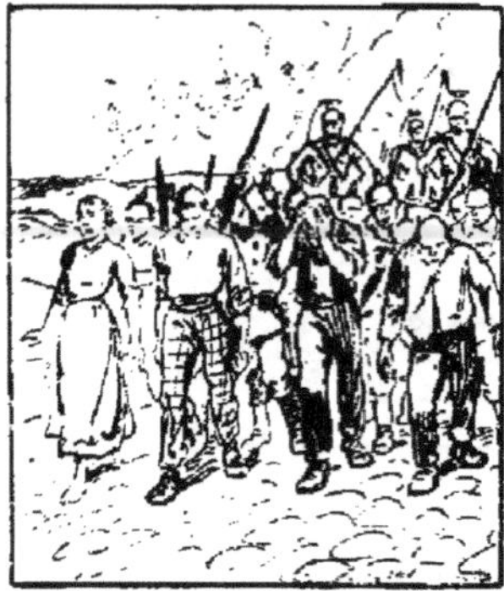

5. — N'ayant pas réussi par une attaque loyale, les Boches s'emparèrent de malheureux paysans qu'ils placèrent au-devant d'eux, en guise de boucliers vivants et qu'ils forçaient à marcher sous la menace de les fusiller au cas de refus.

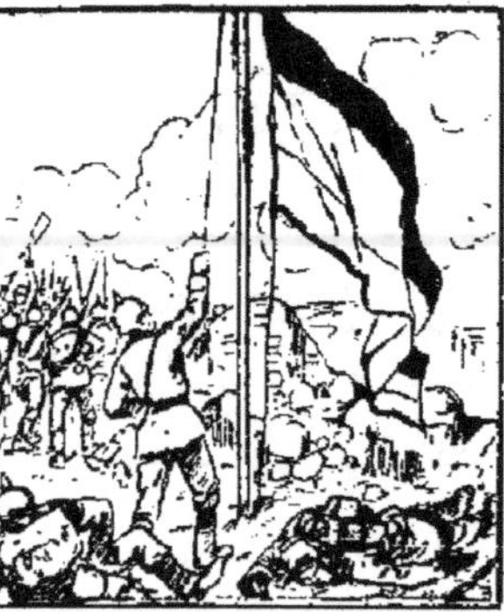

6. — Pendant ce temps, une grande masse boche se précipitait sur Dinant et réussissait à déloger nos soldats de la citadelle sur laquelle, après s'en être emparé, était hissé de suite le grand drapeau noir, blanc et rouge de l'empereur des Apaches.

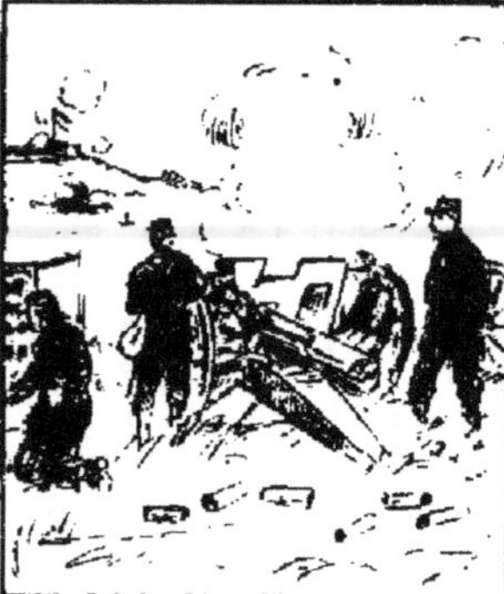

7. — Mais cet emblème de la barbarie n'y flotta pas longtemps ! Nos canons de 75, qui étaient bien dissimulés et qui tiraient à jet continu avec leur admirable précision, eurent tôt fait de réduire en charpie cet odieux drapeau.

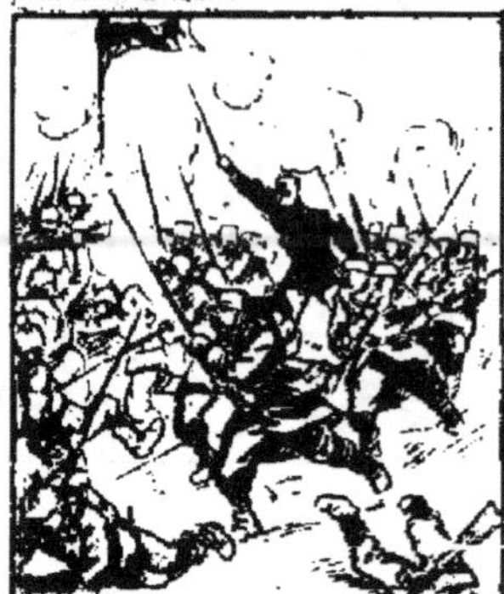

8. — Puis, quand la citadelle fut copieusement arrosée, nos poilus, qui rageaient d'en avoir été délogés, en firent l'assaut au chant de la Marseillaise, fonçant avec une telle impétuosité qu'ils culbutèrent les Boches et reprirent la position.

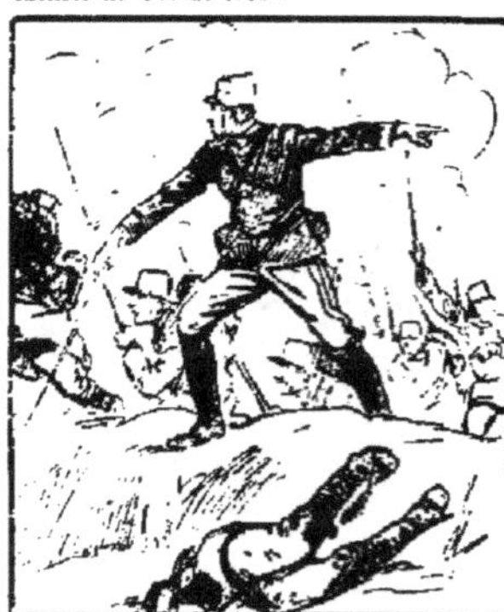

9. — ... et dans ce vaillant et héroïque assaut que les jeunes officiers, tout récemment ... de Saint-Cyr, et qui allaient au feu pour... tous, eurent la coquetterie de se garnir de blanc pour charger à la tête de leurs ...

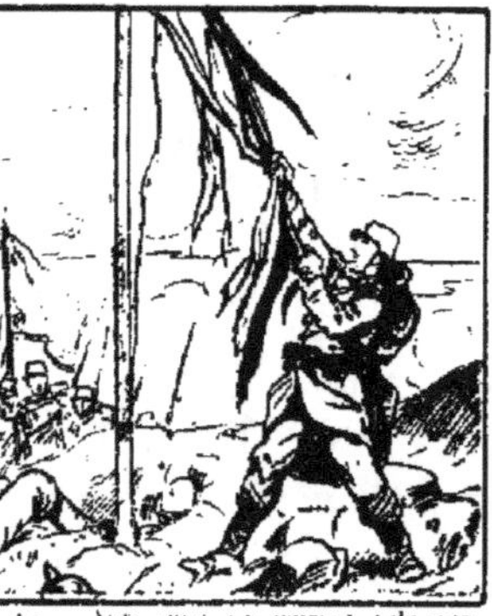

10. — Après cela, à 9 heures 1/2 du soir, l'un des poilus qui venaient d'escalader la citadelle arrachait ce qui restait du drapeau de l'empereur des Apaches — la hampe ! aux acclamations frénétiques de ses camarades.

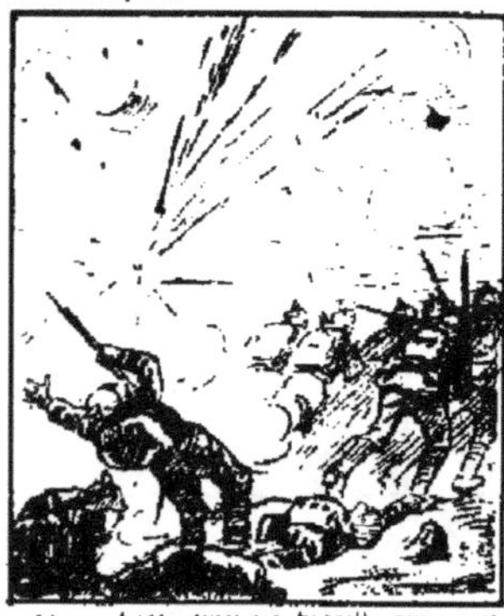

11. — Cette fameuse bataille qui avait commencé à 6 heures du matin et qui continua toute la journée sans discontinuer, avait surtout été marquée par une canonnade enragée, se termina à la tombée de la nuit par la retraite des Boches.

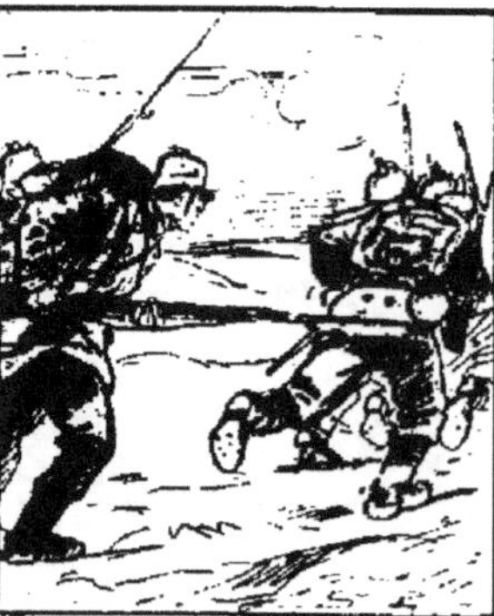

12. — Mais les barbares ne fièrent pas tranquilles ! Nos poilus — infanterie et chasseurs — les poursuivirent vigoureusement, baïonnette au derrière, leur menant la vie dure pendant plusieurs kilomètres, dans la direction du Luxembourg.

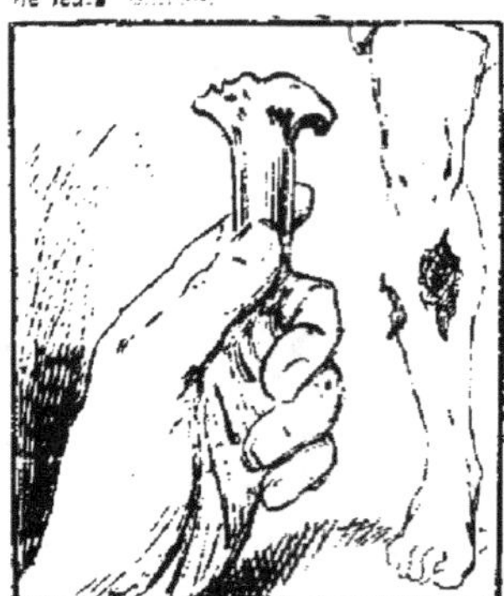

13. — ... les actes de sauvagerie des Boches furent ... Entre autres, on constata qu'ils... avec des balles dum-dum qui font des ... affreuses et difficiles à guérir...

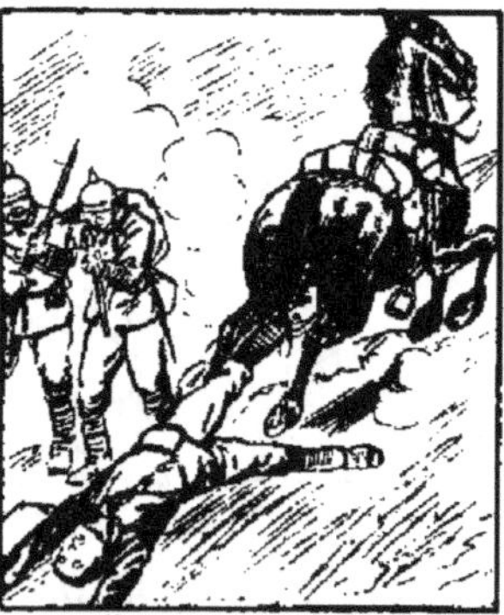

14. — Un boche... remarquable se sauver après avoir été de... fut pris par les Boches qui l'attachèrent à la queue d'un cheval et s'amusèrent à le promener ainsi plusieurs heures, après quoi ils terminèrent son supplice en le mutilant.

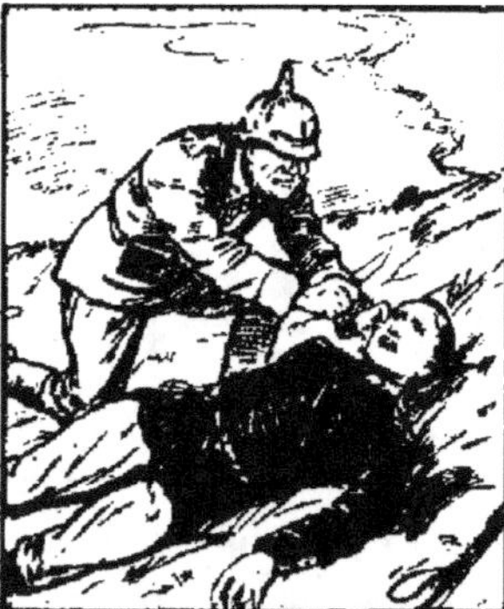

15. — C'est ainsi... qu'un dragon atteint d'un coup de feu à la tête en chargeant, fut jeté à bas de son cheval, à demi évanoui quand il vit venir à lui un Boche qui, le croyant hors d'état de se défendre, sortit un couteau de sa poche et lui... une oreille pour... couper.

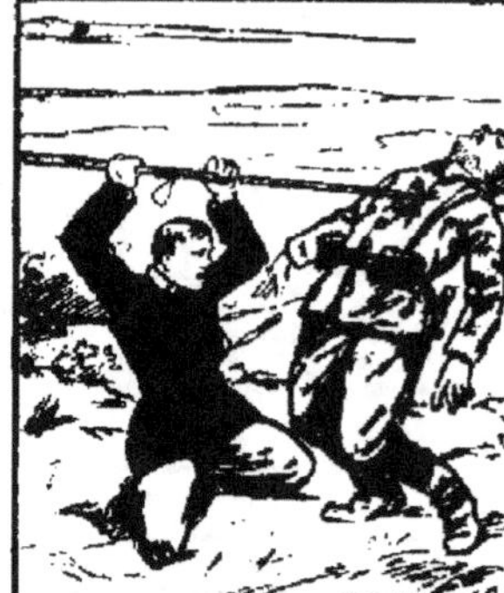

16. — La douleur galvanisa le brave dragon qui, se relevant d'un bond, empoigna sa lance tombée à son côté et transperça net son bourreau... Tout de suite après, une seconde charge des camarades du dragon refoula définitivement les Boches et le pauvre blessé qui venait de l'échapper belle... fut recueilli par nos ambulances...